家庭美術館／美術家傳記叢書

返璞 歸真

江漢東

鄭芳和／著

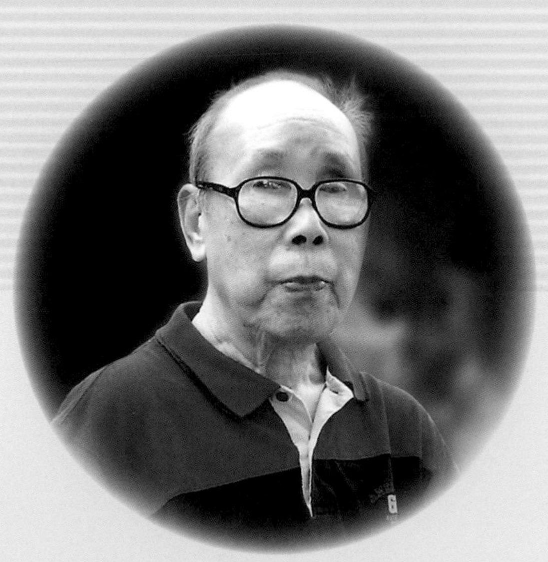

國立台灣美術館 National Taiwan Museum of Fine Arts 策劃 藝術家 執行

照耀歷史的美術家風采

「家庭美術館——美術家傳記叢書」於民國八十一年起陸續策劃編印出版，網羅二十世紀以來活躍於藝術界的前輩美術家，涵蓋面遍及視覺藝術諸領域，累積當代人對前輩美術家成就的認知與肯定，闡述彼等在我國美術史上承先啟後的貢獻，是重要的藝術經典，同時，更是大眾了解臺灣美術、認識臺灣美術家的捷徑，也是學子及社會人士閱讀美術家創作精華的最佳叢書。

美術家的創作結晶，對國家社會以及人生都有很重要的價值。優美的藝術作品能美化國家社會的環境，淨化人類的心靈，更是一國文化的發展指標，而出版「美術家傳記」則是厚實文化基底的重要工作，也讓中華民國美術發展的結晶，成為豐饒的文化資產。

Artistic Glory Illuminates History

In order to organize the historical archives of Taiwan art, *My Home, My Art Museum: Biographies of Taiwanese Artists*, a consecutive series that recounts the stories of various senior artists in visual arts in the 20th century, has been compiled and published since 1992. Accumulating recognition and acknowledgement for their achievement and analyzing their contributions to the development of art in our country, it is also a classical series of Taiwan art, a shortcut to understand the spirit and Taiwanese artists, and a good way for both students and non-specialists to look into the world of creative art.

Art creation has important value for the country and society from which it crystallizes, and for the individuals who create or appreciate it. More than embellishing our environment and cleansing our minds, a fine work of art serves as an index of the cultural status of a country. Substantiating the groundwork of our cultural progress, the publication of these artist biographies consolidates the fine arts development in the Republic of China, turning it into a fecund cultural heritage.

目錄

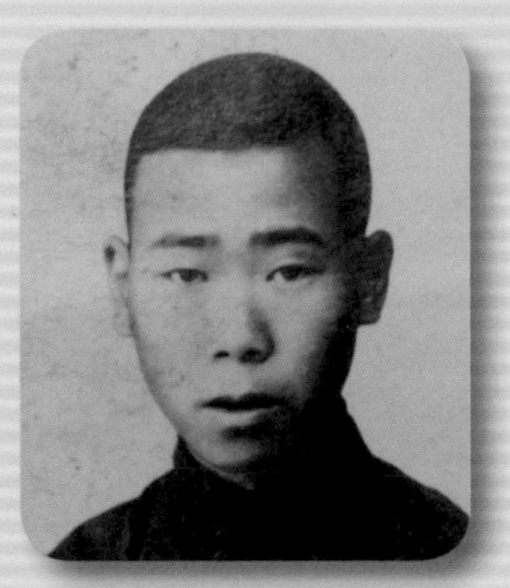

一．慘綠歲月，落難望族　8

汀江蒼蒼，客家母河…10
花公花母，神明爹娘…11
江家公子，淪落乞食…12
家不成家，國不成國…14

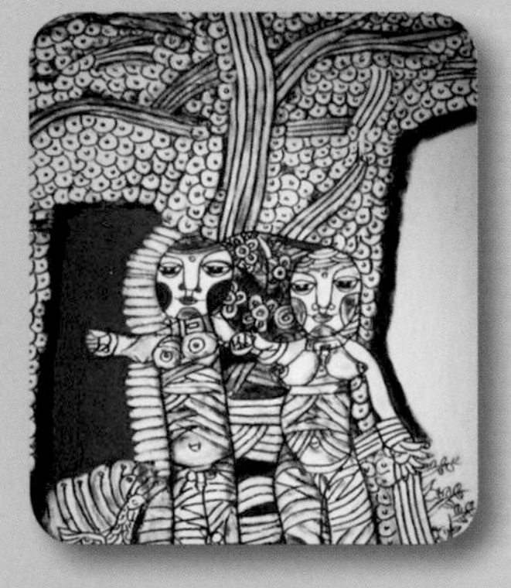

二．先入北師，再走前衛　16

渡海來臺，圓藝術夢…18
窮酸教員，考上北師…19
素描口訣，琅琅上口…21
師李仲生，學立體派…24
躲防空洞，切磋畫藝…29

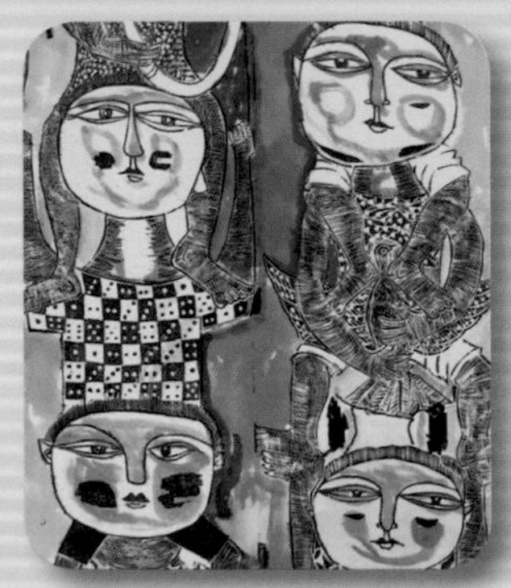

三．現代版畫，波瀾迭起　30

叛離傳統，實驗拓荒…32
在雙年展，嶄露頭角…40
原始古樸，現代底蘊…43
具象抽象，刀刀細膩…49
意氣風發，跨足國際…58

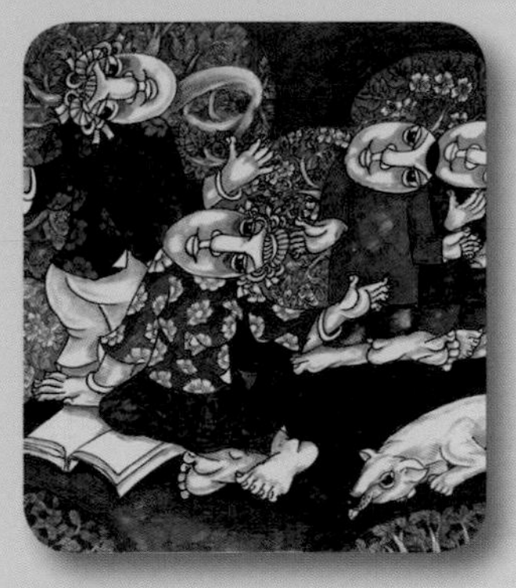

四·盲而不盲，硬頸不屈　62

四十新郎，婚禮昏倒…64

得青光眼，告別畫壇…66

畫洋裁簿，再畫油彩…70

華登夫人，辦展推崇…83

獲金爵獎，藝壇矚目…88

記憶入畫，如寫小說…92

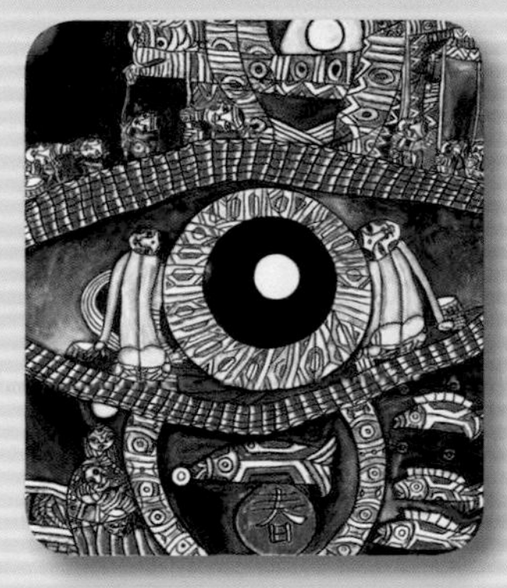

五·七十回顧，壯志凌雲　100

美麗嬌娘，承載宿命…102

眼睛回春，再度刻版…103

奧地利展，否極泰來…107

夢幻組曲，時光交錯…112

慶典藝陣，太平盛世…118

強國強種，愛鄉愛土…128

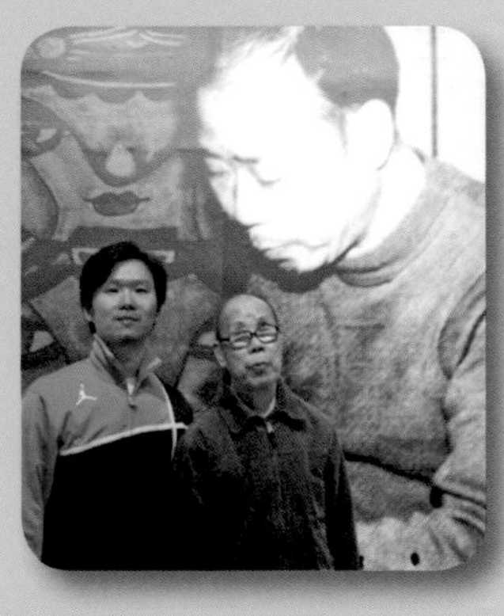

六·天恩八十，返璞歸真　140

舊而不舊，數位生新…142

畫裡乾坤，光新生燦…146

悲愴生命，天使相隨…151

迴游原鄉，素樸原真…153

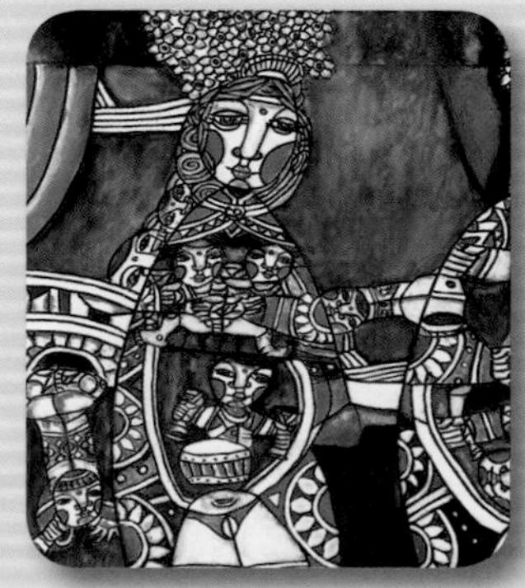

附錄

參考資料…156

江漢東生平年表…158

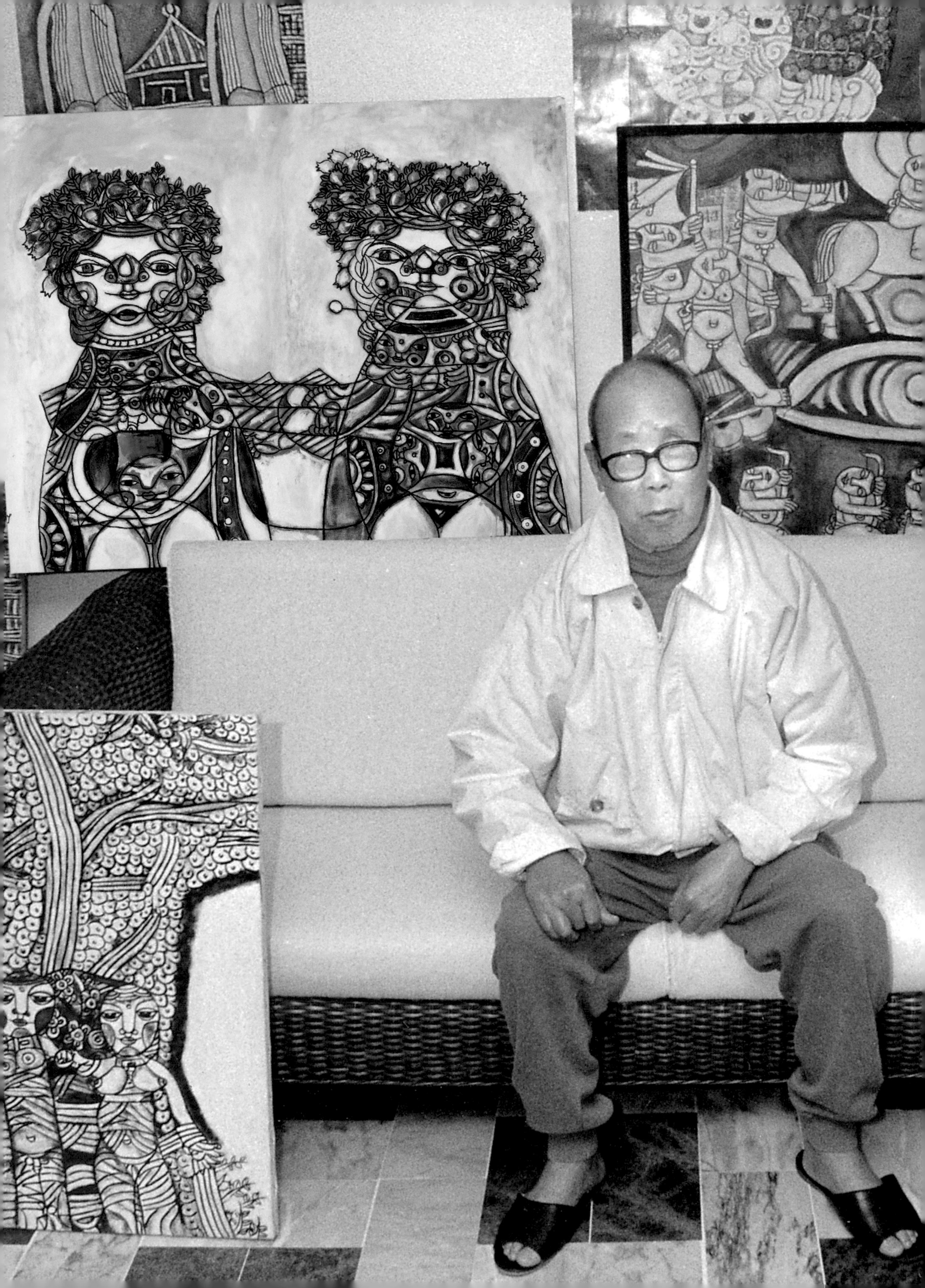

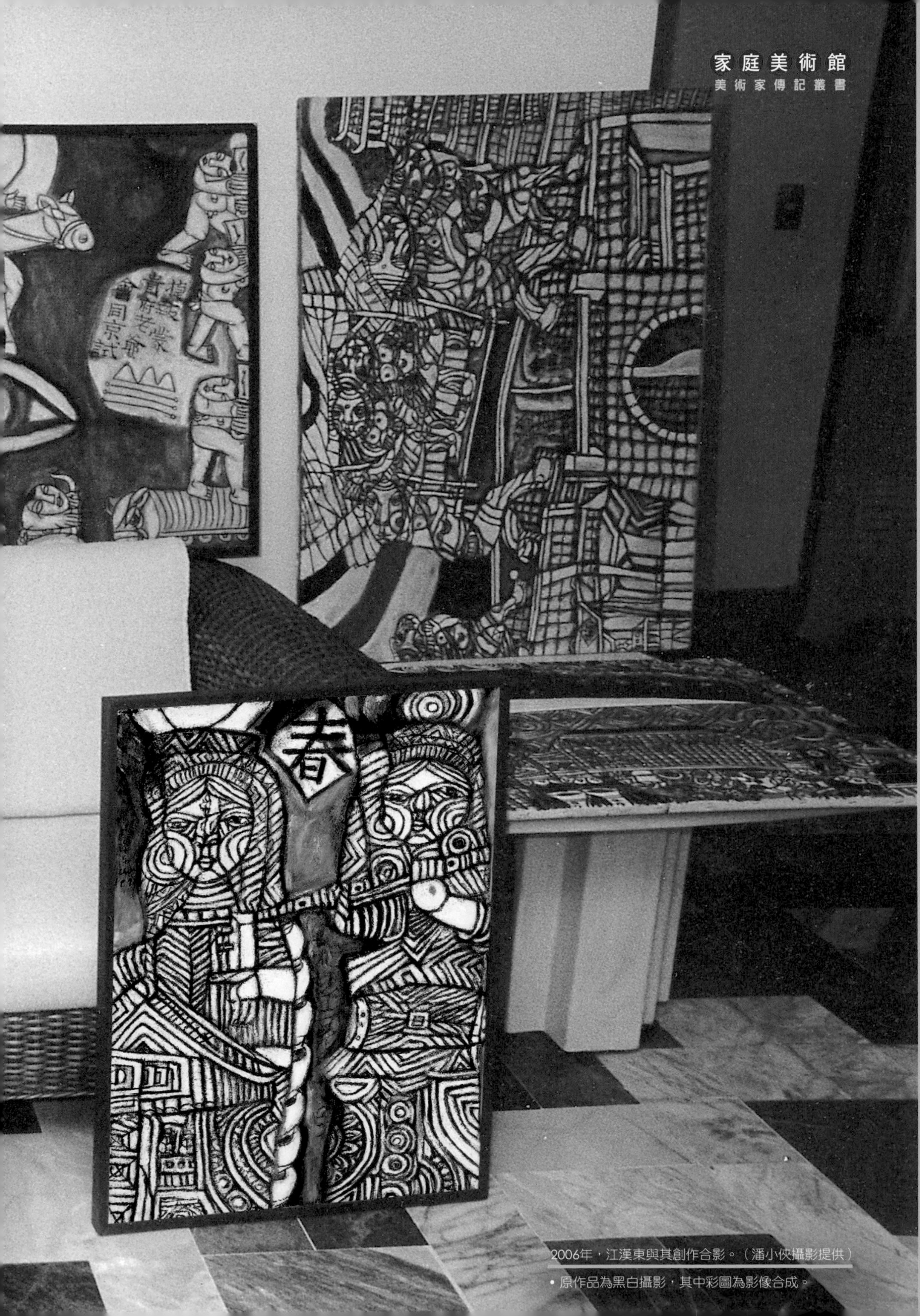

2006年，江漢東與其創作合影。（潘小俠攝影提供）

• 原作品為黑白攝影，其中彩圖為影像合成。

一、慘綠歲月，落難望族

江漢東於2009年4月1日因胃癌病逝。中華民國總統褒揚令記載著：「視障著勤奮之志，高華成技法之美，心織筆繪，燃糠照薪；藝力綿長，丹青流遠。」江漢東八十四歲走入青史，此生願已足矣。江漢東早年命運乖桀，由江家的獨生子，落難到街頭乞食，歷經內戰、抗戰，在烽火中完成初中學業。

[下圖] 返璞歸真的江漢東攝於2008年。

[右頁圖] 江漢東　撲蝶（局部）　1995　油彩畫布　46×53cm

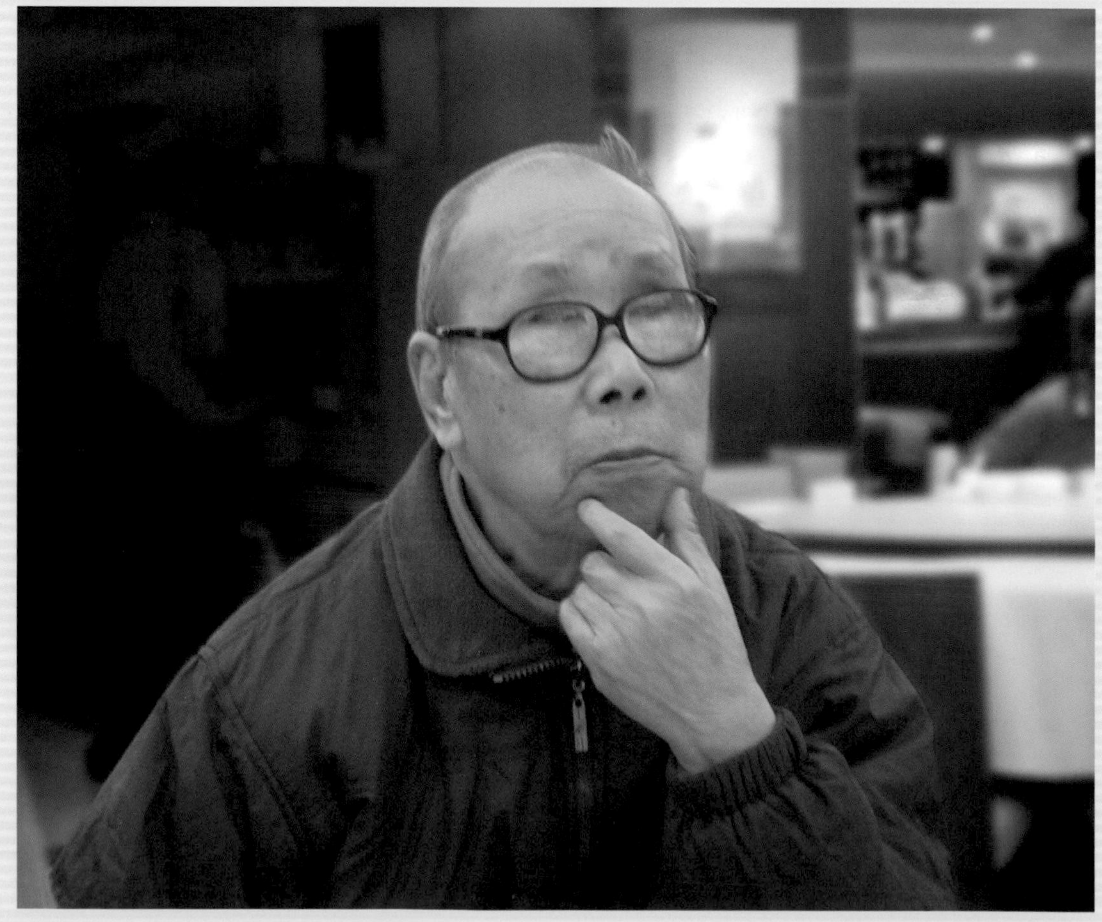

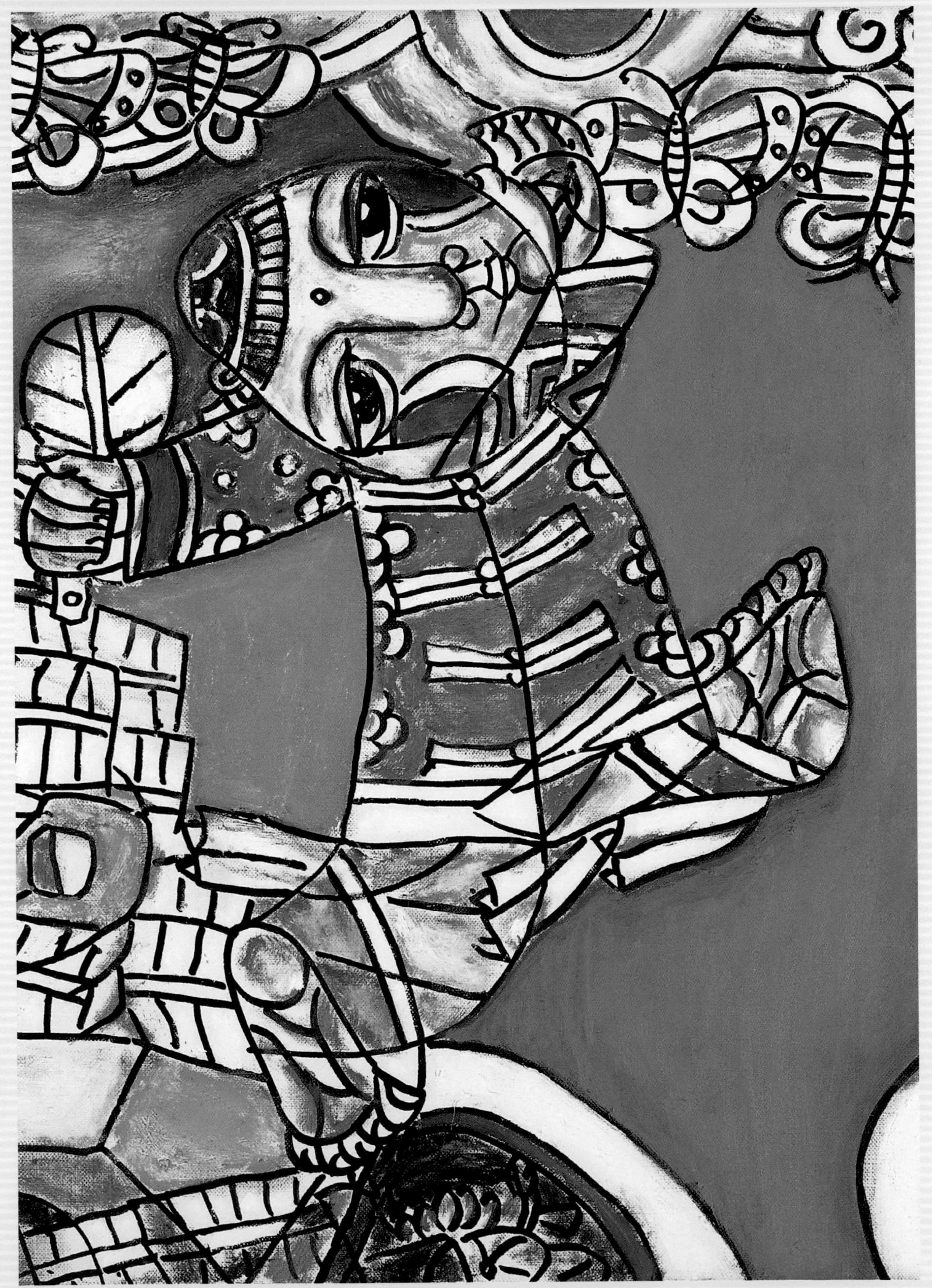

汀江蒼蒼，客家母河

每一個人的生命中，都會有一條記憶中的母河，不斷召喚異鄉的遊子，在夢中游回生命的原鄉。源遠流長的汀江，在崇山峻嶺中曲折迂迴，是汀州人生命中的母親河。這一江水永遠餵哺著江漢東，他一生的創作思維，源源不絕，件件畫作都流淌著母親河永不止息的聲聲呼喚。

「汀江蒼蒼，汀江洋洋」，豐沛的汀江，如一條銀色絲帶，繞城而過，總是穿越時空，恣意潛游於江漢東的記憶之河，讓他湧現無盡的縷縷鄉愁，又幻化為記憶之海的一葉方舟，在浩瀚的藝海中，航出自由的夢幻行旅，忘卻了此身安在。更忘卻了他早已視茫茫，仍一心掌舵，航向藝術的終極之地。

江漢東，福建省長汀縣新橋鄉江坊村人。長汀縣倚在武夷山南麓，四面環山，山川秀麗，南與廣東近鄰，西與江西接壤，是閩贛的邊陲要衝。長汀由漢代置縣，唐代建汀州，自盛唐到清末，均為州、郡、路、府的所在地。而長汀這座山明水秀中國最美麗的山城之一，更是晉代大量中原人士南下避亂的主要落腳點，是擁有悠久綿長的客家歷史文化的「客家首府」，保有完整的唐代古城門、古城牆、三元閣、寶珠門，明代的朝天門，宋代的汀州文廟，明清的汀州試院，宋代的雙陰塔，清代的米子祠等歷史遺跡，是座古色古香的文化古城，融人文景觀與自然景觀於一體。

然而近代以來長汀承載著諸多歷史命運，自1929年至1934年被中國共產黨紅軍占領。直至1934年10月紅軍開始長征後，長汀復歸於國民政府統轄。

2009年，江漢東獲頒中華民國總統褒揚令。

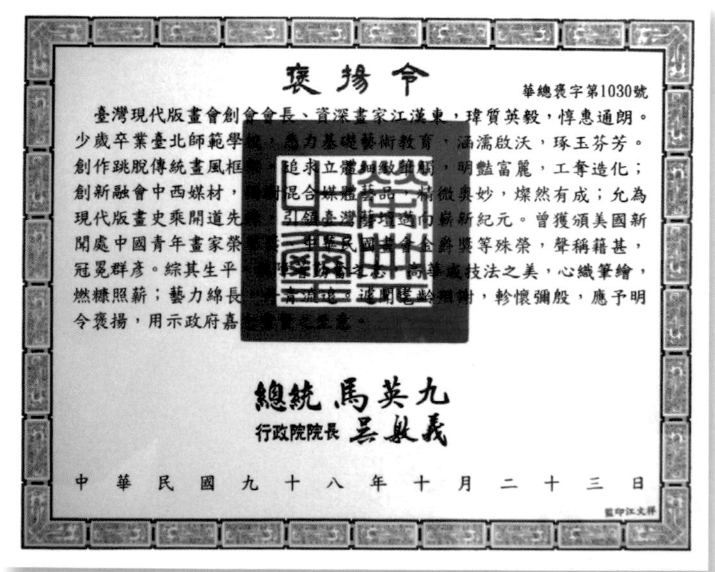

褒揚令

華總褒字第1030號

臺灣現代版畫會創會會長、資深畫家江漢東，瑋質英毅，惇惠通朗。少歲卒業臺北師範學校，盡力基礎藝術教育，涵濡啟沃，琢玉芬芳。創作跳脫傳統畫風框架，追求立體細緻雕鏤，明豔富麗，工奪造化；創新融會中西媒材，[illegible]混合媒體藝品，精微奧妙，燦然有成；允為現代版畫史乘開道先驅，引領臺灣藝壇邁向嶄新紀元。曾獲頒美國新聞處中國青年畫家榮譽獎、中華民國畫會金爵獎等殊榮，聲稱籍甚，冠冕群彥。綜其生平，[illegible]技法之美，心織筆繪，燃糠照薪；藝力綿長，[illegible]。遽聞耄齡殂謝，軫懷彌殷，應予明令褒揚，用示政府嘉[illegible]之至意。

總統 馬英九
行政院院長 吳敦義

中華民國九十八年十月二十三日

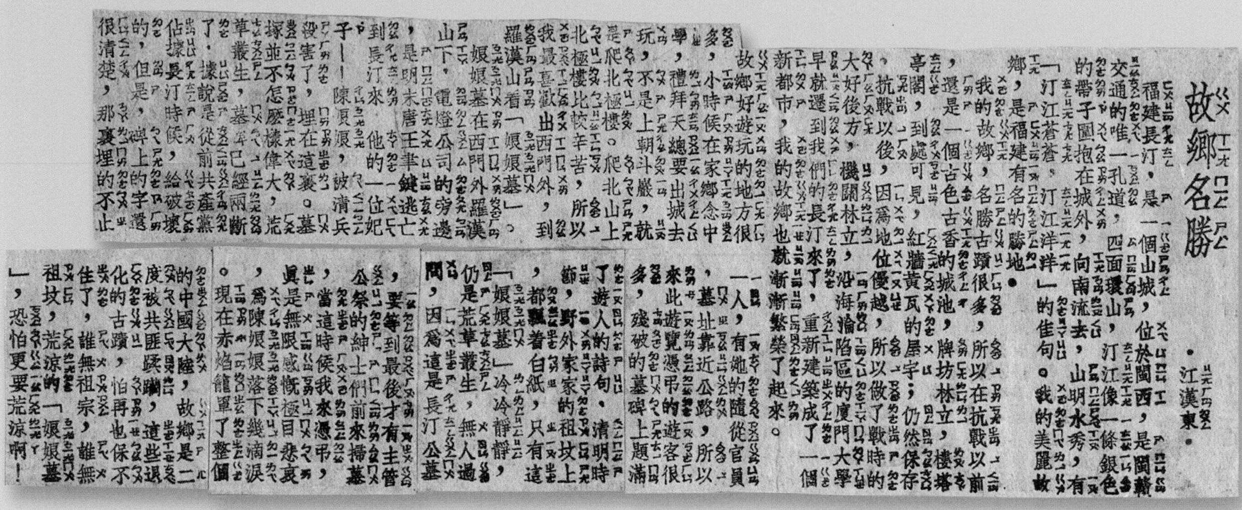

60年代，江漢東發表〈故鄉名勝〉一文於《國語日報》。

花公花母，神明爹娘

長汀的命運乖桀，一如江漢東的命運。

1926年出生的江漢東，是家中獨子，他的曾祖父是長汀東門出城的第一號大地主，祖父是前清秀才，父親是鄉村的師範學校教師。江漢東甫一出生，才剛滿週歲，嫡母就撒手西歸，他由奶媽餵乳，祖母撫養。喝不足奶水的江漢東，三歲當他會走路時，便端著小碗，向伯母們討擠奶水吃。精於中醫的父親，見他體弱多病，常親自配藥，呼喚著他的小名：「老記，老記，快來吃藥！」乖順的他，在父親苦口婆心的餵食下，有時沒有糖只是調著米湯，也能一口口地嚥下聞起來藥香噴鼻，喝下去卻是又苦又辣的藥水，由於他喝的都是大量高貴藥材調製而成的健脾散，連憐愛他的祖母，都常嘀咕他把祖父開設的藥舖都給吃垮了。

這位大地主之後，可是江家的單傳，江漢東病懨懨的身子總是讓父親特別擔憂。受新式教育的父親，雖不想如鄉人般的迷信，在許多叔叔伯伯的勸說下，也不免帶著江漢東到村中的福蓮庵，燒香頂禮，拜花公花母作父母，祈求神明護佑。

每個平安成長的生命，無不承載著父母在菩薩面前卑微的許願。幼小的江漢東，一面虔誠地膜拜，也不忘睜著水靈靈的眼睛，好好地觀看

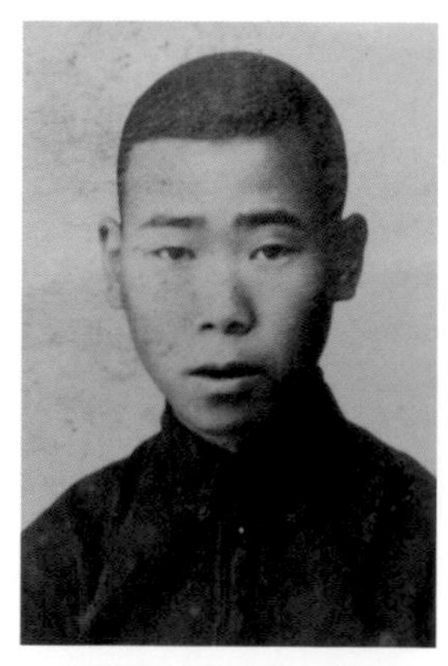

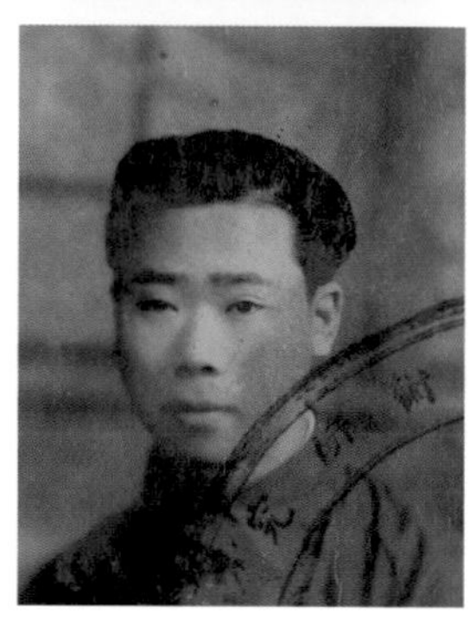

40年代，江漢東讀中學時期的留影。

眼前的諸多菩薩，只見有的莊嚴神聖，不可侵犯，有的持槍拿刀，威武非凡，各個護法神像，姿態不一，只有他的花公花母，慈顏善目，身上還爬著許多小孩，最得他歡心，他歡喜得再三跪拜。

而當了菩薩的兒子，不是只有跪拜就可了事。每年大年初二，才是真正會面父母的大日子，當日，宛如要演出一齣重頭戲。

一早起床不洗臉，吃過早飯後，江漢東就開始被家人打扮，不是要梳理得整潔端莊，而是要裝扮得愈髒、愈醜才愈有臉見父母。他的小臉蛋被抹黑，穿的是破爛的衣服，戴的是破了洞的帽子，幾根頭髮還從破洞裡鑽了出來，脖子上又懸掛著一只草編的飯包，上面淋著雞血，寫著：「花公花母千秋，弟子江漢東奉上」，飯包口還繫著一條紅棉繩，飯包裡的蒜葉垂露在外，這副邋遢的模樣活脱脱像窮叫化子的小乞丐，父親領著小乞丐兒子，在冷冽的寒風中趕到寺廟，又是燒香、點燭、膜拜一番，在喧嚷的人群中，完成對菩薩的拜年大禮。

之後，寺廟的廟公請他們喝桔餅茶，又請吃了四道菩薩素菜，最後又分贈他們蕃薯絲、炒沙豆、紅紙糕、黃紙糕等等佳品，江漢東一一把菩薩賞賜的禮物裝在自己的包裡，滿載而歸。回家後祖母第一眼就瞧見了黑臉的江漢東，連忙把他討回來的東西，分給全家人享用，以保闔家四季平安。

裝扮成乞丐的江漢東，拜完了菩薩父母，在他羸弱的生命裡，彷彿已內蘊了神明的無上威力，可以好端端地活下去。那料得到沒幾年的光景，他真的淪落為乞丐。

江家公子，淪落乞食

[右頁圖]
江漢東　兒歌　1966
木刻版畫　129×47.5cm
國立台灣美術館藏
江漢東的〈兒歌〉一作，是一幅懷念故鄉長汀的畫作。

自1927年，共黨發動暴動，首次建立武裝部隊，1928年中共將工農革命軍定名「紅軍」。1929年紅軍入侵長汀，建立長汀縣革命委員會，為閩西、贛南第一個紅色縣政權，蘇維埃政府設於涂坊。長汀村民聞聲喪膽，雞犬不寧。1931年江漢東家的家產全數遭沒收，全家落難，無依無靠，被趕到廟裡居住，討飯度日。1932年紅軍建立蘇維埃政府於汀州市，江漢東的父親身為地主，在紅軍所謂的「土地改革戰爭」中，無法留在本鄉，為免遭橫禍，只好化妝逃往他鄉。

江漢東頓失父親，與祖母兩人相依為命，祖孫倆竟露宿田野，終日乞食為生，在兵荒馬亂中度日如年。

1934年是國民政府軍第五次圍剿紅軍，由於前幾次的失利經驗，這次國民黨採取步步為營的持久戰進攻策略，紅軍大挫，仍困守湖南、江西交界邊區及江西南部與福建西部的寧化、長汀等地，在國軍的總攻擊下，紅軍被迫轉往陝西延安，展開中共所謂的「兩萬五千里長征」。

1934年年底江漢東的父親才好不容易由遠方返鄉。然而所有房舍早已被劫掠一空，家早蕩然無存，所幸尚能全家團圓，亦屬不幸中的大幸。

翌年，十歲的江漢東才有機會入秀峰初級小學，這座小學原是他祖父利用秀峰公祠所創辦的學校，自1931年被共黨紅軍占用，設立鄉政府。在校期間江漢東最喜愛美術，國文成績最優，算數比較不靈光。1939年，他初小畢業考入新橋小學高小班，寄住大姑母家，卻患了打擺子病（瘧疾），學業成績也不太理想。而父親由原鄉公所的書記調往他鄉任職，很少回家，也少去探望他，祖母

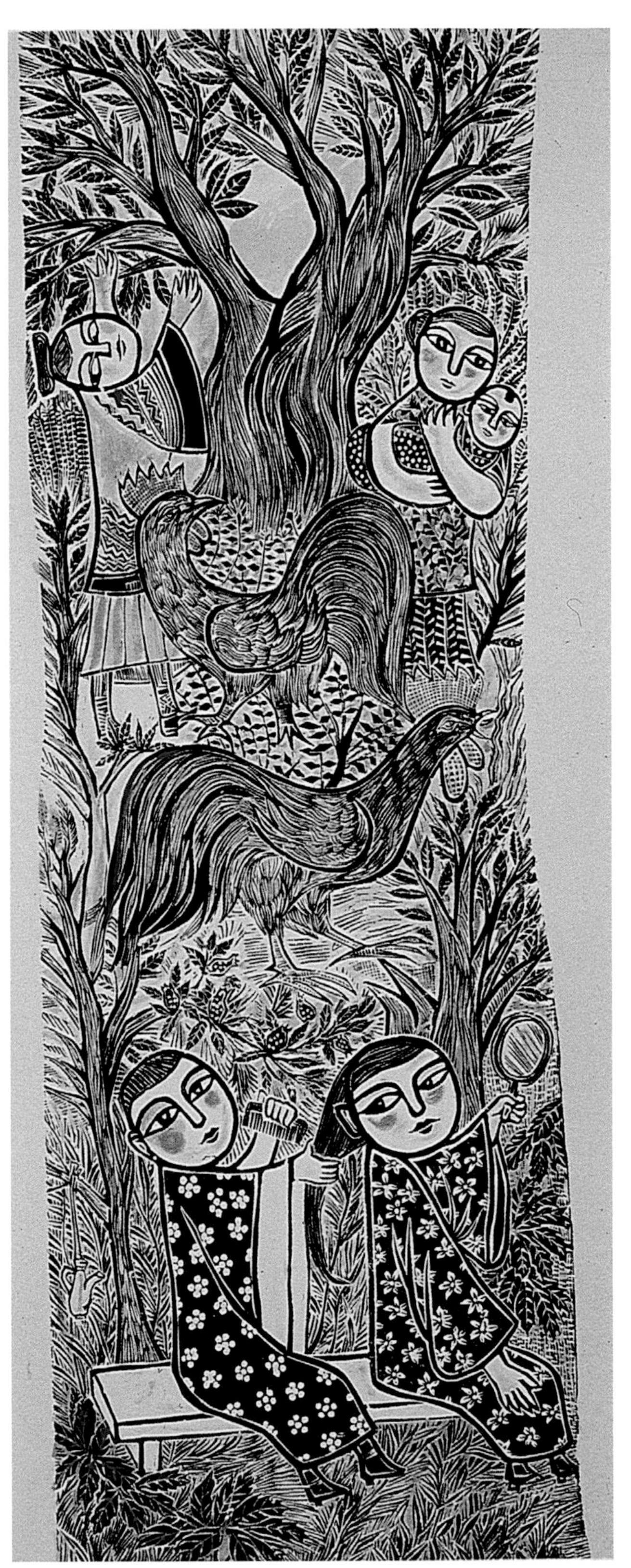

又於前年去世，對一個寄宿親戚家的懵懂小學生，何其不堪。

1941年江漢東就讀長汀縣立初中，1943年長汀遭逢日軍狂轟猛炸，烽火連天，他不得不轉學寗化中學，卻因在他鄉水土不服，身體生瘡，成績又欠佳，他孤單一人，身心飽受煎熬。

家不成家，國不成國

然而命運卻又繼續欺負一個從小沒有母親呵護的孩子。當江漢東正讀初中二年級時，摯愛他的父親竟離他而去，他哀痛萬分。休學半年在家守孝，而家早已不成家，祖母、父親相繼去世，國也不成國，他的童年適逢國共內戰，火拼激烈，他由地主之子淪為在行乞中度日，迎來的又是對日抗戰的慘綠青少年，他該如何從惆悵與傷懷的深淵中攀爬而出？

成長本身猶如一場戰役，如今江漢東得自己去迎戰，才能突圍而出，外在的戰爭是民族的存亡絕續，自己成長的戰役是自身的續命與否，他的命運坎坷，將又有什麼起伏變化呢？

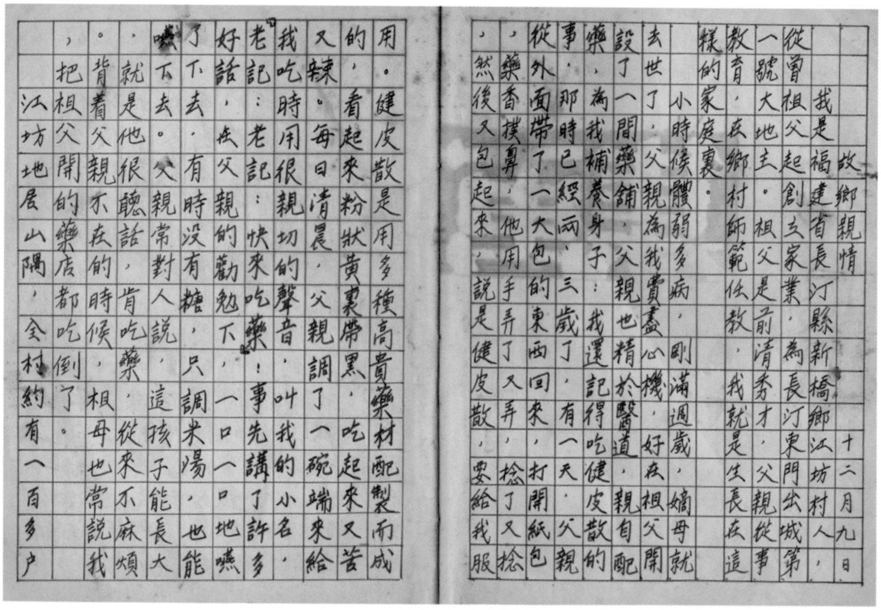

70年代，江漢東回憶兒時，所寫所畫〈故鄉親情〉手稿。

抗戰是中華民族的一頁悲壯史詩，國共兩黨暫停內戰，攜手合作，槍口一致對外。抗戰時期的長汀雖不是前線，卻是後方生產補給的基地之一，長汀生產的斗笠與江西瑞金生產的麻鞋及陝西寶雞生產的軍毯，被稱譽為抗日將士的「三寶」。

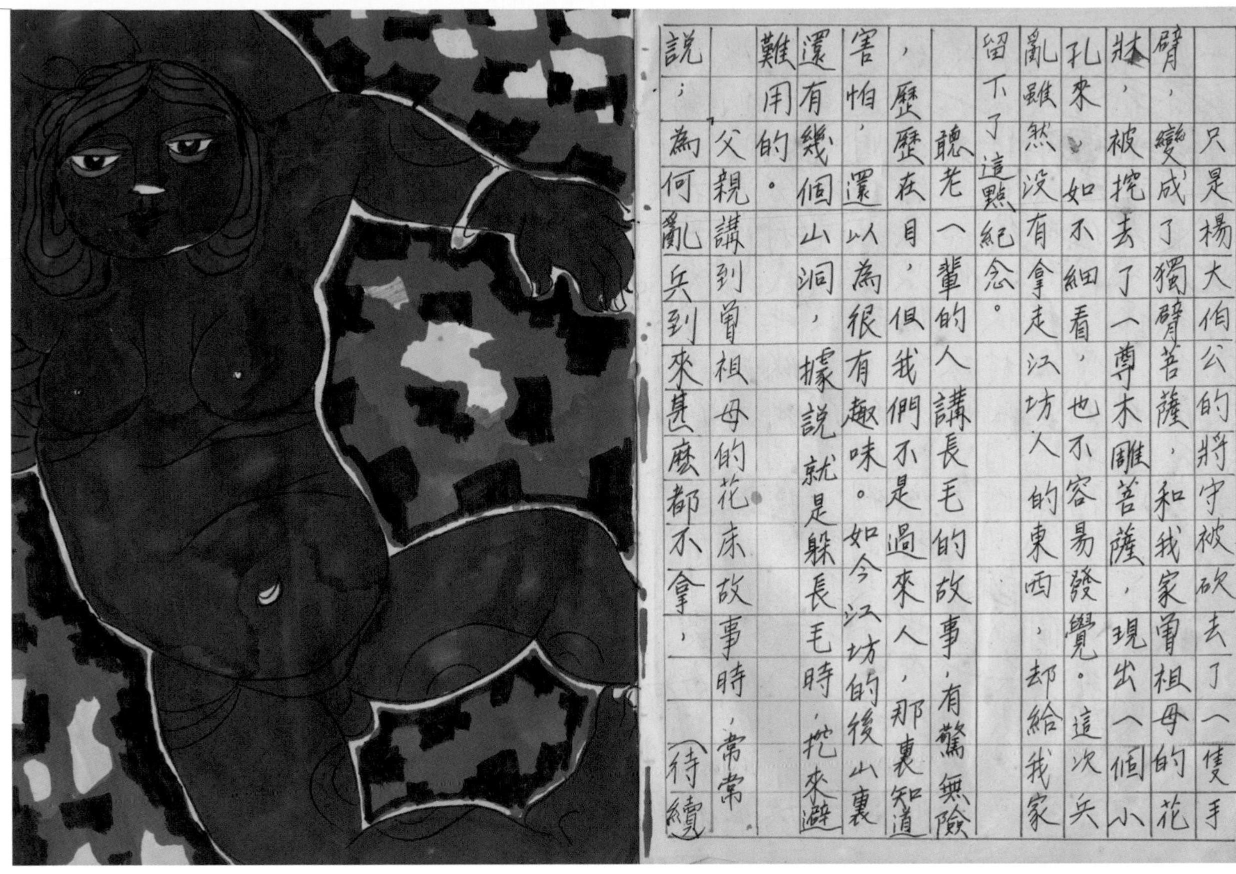

只是楊大伯公的將守被砍去了一隻手臂，變成了獨臂菩薩，和我家曾祖母的花牀，被挖去了一尊木雕菩薩，現出一個小孔來。如不細看，也不容易發覺。這次兵亂雖然沒有拿走江坊人的東西，卻給我家留下了這點紀念。

聽老一輩的人講長毛的故事，有驚無險，歷歷在目，但我們不是過來人，那裏知道害怕，還以為很有趣味。如今江坊的後山裏還有幾個山洞，據說就是躲長毛時，挖來避難用的。

父親講到曾祖母的花床故事時，常常說；為何亂兵到來甚麼都不拿，（待續）

70年代，江漢東回憶兒時，所寫所畫〈故鄉親情〉手稿。

此外，福建的煙廠三十多家更特別推出抗戰品牌卷煙，以抵抗日本軍國主義侵略，宣誓全民抗戰到底的決心，有以抗戰重大事件作為卷煙品牌，也有以民眾抗戰心聲為品牌，另有以軍事內容為品牌，來自不同地區的品牌，形成福建抗戰新煙標幟。不知喜愛美術的江漢東，是否目睹不同品牌的卷煙圖畫而愛上一煙在手，快樂似神仙的感覺？

1945年江漢東轉學再回到原長汀縣立初中繼續就讀三年級時，這場民族的聖仗終於贏來最後的勝利。翌年1月他順利畢業，已是二十一歲的青年，又過了一年，由於他初中時美術成績特優，被家鄉聘請擔任母校新橋小學美術教師，繼而轉鐵庵小學任教。

漫長的八年抗戰戰火剛熄，國共合作破裂又引發內戰，百姓疲憊，遍體鱗傷，民生凋敝，百業蕭條。1948年國民黨政府節節敗退，政局極端不穩。當時貨幣貶值，物價飛漲，徵稅成為財政收入的重要來源。

江漢東雖名為地主卻無地主之實，年年的田賦課稅太重，令他不堪負荷，經濟狀況一直不見好轉，他羸弱的生命竟湧現出離開家鄉的念頭。就像當時許多人寧可離鄉背井，漂泊南洋或渡海來臺，重覓新希望。

二、先入北師，再走前衛

在李仲生畫室，江漢東由面對畫紙不知如何下筆到走入立體派形的分析、結合，再到用一根線條造形，他的繪畫還在蛻變之中。

他的恩師現代繪畫的導師李仲生，形容他的畫是「追憶的心象」，自由飛翔於神祕的、幻想的、純真的、童話一般的，心感所及的心象世界。

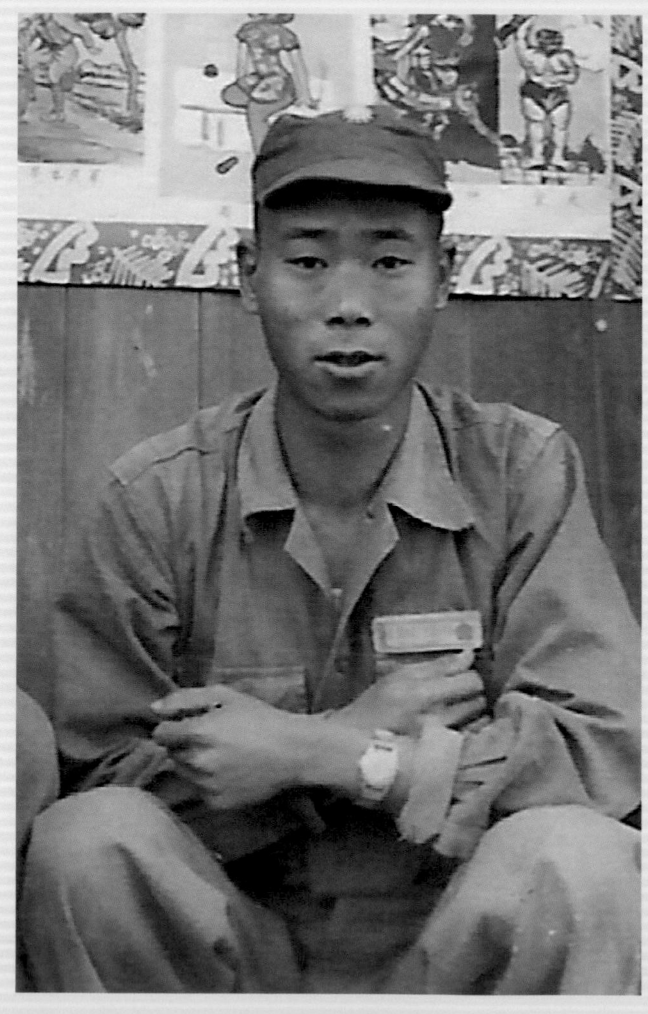

1953年，江漢東入伍接受預備士官訓練。

[右頁圖]

江漢東　遊樂之三（局部）　1969
綜合媒材　69×61cm

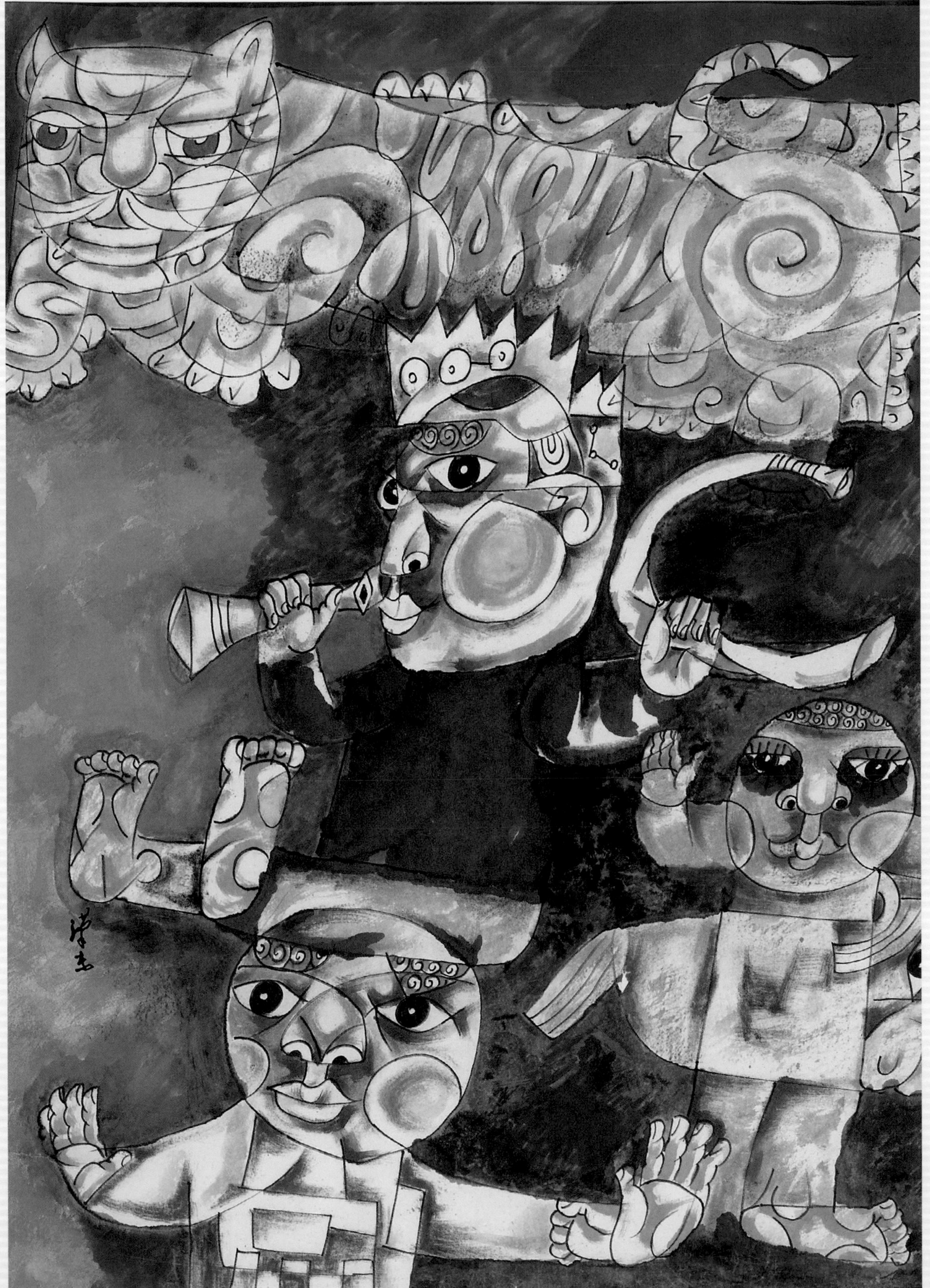

渡海來臺，圓藝術夢

1948年7月，二十三歲的江漢東帶了一點費用由長汀到福州準備搭船，沒想到一路上錢幣不斷貶值，他竟連船票都買不起，只得向鄉親借了一點錢勉強買了船票。江漢東8月8日到了臺灣，彼岸故鄉的國民政府正大力發行金圓券，更導致通貨惡性膨漲，物資嚴重缺乏，人民飢寒交迫。只是他當時那料想得到萬里江山別時容易見時難，此番一去竟是六十年無法復返，空餘無限的相思在心中。

從小就喜歡蹲在地上塗鴉的江漢東，自幼父親特別栽培他，在家鄉即接受詩書畫教育，埋下他熱愛藝術的種子，學生時代他對美術情有獨鍾，初中畢業許多鄰近的鄉民紛紛請他畫觀音菩薩，並供奉在家。

江漢東此番離鄉其實是別有懷抱，行前他對同父異母的妹妹說他不會回來分家產。他鐵了心連自己的後路也斬斷，他果真是為追尋藝術之夢而渡海來臺。原來他的築夢計畫在初中時便已開始孵育，江漢東說：「初中我們的老師都是廈門大學大三、大四的大學生，他們在思想

[左圖]

50年代江漢東個人照。

[右圖]

江漢東就讀臺北師範學校藝術科時與同學合影。

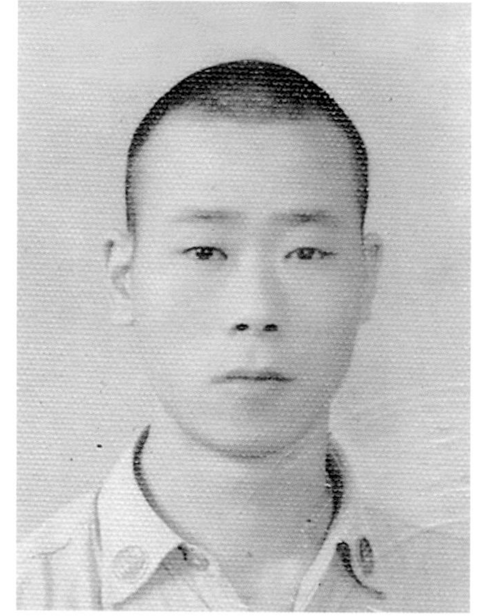

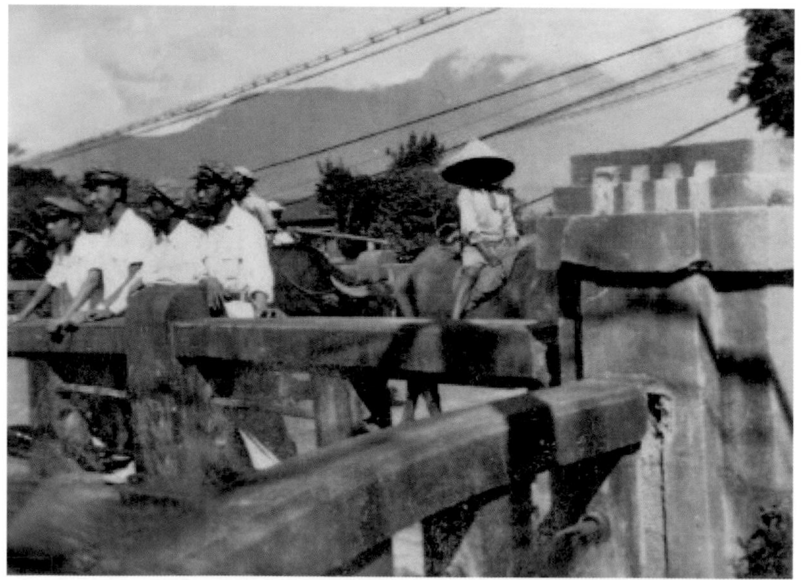

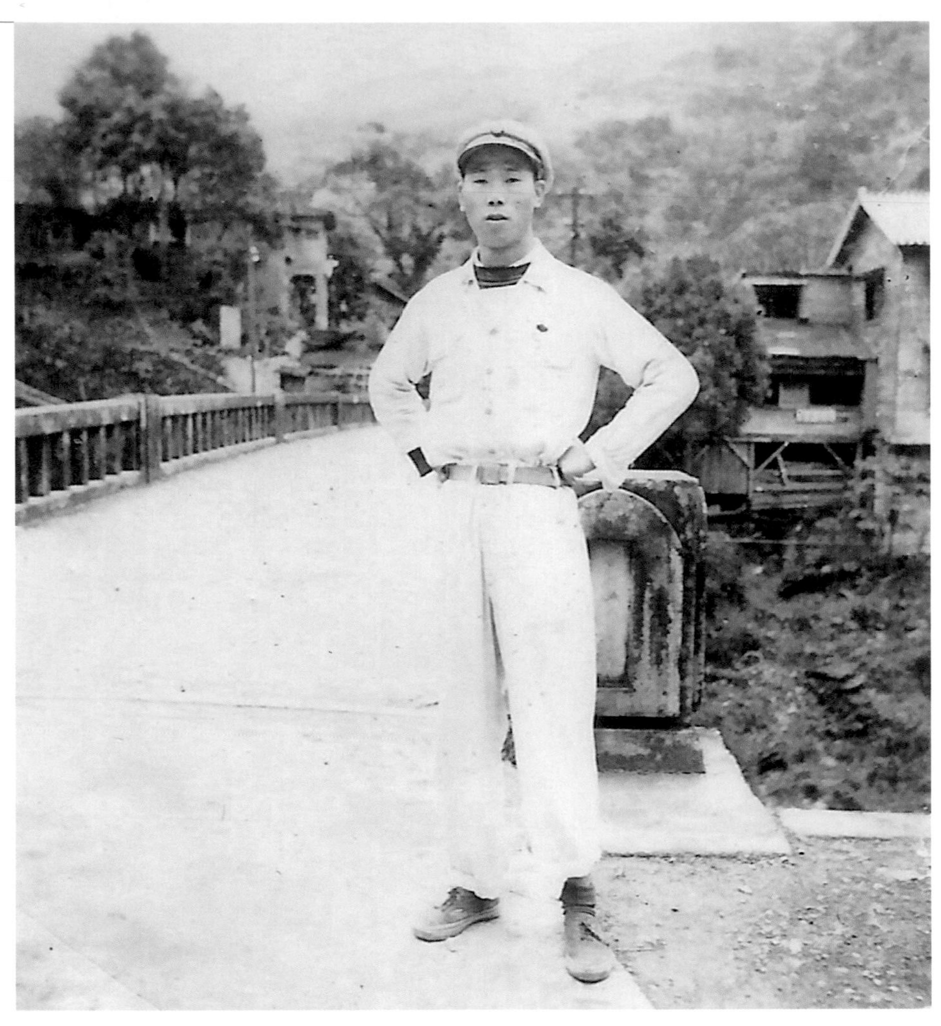

50年代，江漢東就讀臺北師範學校藝術科時的身影。

上很先進，趕得上世界藝術，老師們推介臺灣是高水平的教育，值得去拜訪。」老師的一番話讓他相信臺灣一定有美好的藝術學習機會，等著他全然投入。

窮酸教員，考上北師

1948年江漢東來臺即趕赴臺北師範學校的招考，只可惜來遲了幾天錯過了考期，只好改考國民學校教員試驗檢定考，翌年他再赴考，如願考上臺北師範學校藝術科，卻因無力繳交註冊費，只好放棄。幸好前一年他已獲得國民學校教員鑑定考的合格教師認證，10月適時被分派到臺北縣偏遠的大坪國校教書。

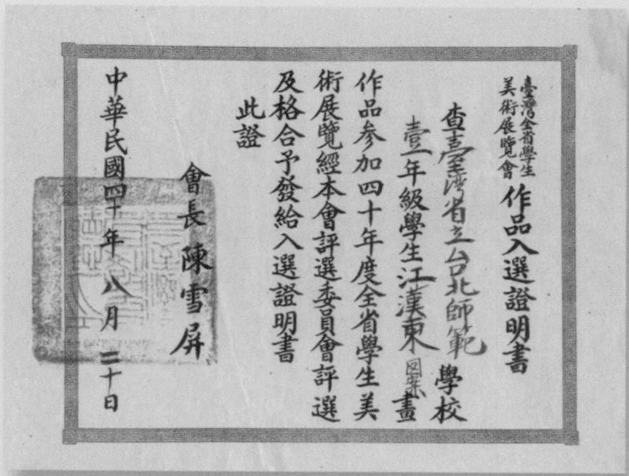

1951年，江漢東參加臺灣省40年度學生美展得獎證書。

1951年，江漢東參加學校論文比賽得獎證書。

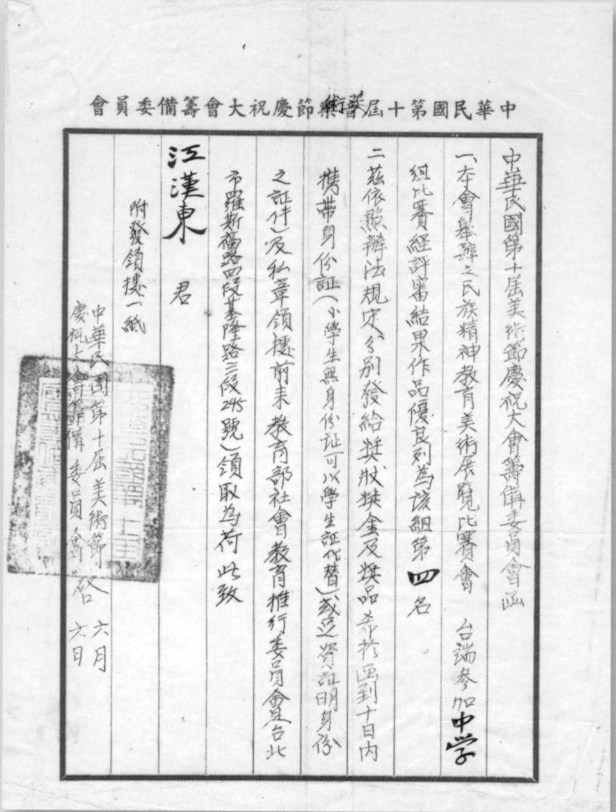

1951年，江漢東參加中華民國第10屆美術節得獎證書。

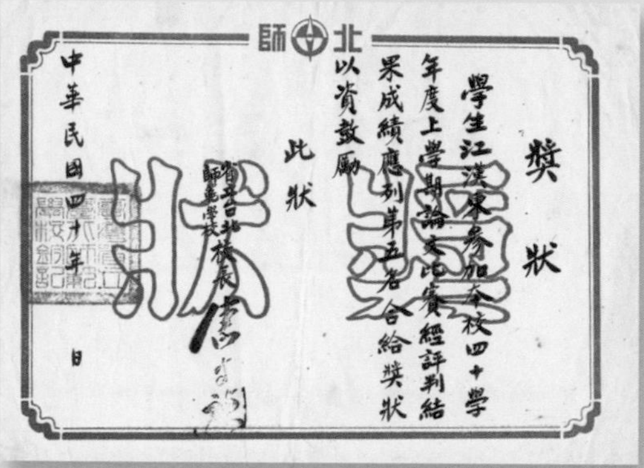

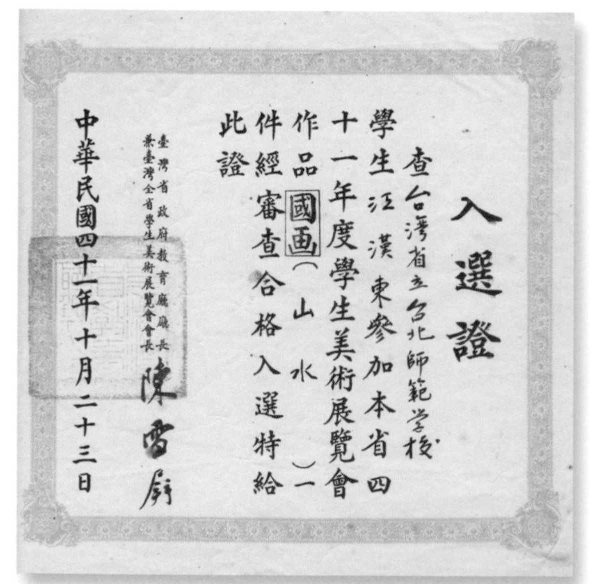

入選證

查台灣省立台北師範學校
學生江漢東參加本省四
十一年度學生美術展覽會
作品國画（山水）一
件經審查合格入選特給
此證

臺灣省政府教育廳廳長
兼臺灣全省學生美術展覽會會長 陳雪屏

中華民國四十一年十月二十三日

1952年，江漢東參加台灣省41年度學生美展得獎證書。

心中一旦充滿了堅定的理想，江漢東即使挨餓也要往藝術之路奮進，他在鄉下教書省吃儉用，竟能每個月省下六十多元，為避免貨幣貶錢，一如大陸時期，他固定換成兩錢黃金，共存了十個月，買了二十錢黃金，他湊足日後的學費，再接再厲，1950年又考上了臺北師範學校。

當了不到一年的鄉村教師，再重當學生，江漢東十分珍惜這個得來不易的機會，在校中他努力畫素描、水彩、圖案畫，本來他嚮往臺灣就是因為臺灣可以看到日本人翻譯的西洋美術資料，在大陸則看不到，因而在校期間他努力汲取新知，他的學業成績極佳，每學期總是名列前五、六名，尤以國文及圖案成績最高，體育最差，音樂尚不錯。

素描口訣，琅琅上口

妙的是，江漢東為把素描畫得更好，把老師上課教的素描原理編成一首琅琅上口的口訣歌，以便作畫時把握素描祕訣，收事半功倍之效。素描果真在江漢東未來的版畫創作中扮演舉足輕重的角色，他認為：「素描追求的是『線』與『形』，做平面化的表現，稱為『造型』。」尤其是版畫，起稿非常重要，一旦完稿刻下去便更改不得，他深深覺得當版畫家更要有紮實的素描基礎。

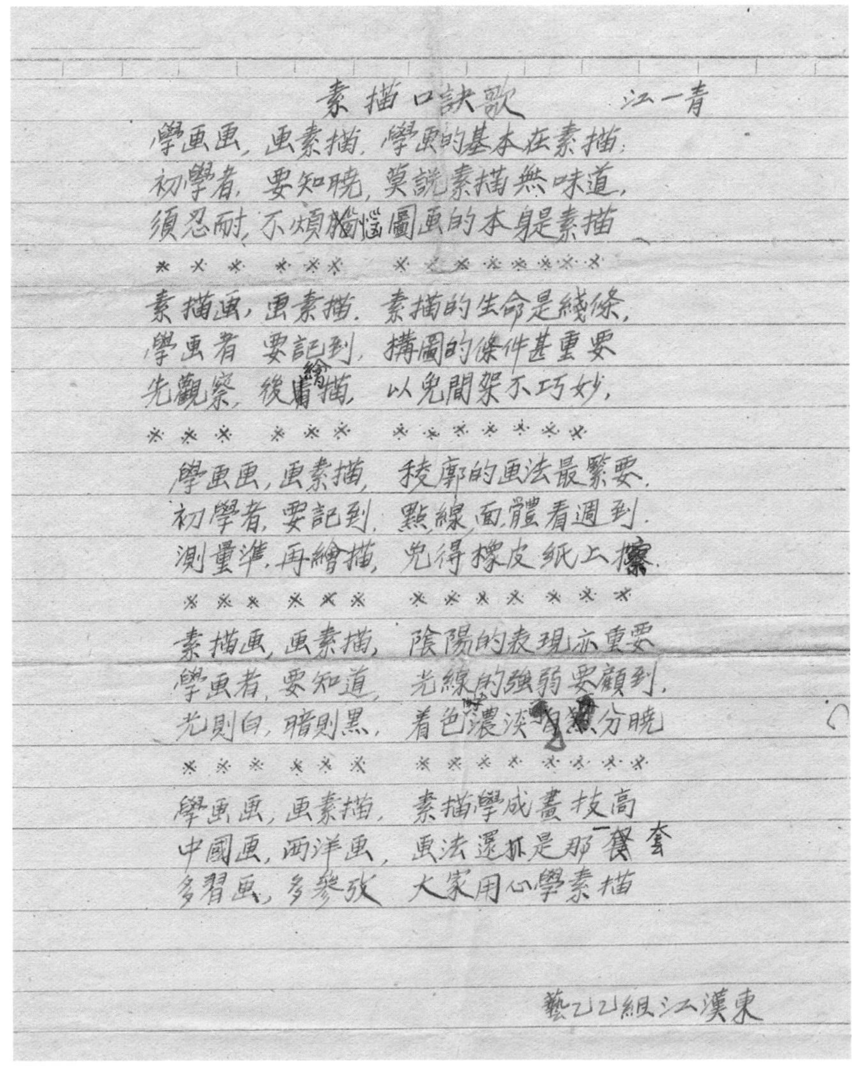

素描口訣歌　江一青

學画画，画素描，學画的基本在素描，
初學者，要知曉，莫說素描無味道，
須忍耐，不煩惱，圖画的本身是素描

※ ※ ※ ※ ※ ※ ※ ※ ※ ※ ※ ※ ※ ※

素描画，画素描，素描的生命是綫條，
學画者，要記到，構圖的條件甚重要
先觀察，後繪描，以免間架不巧妙，

※ ※ ※ ※ ※ ※ ※ ※ ※ ※ ※ ※ ※

學画画，画素描，稜廓的画法最緊要，
初學者，要記到，點線面體看週到，
測量準，再繪描，免得橡皮紙上擦，

※ ※ ※ ※ ※ ※ ※ ※ ※ ※ ※ ※ ※

素描画，画素描，陰陽的表現亦重要
學画者，要知道，光線的強弱要顧到，
光則白，暗則黑，着色濃淡自然分曉

※ ※ ※ ※ ※ ※ ※ ※ ※ ※ ※ ※ ※ ※

學画画，画素描，素描學成畫技高
中國画，西洋画，画法還是那一套
多習画，多參攷，大家用心學素描

藝乙乙組江漢東

50年代，江漢東學習素描時自編的「素描口訣歌」。

當時班上和江漢東同學的有：霍剛、秦松等人，雖然學校的教育是以培養國校教師為主，但每一個人都有一肚子做藝術家的抱負。正當他勤快地鍛鍊素描時，他卻經常聽得霍剛、秦松與學弟蕭勤意興風發地談論現代藝術思維，原來他們拿著烈

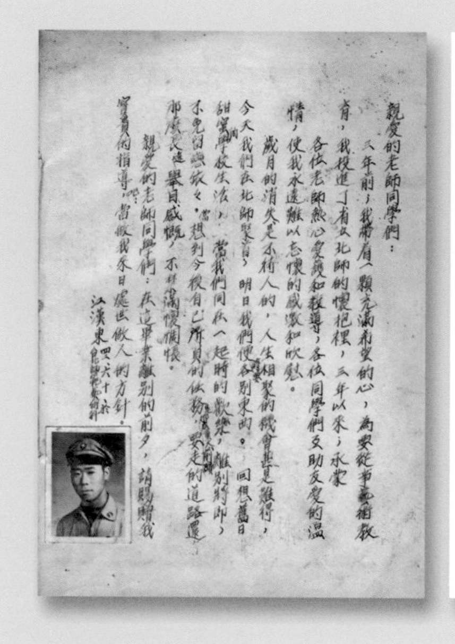
親愛的老師同學們：

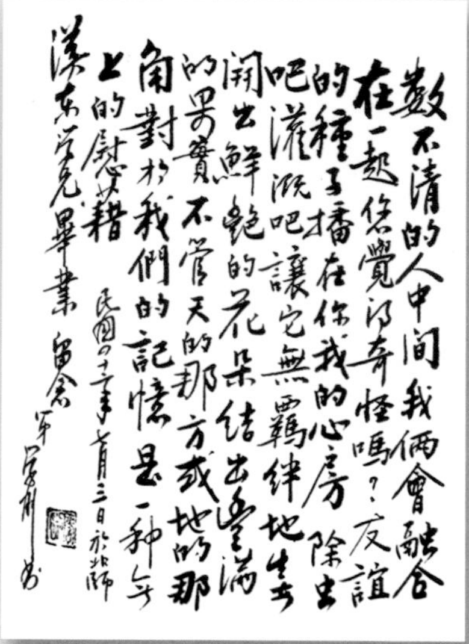

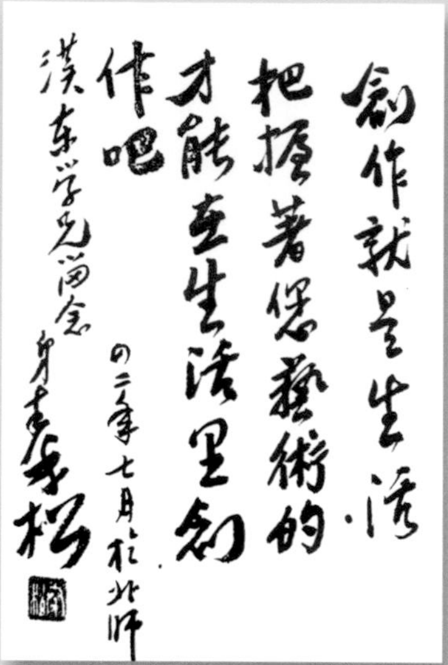

三年前，我帶着一顆充滿希望的心，為要從事藝術教育，我投進了省立北師的懷抱裡，三年以來，承蒙各位老師熱心愛護和教導，各位同學們互助友愛的溫情，使我永遠難以忘懷的感激和欣慰。

歲月的消失是不待人的，人生相聚的機會甚是難得，今天我們在北師聚首，明日我們便各別東西。回想舊日甜蜜的學校生活，當我們同在一起時的歡樂，離別將即，不免留戀依依，想到今後自己所負的任務，要走的道路還那麼長遠，舉目感慨，不禁滿懷惆悵。

親愛的老師同學們：在這畢業離別的前夕，請賜贈我寶貴的指導，當做我來日處世做人的方針。

江漢東

[左圖]

江漢東所寫臺北師範學校畢業感言。

[中、右圖]

北師同班同學霍剛及秦松為江漢東題寫畢業留言。

士遺孤的零用金，課後，私下向前衛藝術家李仲生學畫，他們常去宿舍高談闊論，許多藝術派別都是他聽所未聽，聞所未聞，他只有乖乖聽的份，他雖也興起衝動，很想與他們一起去安東街畫室習畫，只是阮囊羞澀，他只能靠著每學期賣一個藏在枕頭下的金戒指度日，更遑論有多餘的錢再學畫。他也只能在學院教育的有限資源下，苦練素描，二年級時他的一張人物素描便入選全國動員美展，令師生刮目相看，總算皇天不負苦心人。

北師藝術科三年同學，江漢東和霍剛的交情匪淺，畢業時他請霍剛為他題寫離別贈言，霍剛提筆第一句便寫道：「數不清的人中間，我倆會融合在一起，您覺得奇怪嗎？」而最後一句則寫著：「不管天的那方或地的那角，對於我們的記憶是一種無上的慰藉。」霍剛後來旅居義大利，一去四十餘載，他們倆仍魚雁往返，不多也不少。霍剛在歷史博物館為江漢東舉辦的紀念展畫冊上，特別為老友撰序，他談起老同學在校時總是聽得多、說得少，是相當用功的好學生，雖然他話不多，但若與同學談到高興時還會嘿嘿地笑，又說江漢東平時也總是面帶笑容與人為

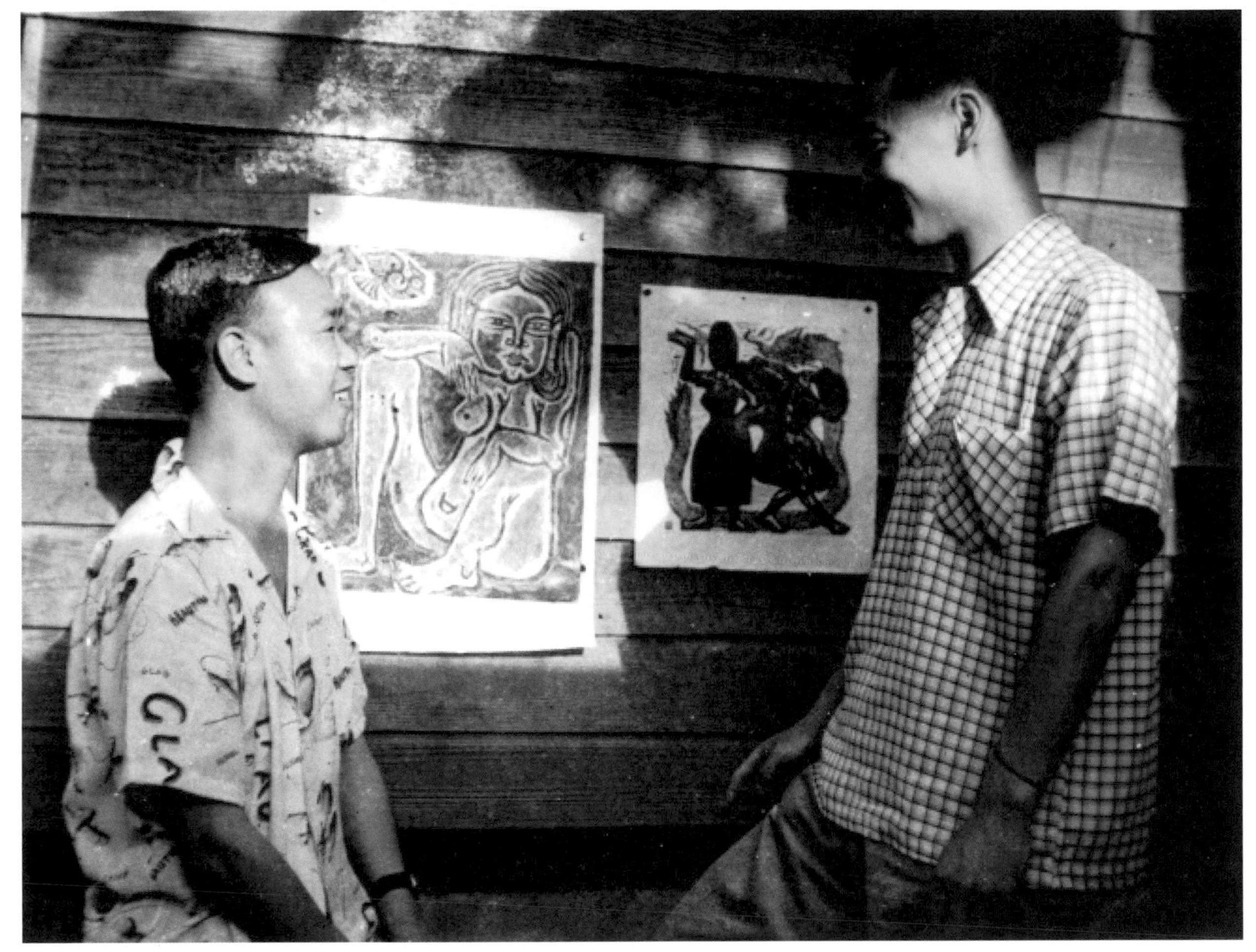

江漢東（左）與好友攝於60年代。

善。

霍剛也稱許江漢東的畫「完全是出自內心的喜悅而作真摯的表現」、「能使人感受到永恆的宇宙生命中人性的喜悅」。霍剛的確是他的深交摯友，完全讀懂老友的心。

江漢東一畢業選擇臺北市東園國校任教，只因學校擁有一套「世界美術全集」，而且還有設備良好的美術教室，他視若珍寶，學生放學後他還在教室的黑板上繼續練習畫畫，甚至睡在教室，一如他所說的自己是個苦學生、窮教員。

可是江漢東卻是人窮志不窮，他一邊教書，課餘不忘畫水彩，做版畫，也學日文，為的是看懂日文美術畫冊，畢業才正是創作的開始。

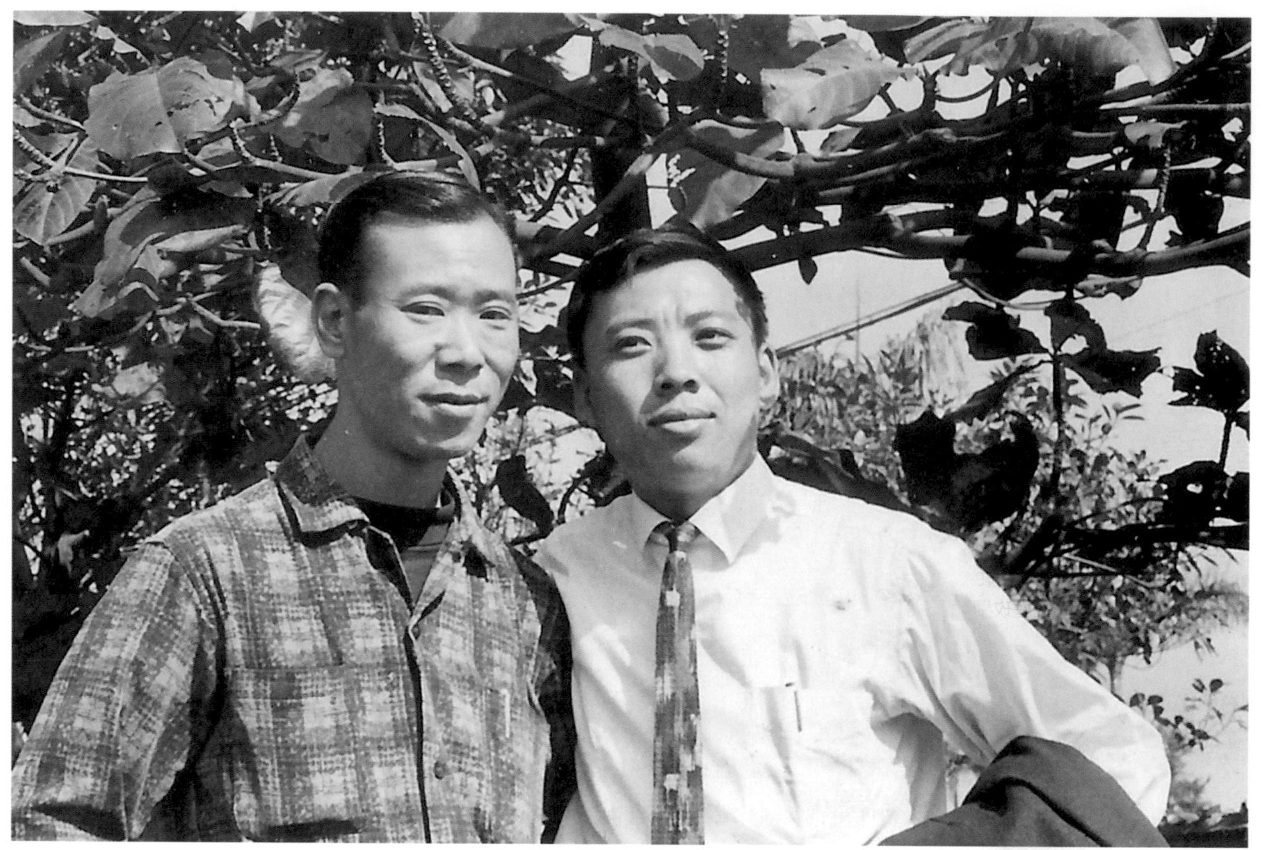
60年代，江漢東與霍剛合影。

師李仲生，學立體派

李仲生的教學以自由啟發的研究方式，開發學生個別的潛在性，指導學生各自走到自己繪畫的原創性。在江漢東尚未向李仲生學畫前，安東街的畫室早有霍剛、蕭勤、李元佳、蕭明賢、陳道明等他北師的校友為班，另也有一班是吳昊、夏陽、歐陽文苑、金藩、劉芙美等畫友組成。

這位當時畫壇的前衛另類——李仲生，1932年在上海與熱愛現代藝術的畫家成立「決瀾社」倡導現代藝術。1933年進入東京日本大學藝術系西洋畫科，並加入「東京前衛美術研究所」，也參加日本「二科會」前衛藝術展。因而他的教學絕對不同於傳統學院式的灌輸方法，而是如

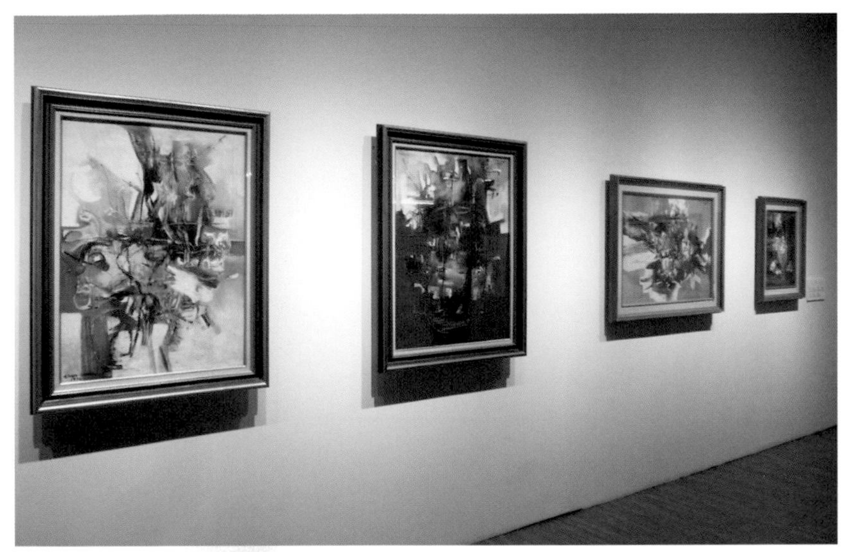

2015年，由中華文化總會主辦的「意教的藝教／李仲生的創作及其教學」展，展場中陳列多幅李仲生的繪畫作品。（王庭玫攝）

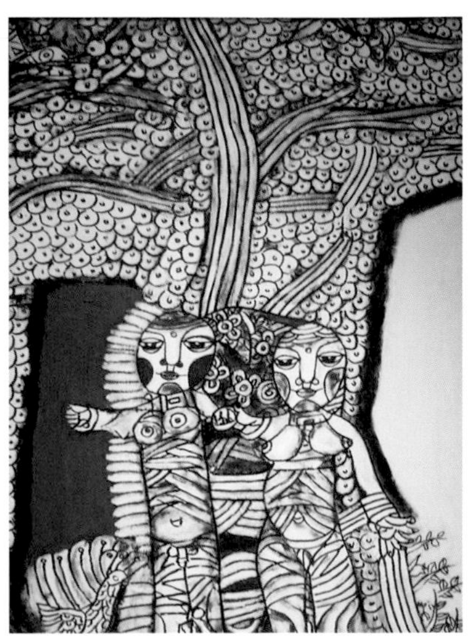

「意教的藝教／李仲生的創作及其教學」展中，江漢東以受教於李仲生學生的身分展出作品〈人之初〉。（王庭玫攝）

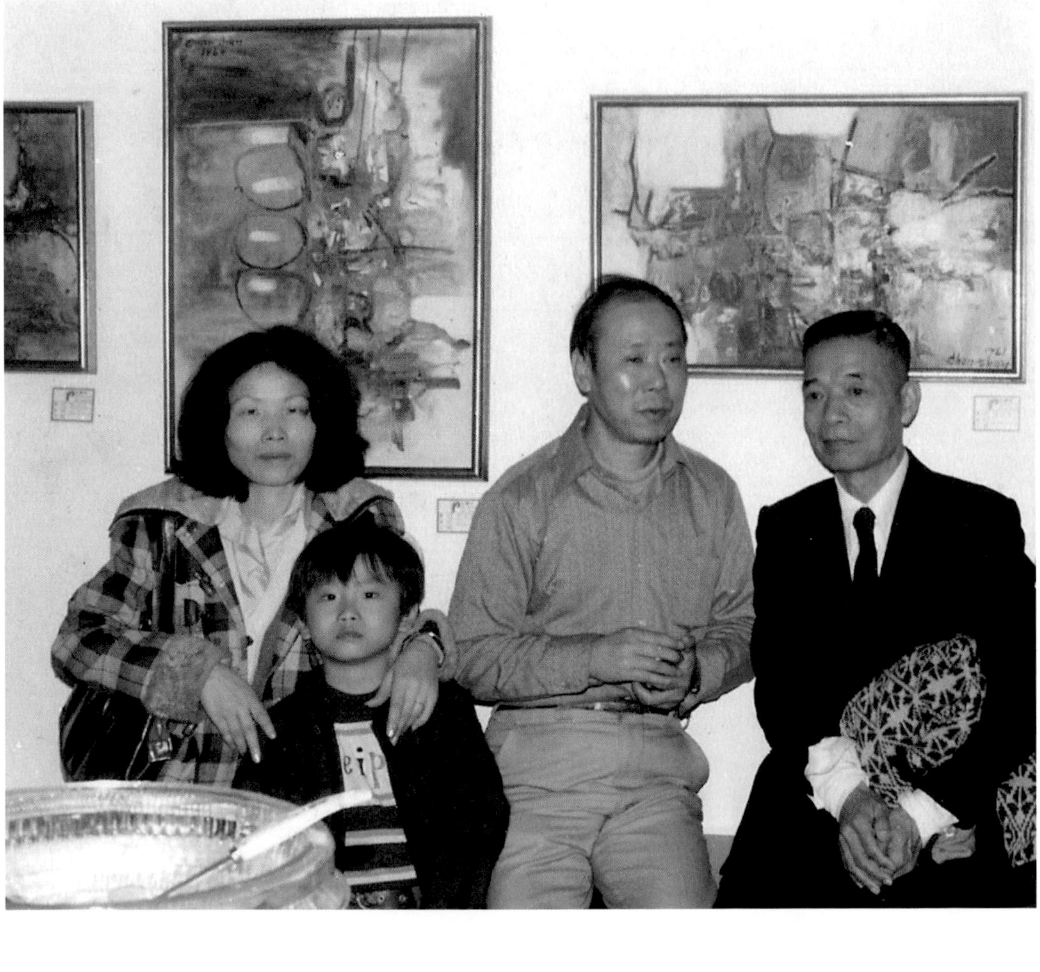

1979年，江漢東（右2）偕妻兒與老師李仲生（右1）合影於李仲生個展會場。

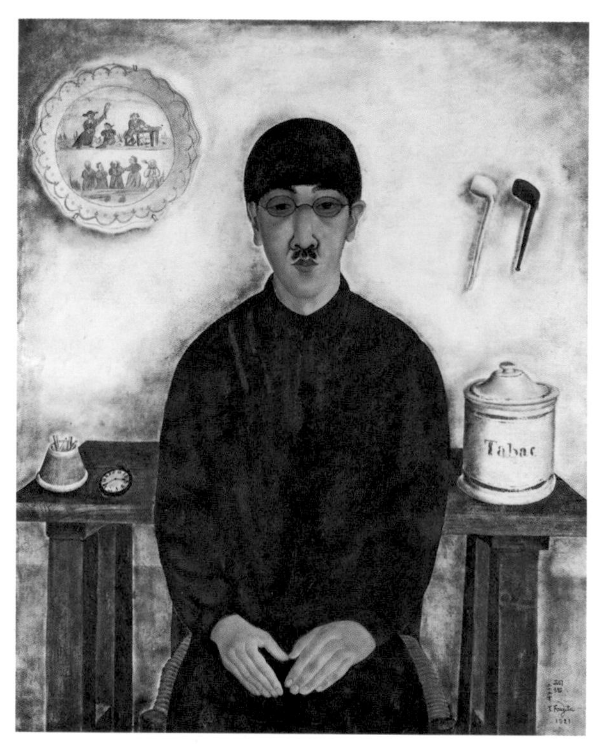

藤田嗣治　自畫像　1921
油畫畫布　99×80cm
比利時皇家美術館藏

蕭勤所說的，是以眼、腦、心、手並用的方式，著重創作的基本訓練，強調藝術家個性的啟發。

當第一天江漢東踏入李仲生畫室時，李老師開門見山地向他說：「你是臺北師範藝術科畢業的，你要丟掉過去所學的一切，重新開始。到我這裡來就是進入研究所。我指導你研究現代繪畫。」江漢東一聽，內心十分震撼，心想：「北師三年豈不白費了。」他正愣在那兒，只聽得李仲生繼續說：「不錯，一點都不錯，當年藤田嗣治到了巴黎，就丟掉在東京美術學校所學的一切，重新在巴黎起步。」江漢東聽到「重新在巴黎起步」才信心大增，掃除了一臉的狐疑。因為從小他在鉛筆、蠟筆中塗抹出的彩色畫，老師們都鼓勵他未來去巴黎留學，這次他從李仲生口中又聽到「巴黎」兩字，更激起他一圓巴黎夢的決心。

然而當江漢東面對畫板上的畫紙時，他久久不敢下筆，只能發呆，李仲生告訴他：「自自然然，自由自在畫下去。畫一段時期以後，我會指導你畫屬於你自己的畫。」於是他鼓起最大的勇氣，硬著頭皮畫下去，他每週來畫室上課兩次，每次兩小時，有時李仲生講到興致勃勃，往往超過四小時，天暗了他才踩著腳踏車回家。

李仲生的指導教學是不示範，不改畫，他所謂的「前衛藝術教學法」就是「動口不動手」，江漢東認為與其說他們是到李仲生的畫室學畫，不如說是到畫室接受李仲生的藝術思想和觀念。吳昊回憶：「一到星期日，李仲生便約兩班同學在茶館喝茶，並介紹日本美術雜誌給他們看，又講解現代繪畫的理論，新古典、野獸派、立體派、超現實、抽象繪畫。」李仲生開啟學生對現代繪畫的了解。所以江漢東每次上完課內心都感到無比的充實。他的確感覺李仲生的教學與學院因循守舊的教法迴然不同，他相當用心地學習，幾乎從不缺課，與他同組的同學很

[右頁上圖]
1999年，由臺灣省立美術館策劃、藝術家出版社出版的《臺灣美術評論全集／李仲生》一書封面。本書對李仲生有詳細介紹，書中並登載李仲生美術論述的文章。

[右頁下圖]
闊別二十多年，蕭勤到彰化看望李仲生老師。（藝術家資料室提供）

少去，所以他常有機會接受李仲生的單獨教導。他覺得李仲生是一位平易近人，和藹可親的長者、朋友、老師，有時李仲生也會與他聊天，談起他是廣東韶關富豪之子。江漢東記得李老師告訴他：「我父親給我一筆錢，我又申請到庚子賠款最後一次獎學金。我把家裡寄來的那筆錢拿來零用，獎助金全部購買了書籍。回國時我帶了一船的書回到家裡，擺滿了屋子。」聽得江漢東十分羨慕，因為李仲生不是「學富五車」而是「學富一船」，他就靠著他的學問，讓學生了解如何及為何去畫。

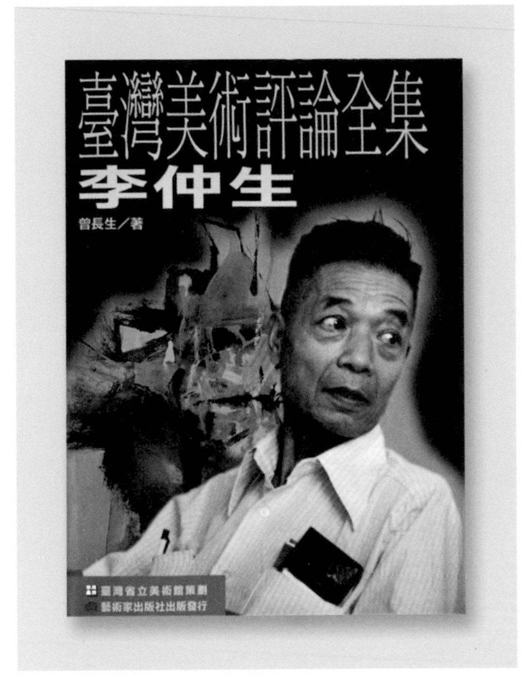

江漢東從李仲生學畫，是新生的蛻變，他總是一面學，一面領悟，他先從初期立體主義入手，研

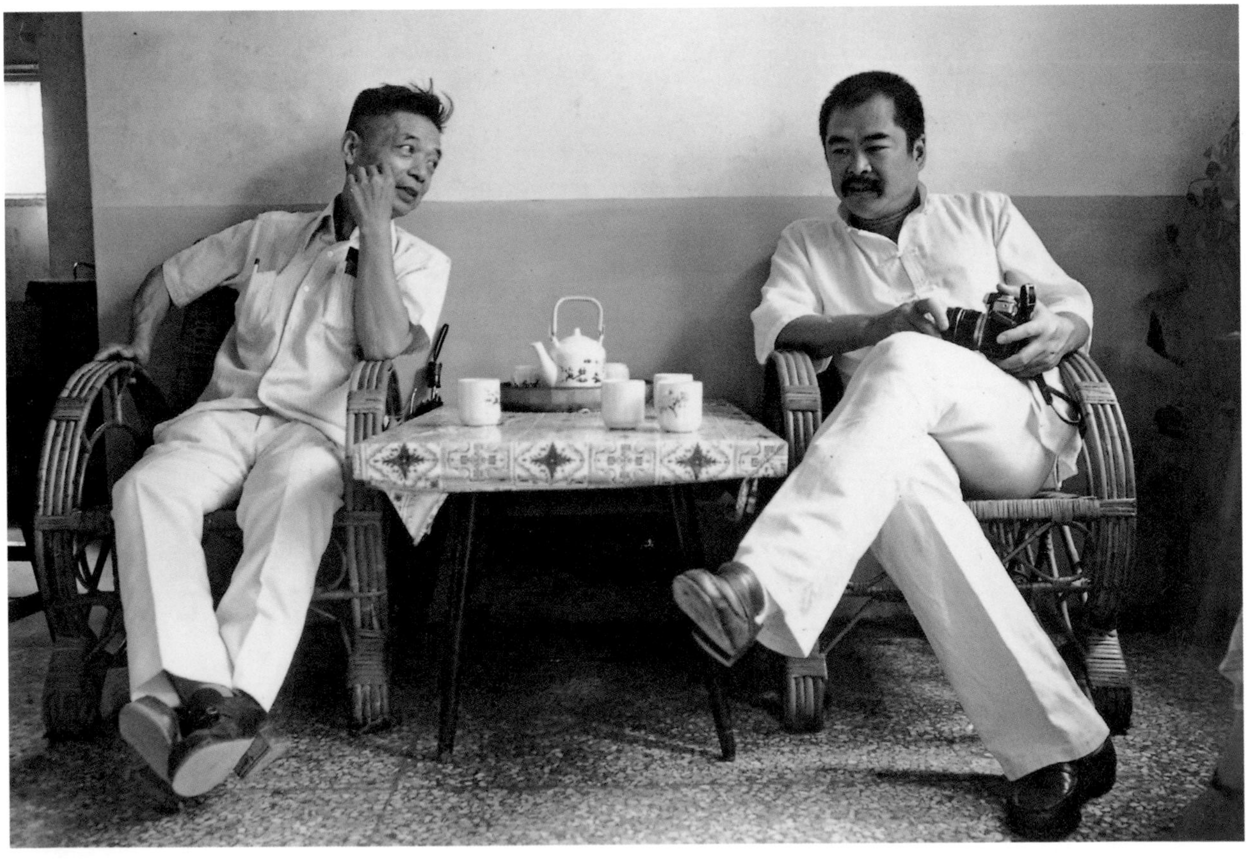

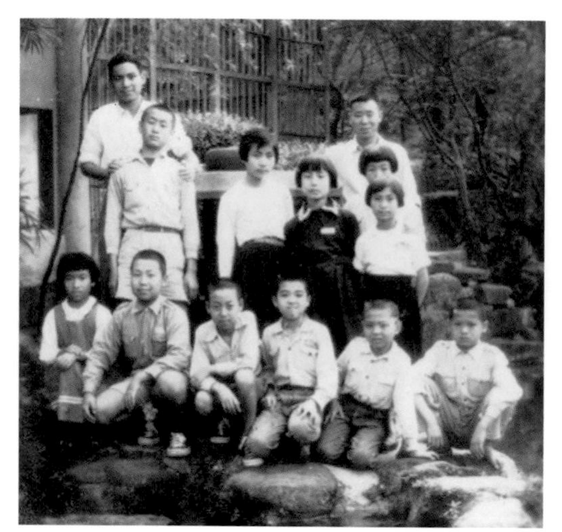

1955年江漢東（後排右1）與指導的美術學生合影。

究形的分解與結合，畫了好一陣子，都是形的理性分析，很有畢卡索味道，李仲生適時地提醒他：「立體主義是知而後畫，它對現代繪畫的貢獻就是畫面革命，初學者很容易畫得跟畢卡索一樣，這樣豈不又讓他牽著鼻子走，做了他的奴隸？」李仲生一語驚醒夢中人，江漢東從此改用一根線條來造形，研究「形」的意義。

李仲生常給學生觀賞西方大師的畫冊，並強調日本藤田嗣治，把東方的精神融入西畫，於是他鼓勵學生從中國傳統出發，創造現代風格，才是中國的現代畫家。為了邁向現代，同時又是中國的繪畫，李仲生的學生們，紛紛在中國深厚的文化根源中找尋創作的因子，蕭明賢從甲骨文裡找，李元佳從書法裡找，蕭勤從平劇裡找，吳昊從民間藝術裡找，江漢東則從民間戲曲裡找。每一個人都在挖掘傳統，同時又轉化為現代繪畫語言。為了更豐富自己的藝術基因庫，江漢東也不斷汲取敦煌藝術與印度藝術的養分。

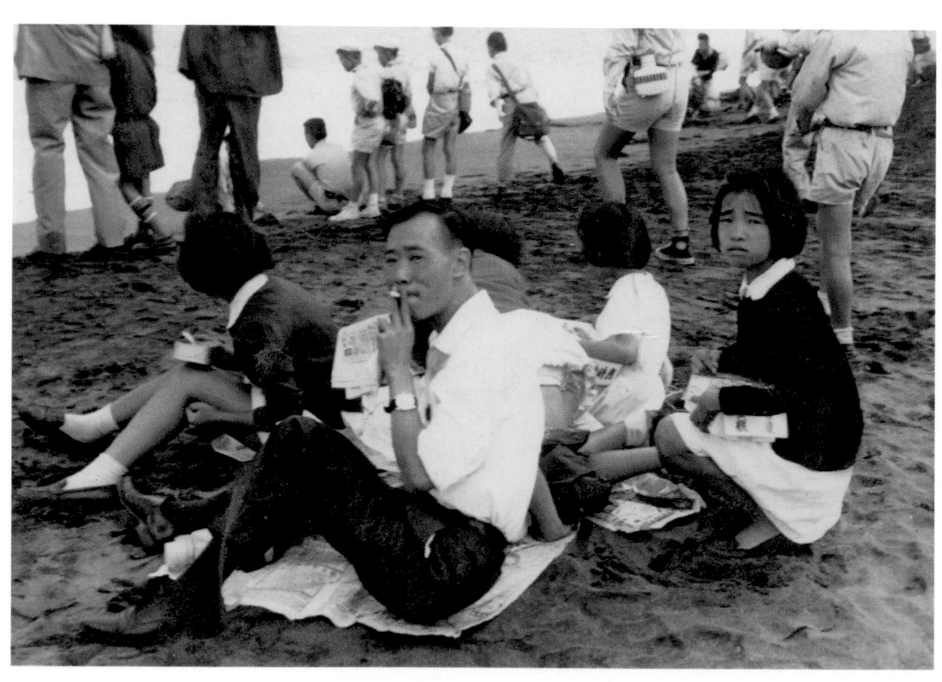

60年代，江漢東參加學生畢業旅行時留影。

躲防空洞，切磋畫藝

對現代藝術充滿孺慕之情的江漢東，時常與那群北師的藝術伙伴或在軍中服務也是李仲生學生的吳昊、歐陽文苑、夏陽等文藝青年，一起混迹龍江街防空洞。這防空洞是由在軍中任少尉的吳昊所管理，約四十坪大的平頂水泥屋，厚牆、無窗，原是日本人所遺留，竟搖身一變成為吳昊等軍中三人組的創作祕密基地。

防空洞冬暖夏涼、號召力十足，有時大夥兒躲入洞裡排演話劇，有時舉辦婚禮，有時開聖誕節舞會，熱鬧非凡，吸引了當時畫壇的席德進及嶄露頭角的顧福生、劉國松、莊喆、秦松、李錫奇、陳昭宏等年輕藝術家，也常去防空洞聚會。此外景美國校也是他們磨礪武功，品評畫作的好所在。

1955年李仲生突然關閉安東街畫室，讓欲學畫的小伙子吃了閉門羹。李仲生雖然離開臺北，那群熱力四射的藝術弟子，1956年乾脆成立「東方畫會」相互勉勵、切磋，翌年11月舉辦「東方畫展」於新聞大樓，作家何凡稱東方諸子為「八大響馬」，表彰他們在藝術上有如「江洋大盜」勇於闖蕩的精神。

身為「東方」諸子的老師李仲生，人已移居彰化員林，根本不敢來參與東方畫展，怕被誤認是他帶頭興風作浪，在白色恐怖的50年代，保守勢力，欲加之罪何患無詞。十分尊敬李仲生的江漢東，好不容易入了師門，卻又失去受教的機會，只好改與老師通信，滿足自己的創作慾。

江漢東教書之餘，一邊創作版畫，也參加臺灣省教育會主辦的雕塑講習班，作品〈戲〉也入選全省教員美展，另一幅傾向抽象畫的作品是第四屆全國美展的精選佳作。對於藝術，他總是兢兢業業，勤奮精進。

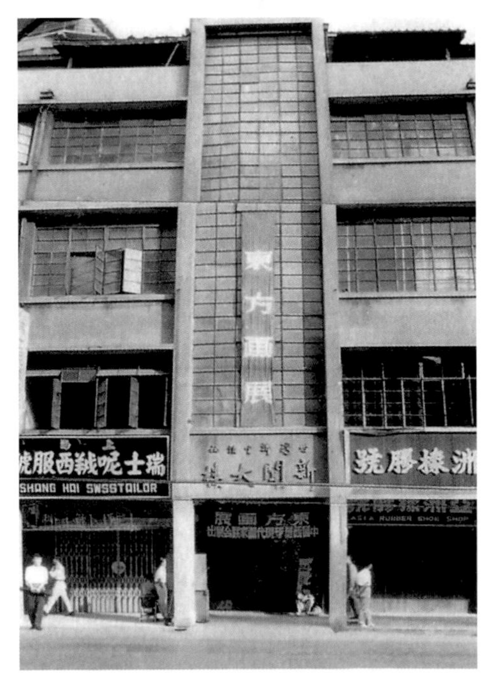

1957年「東方畫展」於臺北新聞大樓舉行，圖中央的建物即為大樓外觀。

三、現代版畫，波瀾迭起

江漢東的每一幅畫都像一首牧歌，謳歌著他對鄉土的愛戀，那兒有他眷戀的黃金童年，思慕的父親、祖母、伯嬸、朋友，他敏銳的觸鬚不斷伸進透視故鄉長汀的文化鄉土與記憶認同。濃郁的客家風土人情、客家歌謠、客家美食、豐富多彩的民間藝術，如船燈、馬燈、龍燈、鼓吹、臺閣、花鼓……，他的畫不僅含富審美的情趣，更是蘊藏深厚的文化認同，交融在中華民族的文化血脈長河中。

[下圖] 1959年，江漢東與作品〈渴望〉合影。
[右頁圖] 江漢東　七里橋（局部）　1971　綜合媒材　60×61cm

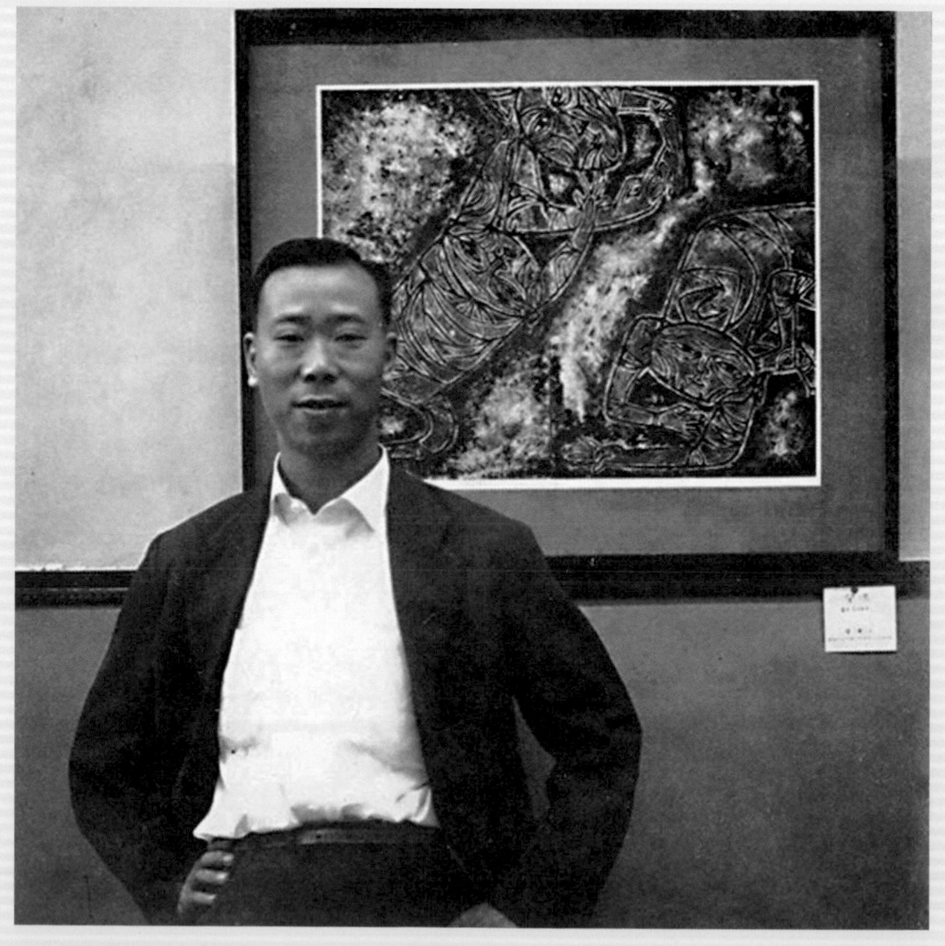

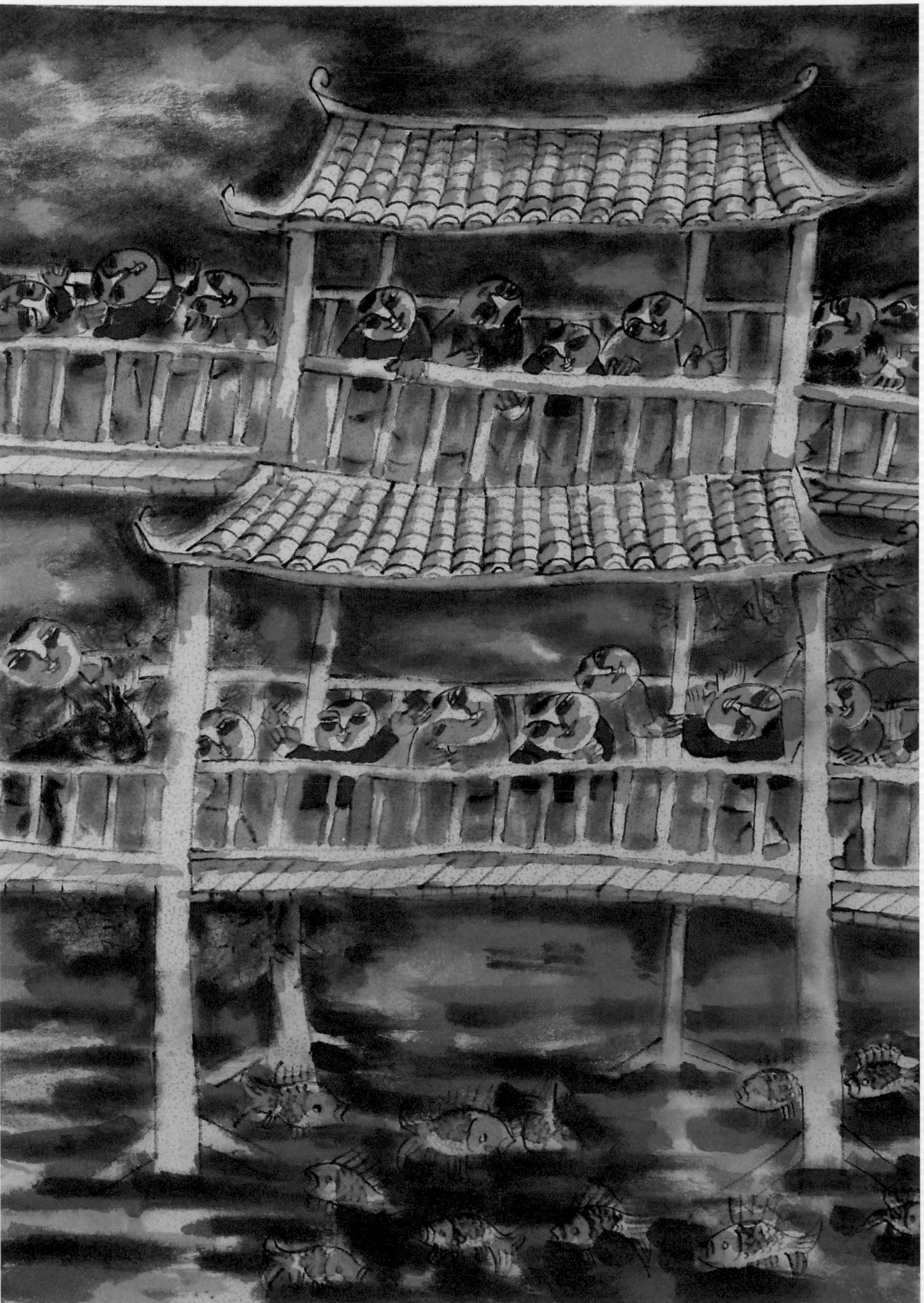

叛離傳統，實驗拓荒

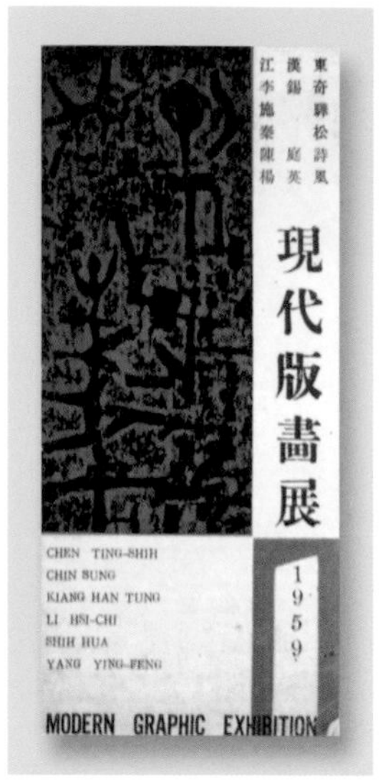

1959年「現代版畫展」展覽畫冊封面

在高壓、恐怖的50年代，只有現代藝術氣焰高漲。「東方畫會」、「五月畫會」相繼成立，許多熱愛藝術的狂熱分子或詩人，也相繼組會結社，蔚為潮流。

1958年5月，江漢東和北師藝術科同學秦松，在華美協進會臺灣分社與美國優秀版畫家：禮翁納德・巴斯欽、馬敏・柔而斯、波里斯・馬果、密卡爾・杜篷、茵百・比得利、羅勃・馬克斯、瑪利・可莉泰、李查特・夫魯閃等聯合展出「中美現代版畫展」，作品有套色木版、蝕刻、膠版、石膏版等不同版種，畫風多樣。江漢東的套色木刻版畫〈女神〉，刀法順暢，人物的刻劃具有民間藝術飽滿的趣味，又有敦煌飛天彩帶飄舉的意象，〈貓〉，有著半抽象的神祕感及刀雕痕跡的斑駁古樸。秦松的木刻版畫〈秋收〉、〈龍女〉，刀法俐落以塊面為主。

這次難得的現代版畫展，中外嘉賓雲集，連華美協進會理事長、五四運動的前輩胡適之先生也來道賀，對於國內版畫代表稱讚有加。這回中美版畫聯合展出，美國版畫家作品由美國新聞處負責聯繫提供，美國十位版畫家每人一件作品。國內的江漢東、秦松兩人共展出二十五件

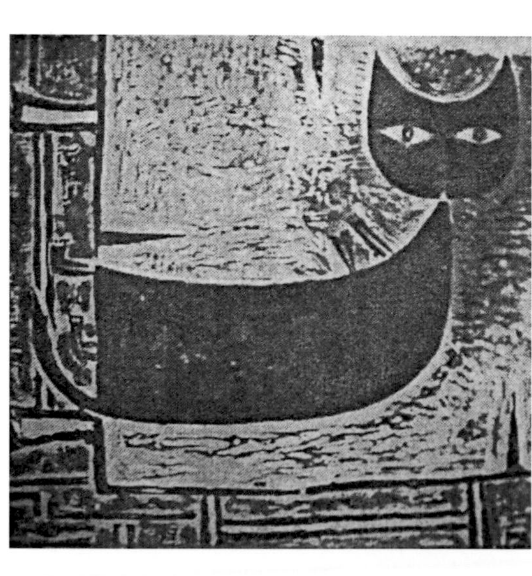
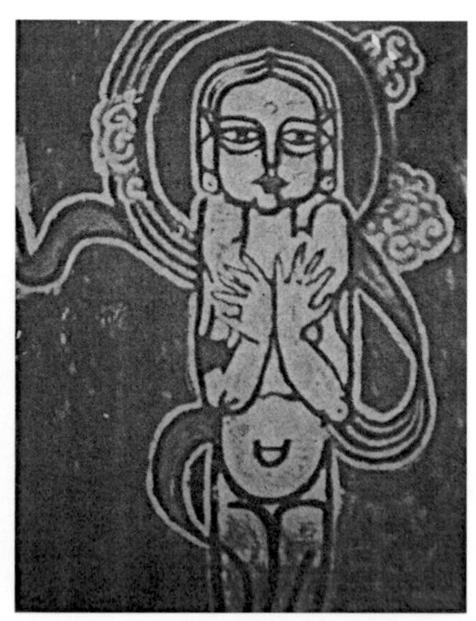

[左圖]
《中華畫報週刊》登載「中美版畫展」江漢東1958年木刻作品〈貓〉。

[右圖]
《中華畫報週刊》登載「中美版畫展」江漢東1958年木刻作品〈女神〉。

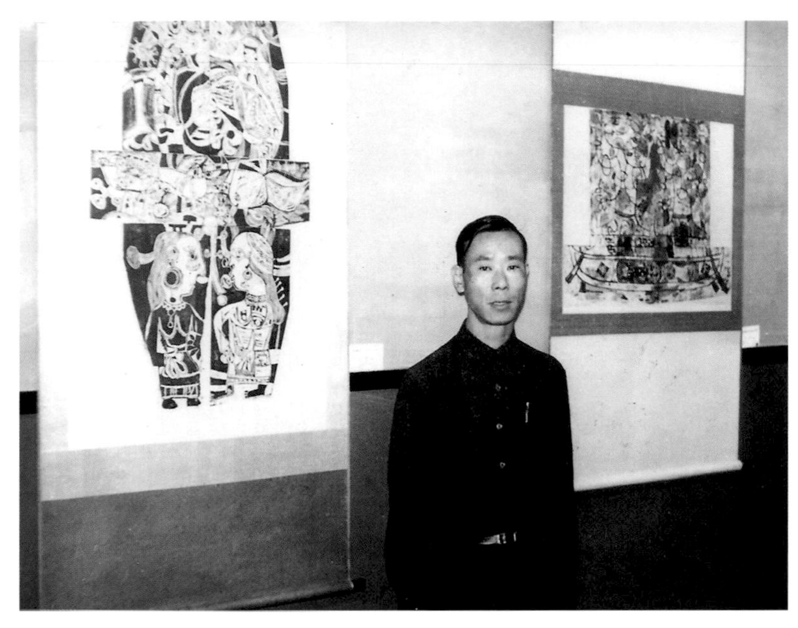

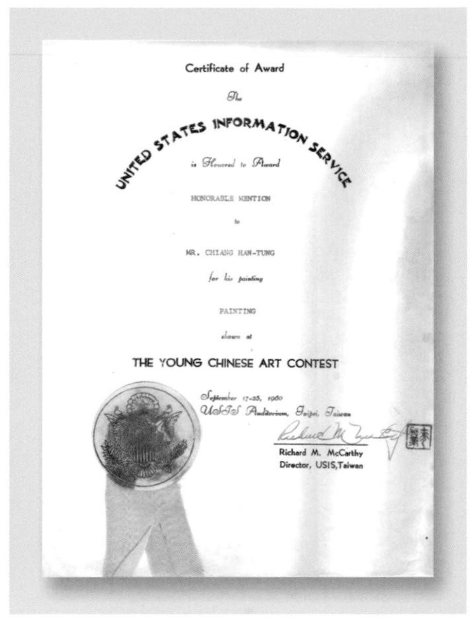

[左圖]
1960年，江漢東攝於第3屆「現代版畫展」會場。

[右圖]
1960年，江漢東獲得美國新聞處中國青年畫家榮譽獎。

作品，展畢美國版畫家將作品贈送臺北市立圖書館。

這次「中美現代版畫展」是中美版畫交流的開端。由於展覽深受好評，又十分具有時代意義，秦松和江漢東決定籌備創辦中國現代版畫會。終於在1959年，江漢東、秦松、楊英風、李錫奇、陳庭詩、施驊等共同發起成立「現代版畫會」，由江漢東任會長。並於11月、12月分別在國立藝術館、新生報新聞大樓舉行「現代版畫展」。這次江漢東參展的版畫有〈神話〉、〈吹錫角女〉、〈渴望〉(P. 30)、〈幽境〉、〈遊戲一〉(P. 35)等，尤其〈遊戲〉直式的兒童疊羅漢平面化的空間，含藏稚拙的純真美感。秦松的〈太陽節〉、〈開始〉、〈黑森林〉、〈太陽的憂鬱〉、〈海底夢〉、〈意象〉等畫線條粗獷，富書法勁道。陳庭詩的〈魚〉、〈在歡樂的日子裡〉、〈沸騰〉以線條的結構為主。楊英風的〈靜中動〉、〈動中靜〉、〈天時〉、〈地利〉、〈人和〉、〈金〉、〈木〉、〈水〉、〈火〉、〈土〉。李錫奇的〈59-11〉、〈59-15〉、〈59-16〉。施驊

《自由青年》登載江漢東版畫作品〈神話〉。

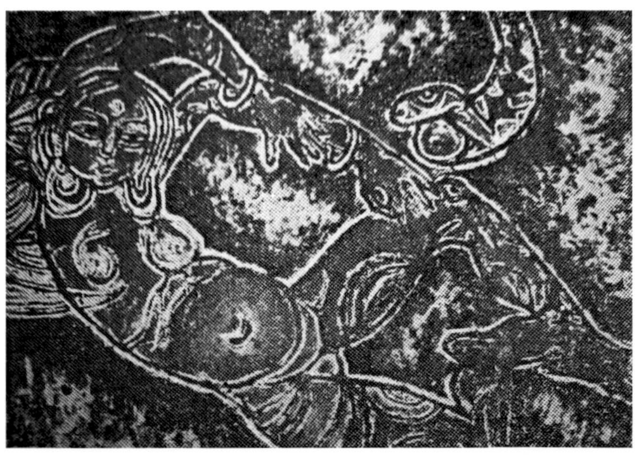

[右頁左圖]
江漢東　遊戲一　1960
木刻版畫　118×35cm
國立台臺灣美術館

[右頁右上圖]
1959年，右起：江漢東、秦松、李錫奇、楊英風、施驊、陳庭詩幾位畫友於「現代版畫展」的展場前合影。

[右頁右中圖]
1959年，「現代版畫會」畫友合影。左起：楊英風、秦松、施驊、李錫奇、江漢東、陳庭詩。

[右頁右下圖]
1959年，江漢東（站排右3）與畫友：楊英風、秦松、李錫奇、陳庭詩等攝於「現代版畫展」展場前。

的〈快樂篇〉、〈眷戀〉、〈野蠻與文明〉等作品，在在都標舉著現代版畫是一個獨立的現代藝術創作形式，打破以往作為政治或文學插圖或宣傳的附屬品。

為尊重1958年「中美現代版畫展」的催生意義，會員們將它定為第一屆，而將1959年的「現代版畫展」定為第二屆，日後固定每年舉行一次展覽。後來吳昊、歐陽文苑、朱為白等「東方畫會」的成員也陸續加入「現代版畫會」。

在「現代版畫會」標榜以現代藝術為主的版畫之前，臺灣在40、50年代也有版畫，只不過當時的木刻版畫家，大半受到30年代中國新興版畫運動的影響，以寫實方式表現社會底層的生活脈動。如1945至1946年光復初期來臺的木刻家黃榮燦、朱鳴岡、陳耀寰、陳庭詩、荒烟、麥非等，他們不是當記者，便是編輯，並從事木刻或漫畫活動。尤其黃榮燦〈恐怖的檢查——臺灣二二八事件〉、荒烟〈一個人倒下，千萬人站

【關鍵字】

黃榮燦（約1916-1952）

木刻版畫家黃榮燦，四川重慶人，30年代末畢業於西南美專，學生時代熱心組織木刻研究會，畢業後投入抗日前線的救亡工作。1945年末由大陸來臺，從事美術教學及創作活動。由於目睹二二八事件，他將所見刻成〈恐怖的檢查／臺灣二二八事件〉（1947），為現存報導當時事件，唯一一件美術作品。這種黑白相襯，以力道的刀法代替筆法，追求版畫的表現力與張力的藝術形式，透過刻與印，產生迥異於油畫或素描的特殊趣味，寫實性重於一切。1956年他被冠以匪諜罪嫌，遭處決。

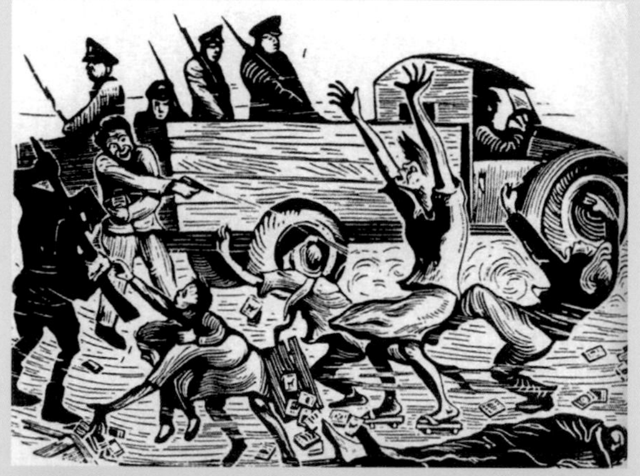

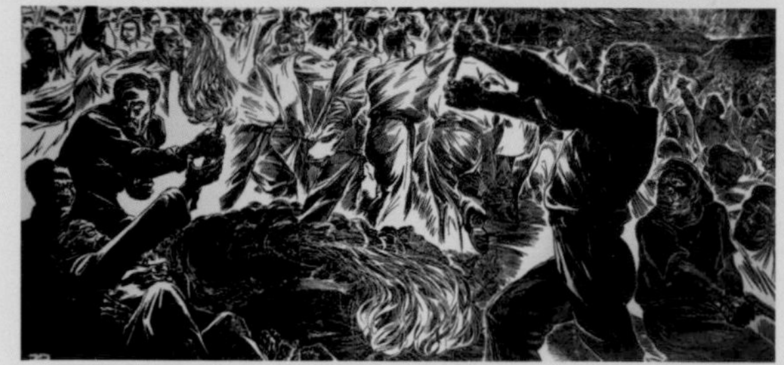

[上圖]
黃榮燦　恐怖的檢查／臺灣二二八事件　1947　木刻版畫
14×18.3cm

[下圖]
荒烟　一個人倒下，千萬人站起來　1948　木刻版畫　17×37cm

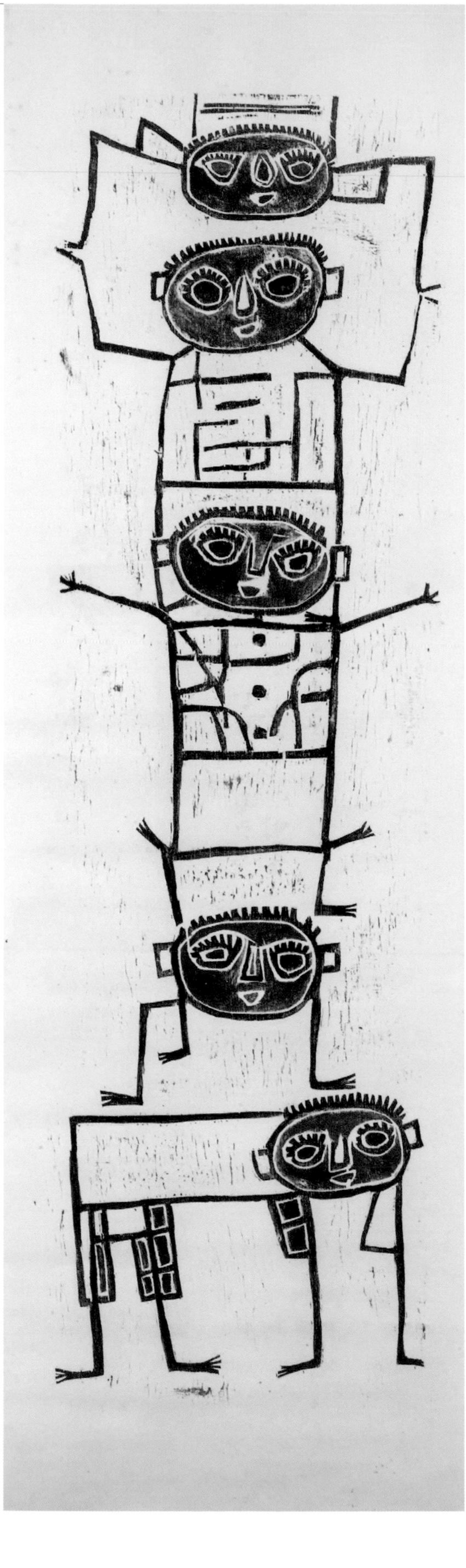

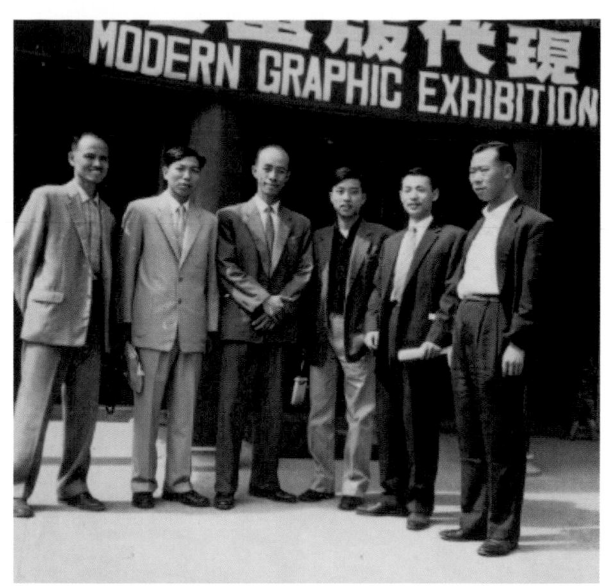
MODERN GRAPHIC EXHIBITION

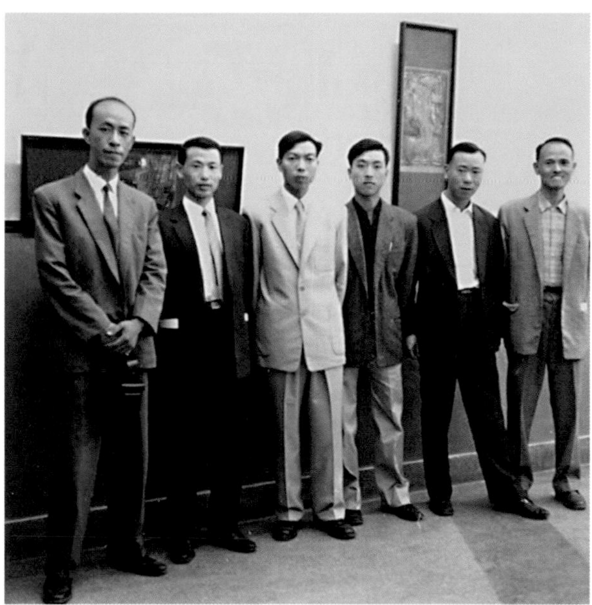

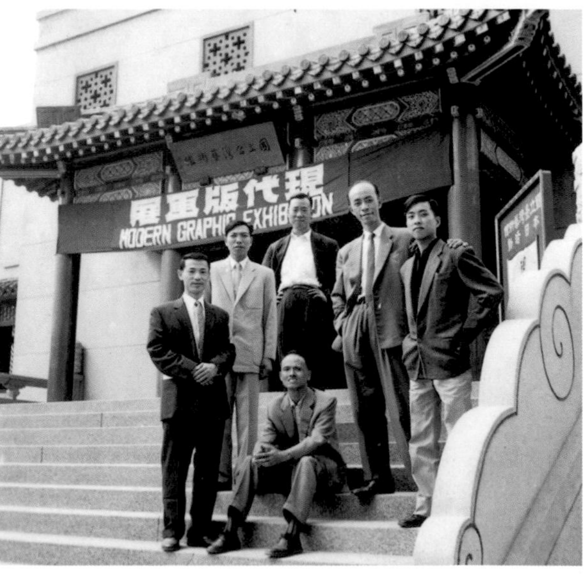
現代版畫

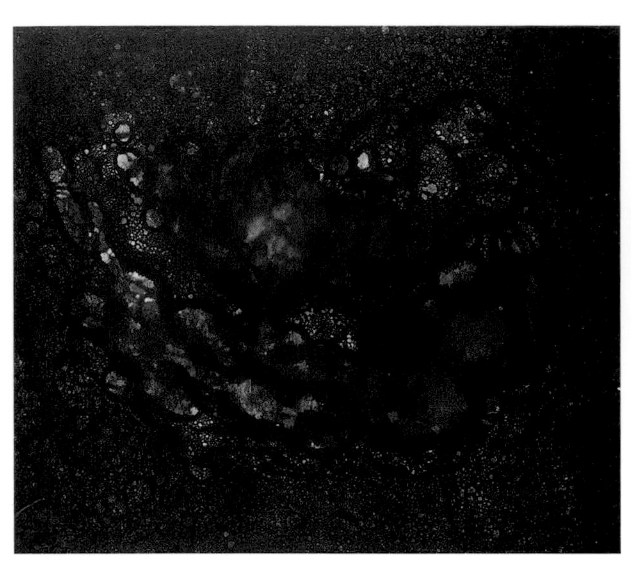

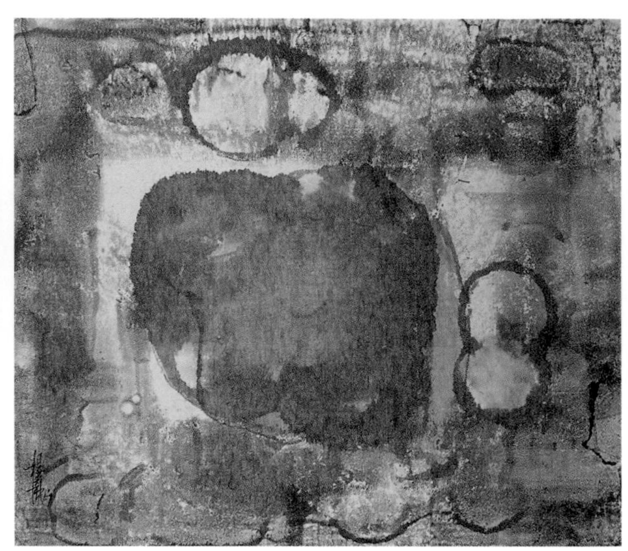

[左圖]
楊英風　火　1959
複合版畫　46×52cm
（財團法人楊英風藝術教育基金會提供）

[右圖]
楊英風　土　1959
複合版畫　46×52cm
（財團法人楊英風藝術教育基金會提供）

起來〉，刻畫政治事件，具有左翼文藝木刻精神。朱鳴岡的臺灣生活組畫，則是臺灣生活的如實刻劃。由於二二八事件及清鄉事件，木刻家人人自危，紛紛走避海外，只餘黃榮燦與陳庭詩，黃榮燦1956年以匪諜罪嫌遭處決。

此外，50年代在「中國文藝協會」官方文藝政策引領下，方向及李

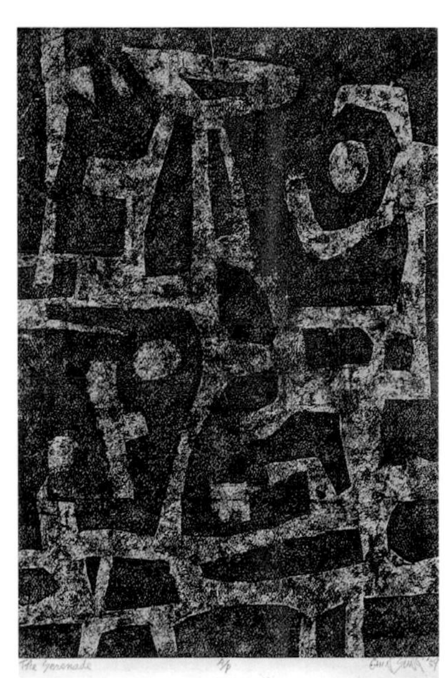

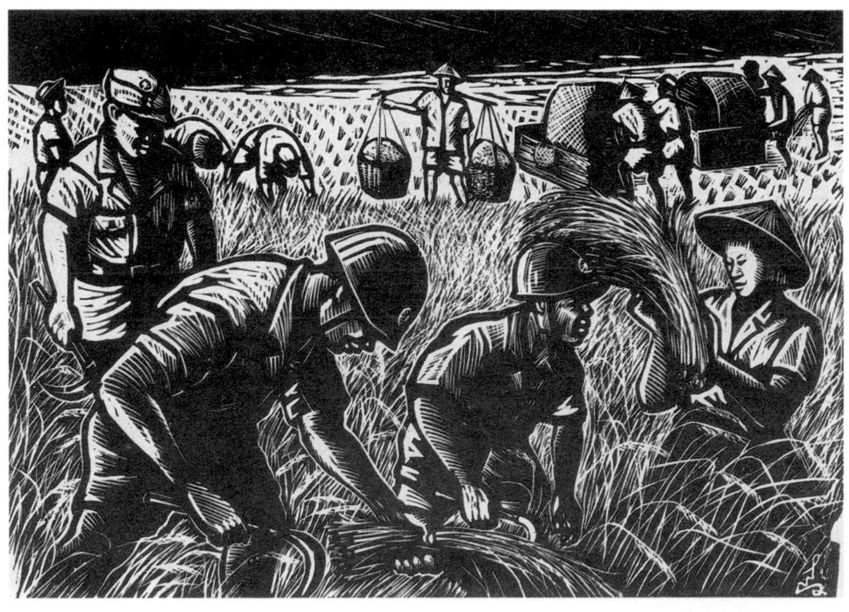

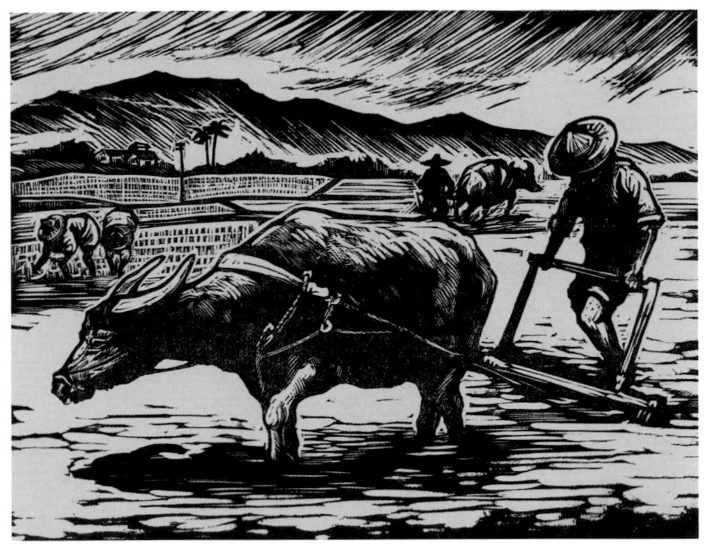

國初等人也展開以宣揚國事、鼓舞士氣為主的「戰鬥木刻」，將木刻作為軍事宣傳，具有高度戰鬥性的特質。亦有周瑛、陳其茂、陳洪甄等反映現實生活的木刻版畫。

而彌足珍貴的是「現代版畫會」的版畫已從傳統、古老的插圖或民俗版畫或抗戰的木刻宣傳畫或戰鬥木刻等實用性蛻變為純粹的藝術表現。在50至60年代臺灣極其窮困的艱難時代，卻有一群苦哈哈的窮藝術小子，本著熾烈的藝術熱情窮刻猛刻，自己辦展，又每人自掏腰包新臺幣一千元，集資印成小畫冊，為推動版畫的現代化，奮力向前。

為追求版畫效果的豐富性、多樣性，大伙們無所不用其極的在版畫的媒材與技法上不斷開發，例如江漢東在木板上拓出顏色，吳昊在紙上直接用水性顏料擦拭或將油性顏料用滾筒滾在木板或紙上，陳庭詩用甘蔗板做大型版畫，楊英風把顏色塗在玻璃板上再拓印，李錫奇把紙放在腐朽的木頭上再用熨斗熨，材質

【關鍵字】

50年代的戰鬥木刻

抗戰期間，木刻版畫不但成為國民黨做為抗戰的宣傳利器，也成為共產黨的文宣媒介，木刻家作為抗日戰爭的一員，努力地刻畫出：動員、戰爭、饑荒、生產、逃亡等廣大社會的現實生活。

1949年由大陸來臺的版畫家，除了在大陸從事左翼的木刻版畫家外，尚有不少在抗戰時期從事木刻版畫的，如陳庭詩、汪澄等也來臺。還有一些秉持抗日經驗在軍中推廣木刻版畫者，如方向及他的學生李國初。1953年方向與陳其茂接受中國青年協會邀請，在國軍藝文中心開展覽，作家協會在展出目錄中強調：「木刻畫之所以在現在又復興盛起，是由於它最能配合政治及軍事宣傳，具有高度戰鬥性。」方向1955年在〈談戰鬥木刻〉也說：「木刻藝術它富有戰鬥性格是戰鬥藝術的尖兵、是時代的前哨！」50年代初期，臺灣版畫幾乎是戰鬥木刻的主流，有著濃厚的政治色彩。

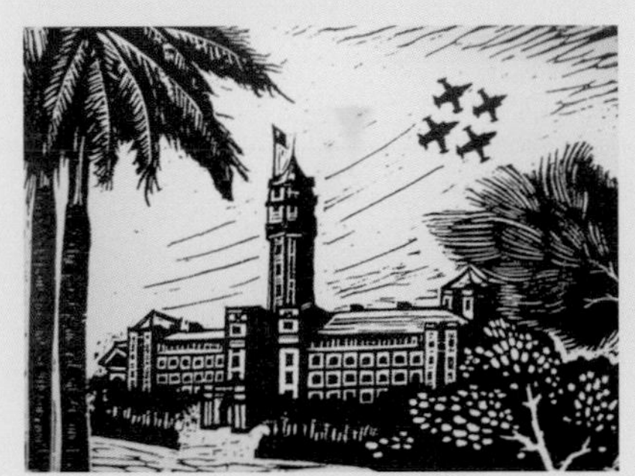

50年代戰鬥木刻的作品充滿政治意味

[上圖]
陳洪甄　耕者有其田　1953　木刻版畫　47×50cm

[左頁左下圖]
秦松　夜曲　1959　版畫　49.5×34cm
臺北市立美術館藏

[左頁右下圖]
方向　助民割稻　1959　木刻版畫　17.5×24.8cm

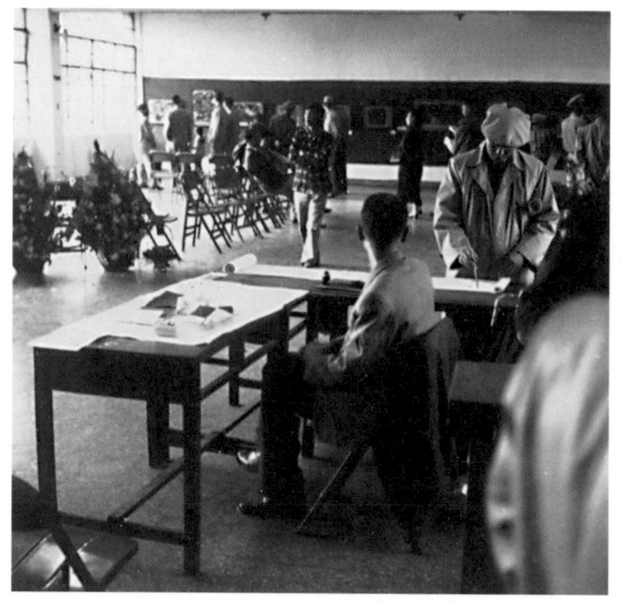

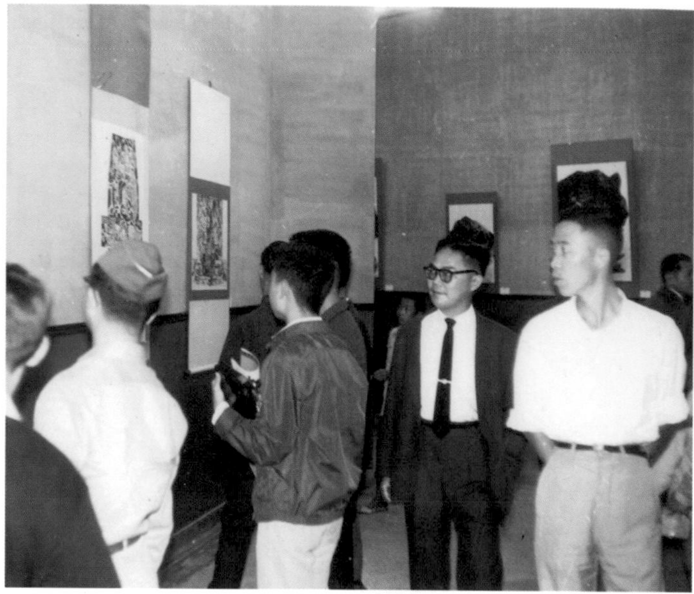

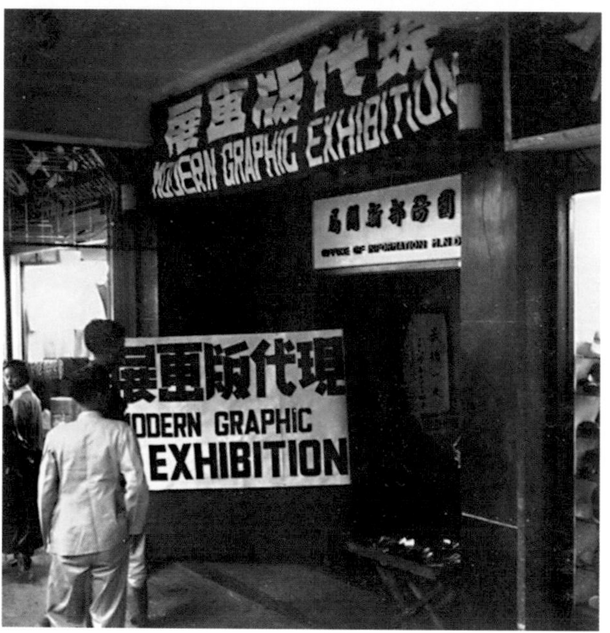

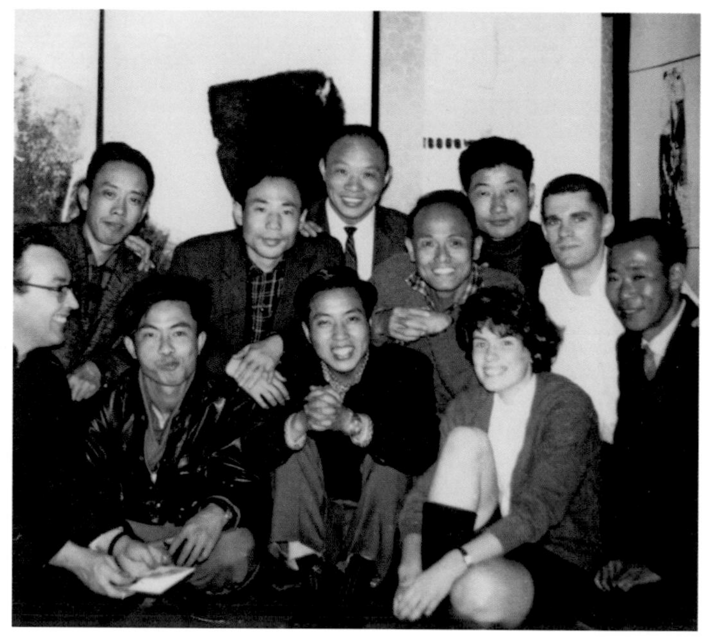

[左上、右上、左下圖]
60年代「現代版畫會」的展覽會場外觀及展場內。

[右下圖]
60年代，「現代版畫會」聚會。前排右二為李錫奇，後排為：江漢東（右1）、朱為白（右3）、陳庭詩（右4）、秦松（右6）、吳昊（右7）。

與技法都已脫離傳統版畫模式，作品屬於藝術家的試版實驗之作，深具拓荒的實驗精神。

江漢東與這些版畫界或藝術界的創作者，時常相互觀摩，大伙們創作慾非常強烈，無形中也激盪出許多創作火花，尤其「現代版畫會」與「東方畫會」猶如兄弟畫會常常聯合展覽，更加深了彼此的藝術觀

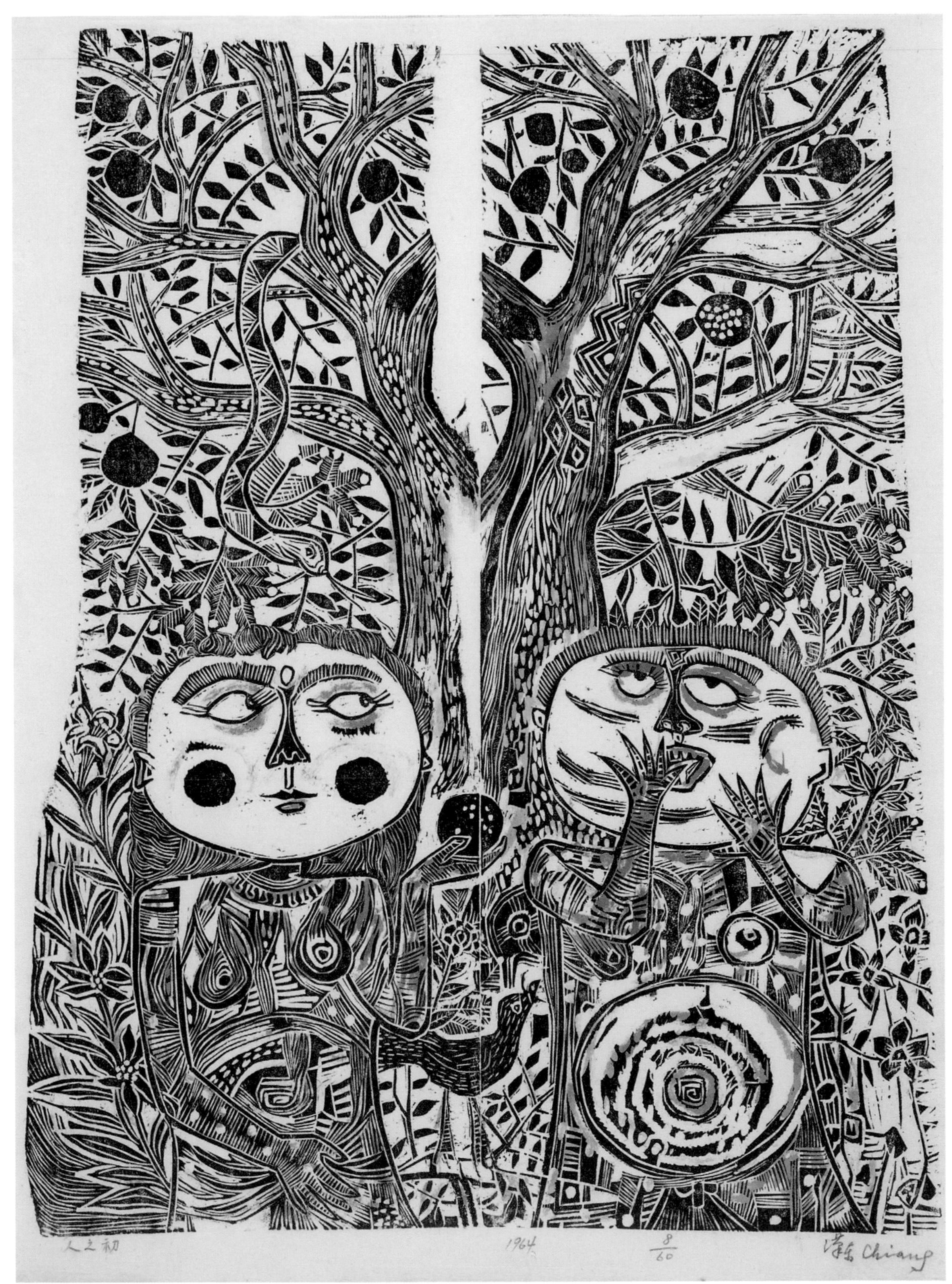

江漢東
人之初
1964
木刻版畫
61×46cm

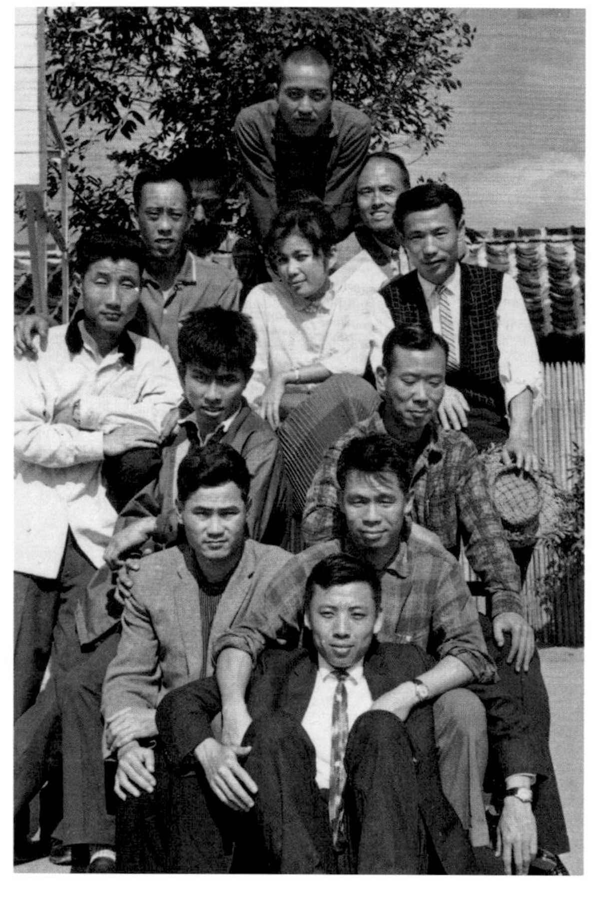

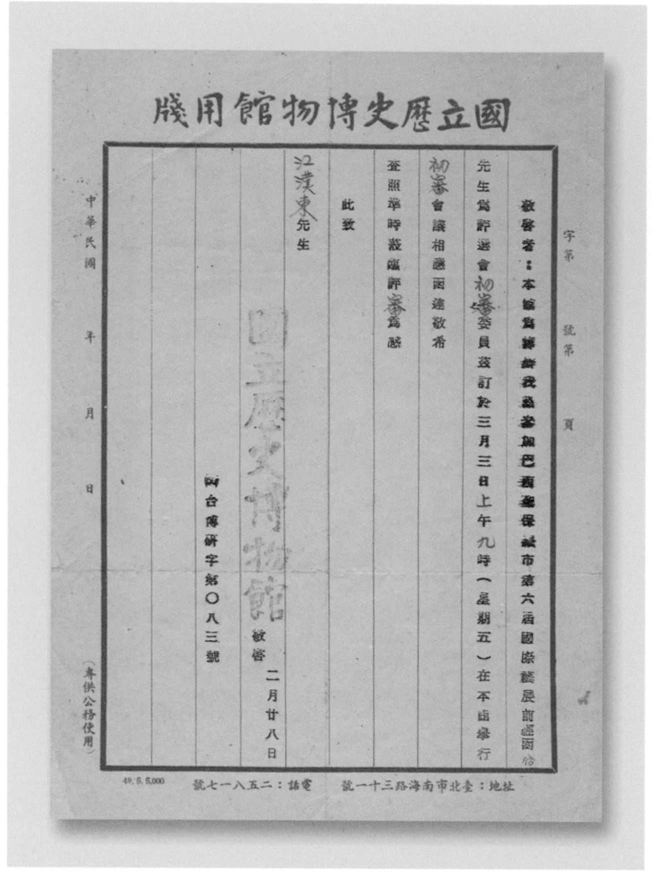

國立歷史博物館用牋

字第　號第　頁

敬啟者：本館為籌辦我國參加巴西聖保羅市第六屆國際藝展前經函洽
先生為評選會初審委員茲訂於三月三日上午九時（星期五）在本館舉行
初審會議相應函達敬希
查照準時蒞臨評審為感
此致
江漢東先生

國立歷史博物館 敬啟 二月廿八日

(49)台博研字第〇八三號

中華民國　年　月　日

（專供公務使用）

49.5.5,000　電話：二五八一七一號　地址：臺北市南海路三十一號

[左圖]

60年代「現代版畫會」與「東方畫會」的藝術家們合照。（由下往上3排右1為江漢東）

[右圖]

1961年，江漢東獲邀擔任我國參加第6屆「巴西聖保羅雙年展」評審委員證書。

摩。江漢東的創作之路由立體派開始，在造型的幾何式結構中探析，又轉向野獸派色彩的平塗、裝飾，再結合超現實主義的情境，他慢慢在原始藝術、民間藝術與兒童繪畫中沉澱出一條適合自己個性的素樸、原真的創作風貌。

在雙年展，嶄露頭角

50年代臺灣的國際處境，在韓戰爆發後，美國第七艦隊開始在臺灣海峽巡弋，臺灣才在風雨飄搖中獲得安定，而在藝術上，美國抽象表現主義也隨之而來，許多畫壇的新銳都擎著現代藝術的大旗，狂飆現代繪

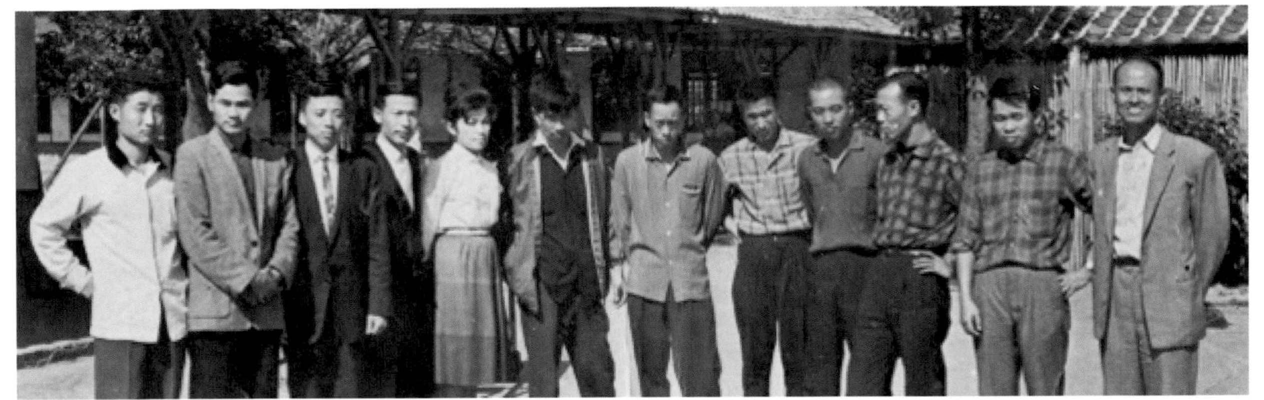

畫。在國內「東方畫會」、「五月畫會」或「現代版畫會」年年舉辦展覽，而在國外巴西聖保羅雙年展是當時藝術家與國際藝壇接軌的唯一大型國際展。1957年當中華民國第一次受邀參展時，鼓吹現代藝術的畫家席德進，在《聯合報》發表〈巴西國際藝術展，我國藝術家應踴躍參加〉，他呼籲畫家、雕刻家要選出自己獨特的作品，代表中國的、臺灣地方色彩的、具有現代風格的、且脫離了習作的面目，具有創造性的作品參展，只因聖保羅藝術展是國際性的現代藝術展。

1959年國立歷史博物館向全國美術界徵選參加繼上屆之後的第五屆巴西聖保羅國際雙年展作品，並由專家組成專業評審團評選，包括江漢東等「現代版畫會」的成員都上榜，另外「東方畫會」、「五月畫會」成員也大都上榜，除現代畫參展外，尚有古物、歷代書畫暨歷代建築圖繪及現代名家書畫數十件參與「文獻文物」類特別展，以宣揚中華民國的歷史文化。據傳，中共曾企圖插足雙年展，因我方積極參展，巴西政府已拒絕中共參加。中華民國政府由1957至1973年不間斷參展。聖保羅雙年展讓許多年輕畫家創作得更起勁，每次徵選，

【關鍵字】

巴西聖保羅雙年展

巴西聖保羅雙年展是50-60年代中華民國面對國際藝壇唯一的大型國際雙年展，也是參展國家的文化盛事與藝術文化交流機會。

中國民國在1957年至1973年，曾積極參加第4-12屆巴西聖保羅雙年展。當時參展均以China排名，並列於大會專輯。雙年展由國立歷史博物館辦理，館方登報公開徵件並組評選委員會。首屆評選委員有：廖繼春、袁樞真、孫多慈、林聖揚及馬白水，均為國立臺灣師範大學教授。評選出二十一位藝術家、二十八件作品參展，評審委員亦受邀展出。參展的國家大會均頒發榮譽獎，中華民國獲得榮譽獎者，包括：蕭明賢、秦松、張杰等畫家。

[上圖]
60年代「現代版畫會」與「東方畫會」藝術家們合照。（右3為江漢東）

許多畫會的成員都紛紛送件參選，以爭取更多的國際能見度，江漢東在1961年任雙年展評審委員，1965年又獲選第二次參展，殊為難得。

當「東方畫會」、「五月畫會」積極鼓動現代繪畫風潮時，一般社會大眾根本看不懂抽象畫，新竹動物園卻突發異想，買了顏料和畫具請猴子去玩，猴子亂塗亂抹一陣，就成了抽象畫，許多好奇民眾都去觀看並且買了所謂的抽象畫，對抽象畫家真是情何以堪。

1959年由楊英風、席德進、張義雄、夏陽等畫家所籌組的「中國現代藝術中心」，已號召了書畫團體十七個，會員一百四十位，1960年的美術節正要於歷史博物館舉行籌備會時，忽然發生正在館中展出秦松的〈春燈〉，被懷疑潛存著「共產主義的意識」，引起情治單位調查，剛要成立的「現代美術中心」也就雲消霧散了。

1960年東海大學徐復觀教授又在《華僑日報》撰文〈現代藝術的歸趨〉，大力抨擊現代藝術的未來只有為共黨世界開路，因而引發一場激烈的「現代畫論戰」。

11月一場「現代藝術座談會」在臺北螢橋文協會舉行，抽象與反抽象的正反雙方出席對陣，現場擠滿了為雙方叫陣的觀眾，論爭下來，從事現代繪畫創作的畫家遭到反方的質疑最多，劉國松招致較多的責難，秦松激動，但論點不清晰，李錫奇、彭萬墀剛步入畫壇，發言不多，席德進資格最老，論述條理分明。戰火一波又一波，緊接著又開辦第二場。

奇怪的是，為了平息觀眾認為「畫現代畫的畫家，因畫不了寫實畫，才以抽象畫去嚇唬觀眾」，這一年12月30日，一場應觀眾要求破天荒的「現代畫家具象畫展」終於在臺北中山堂熱烈展開，這也是抽象畫與具象畫之爭的一段插曲。

而1960年江漢東的一幅〈鄉愁〉抽象畫，卻獲得美國新聞處中國青年畫家榮譽獎。

原始古樸，現代底蘊

江漢東也曾在抽象畫、具象畫之間徘徊，一次次的「現代版畫會」開展下來，許多同道都往抽象畫發展，江漢東有一陣子也十分熱中抽象畫，後來他自己覺得比較適合畫具象畫，他心想：「具象畫都還沒有達到理想的境界，如何畫抽象畫呢？」而畢卡索新古典時期豐滿的人物造型在向他呼喚，李仲生又提示他：「造型的不寫實，寫實的不造型。」他逐步在造型中體會真諦。不過李仲生仍發覺他的特長，特別對江漢東

江漢東　太湖船　1975
油彩畫布　85×100cm

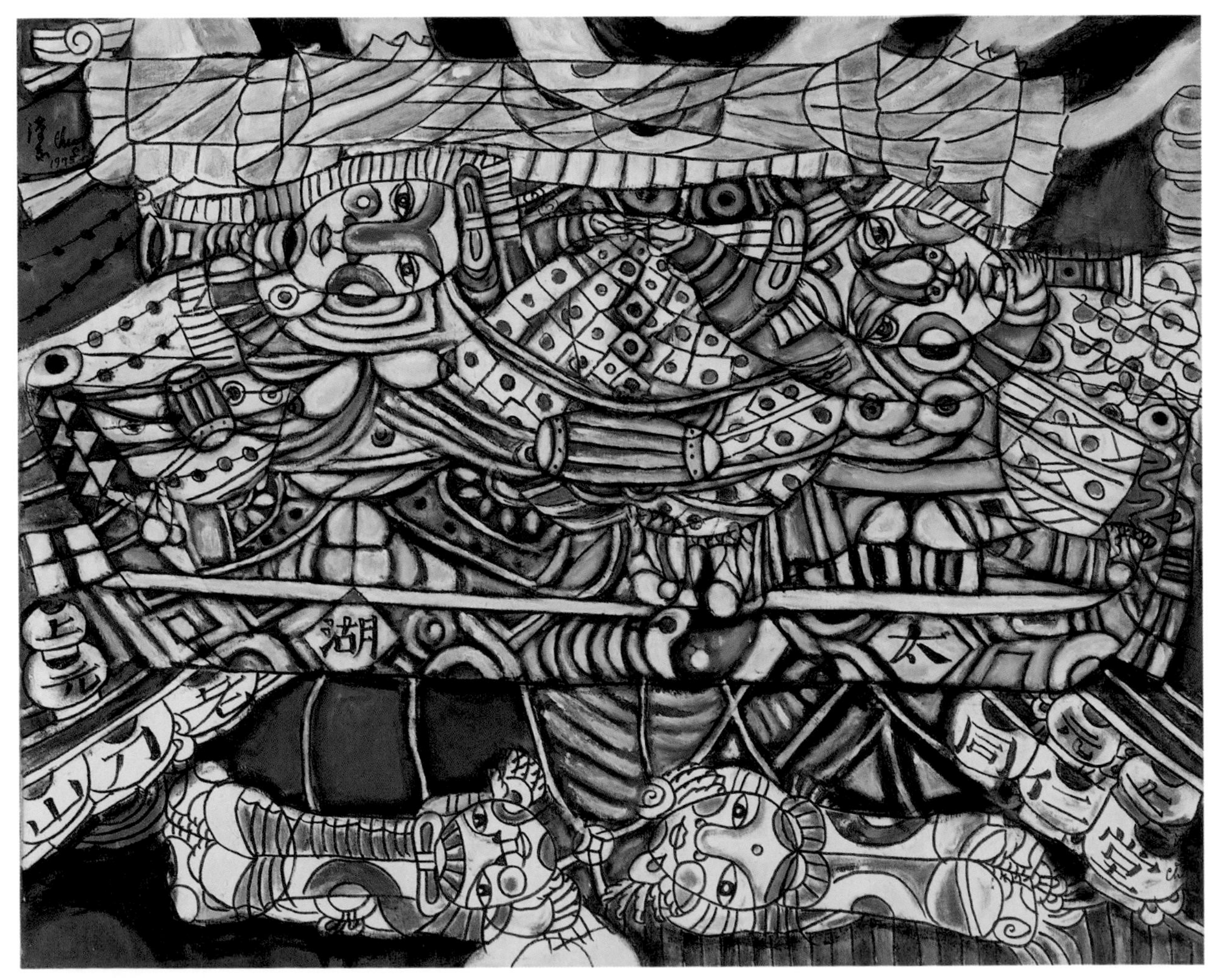

叮嚀有加：「原始、古拙是現代繪畫的兩大要素，別人求都求不到，你已經有了，要好好把握。」於是他在具象中繼續探研他熱愛的民間藝術與原始藝術，並以蘊藏東方特質的線條作為造型的本質。

例如〈船歌〉，江漢東將一首〈太湖船〉名歌，透過想像，營造出歌手手舞足蹈，船上歌舞昇平的意象。連綿不斷的線條，刻劃出稚拙的人物神態，手腳的肢體動作整齊而劃一，卻穿著開襠褲，一老一少歌女的表情，充滿無奈的哀婉，透顯著民族的悲情。原來這是一首日本人所創作的歌謠，以歌頌太湖秀麗景致為主。色彩的紅紅綠綠對比，又有民

江漢東　船歌（太湖船）
1964　木刻版畫
60.5×69.3cm
國立歷史博物館藏

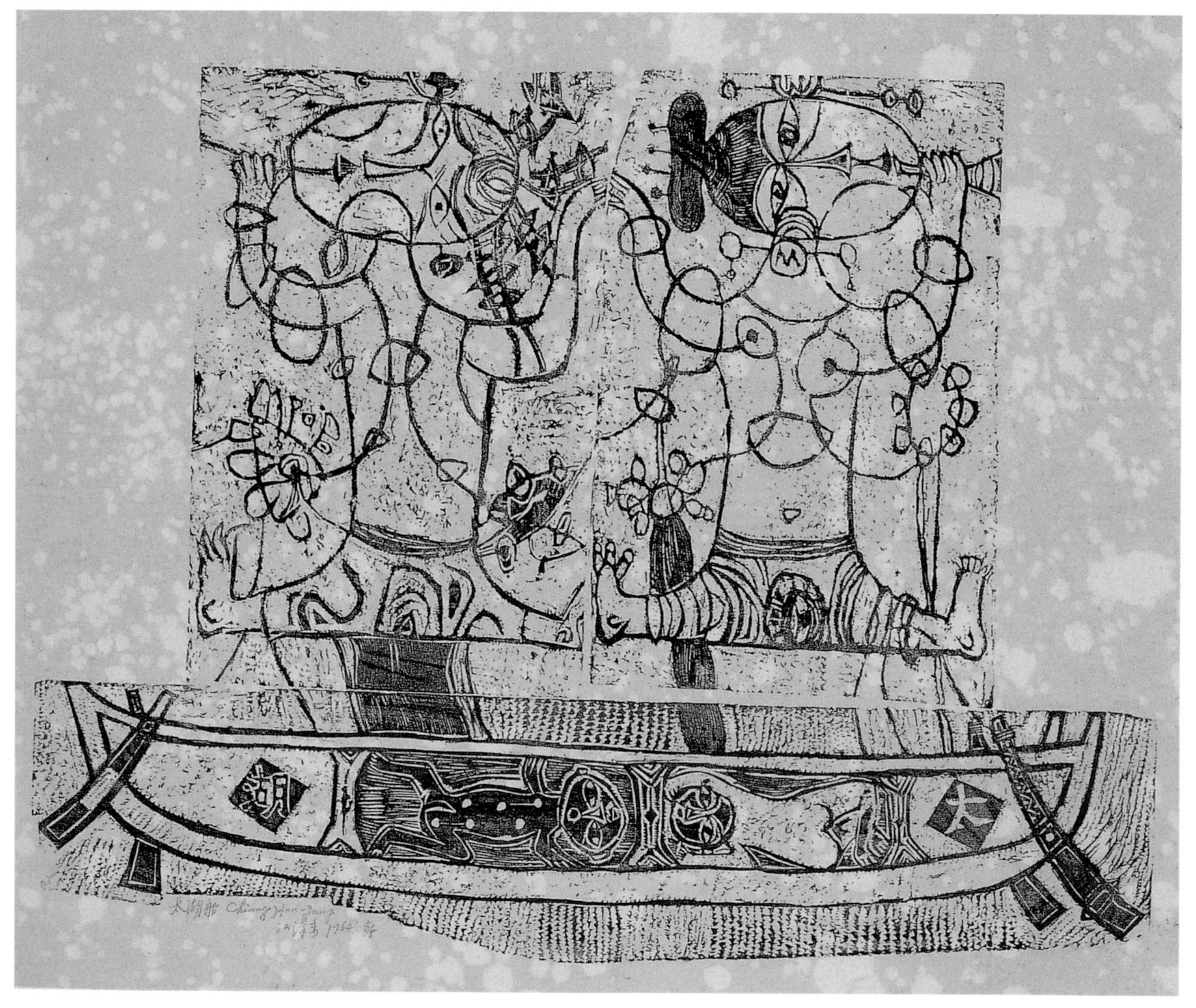

間版畫的趣味，江漢東的版畫大都為手工彩繪，較少套印上色，一如楊柳青版畫。

1962年的〈灶媽子〉（P. 46），灶神掌管一家爐火的興旺，爐火的興旺與否又象徵家道的興衰，民以食為天，三餐全由灶神庇護。江漢東以粗獷的刀法，刻劃中國農業社會對灶神——司灶之君的崇敬。作品以充滿裝飾性的紋飾作為民間神話的刻繪主體，含藏原始藝術的素樸趣味。

〈遊戲〉（P. 47）靈感來自任教國校朝夕與兒童相處的機緣，江漢東從孩子遊藝會的疊羅漢表演中取材，孩子們一個疊一個，愈疊愈高，

江漢東　太湖船　1964
木刻版畫　51.5×65cm
國立台灣美術館藏

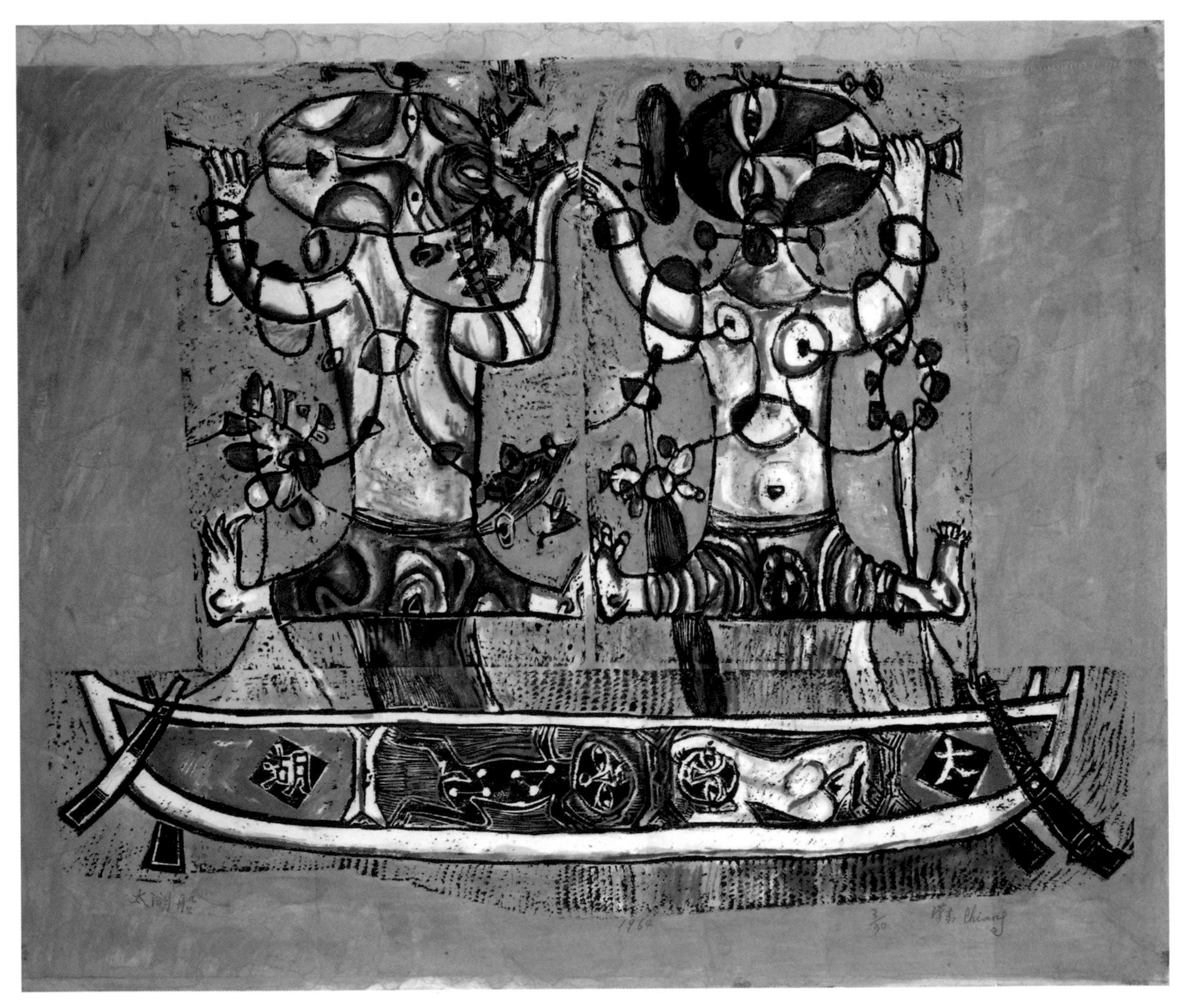

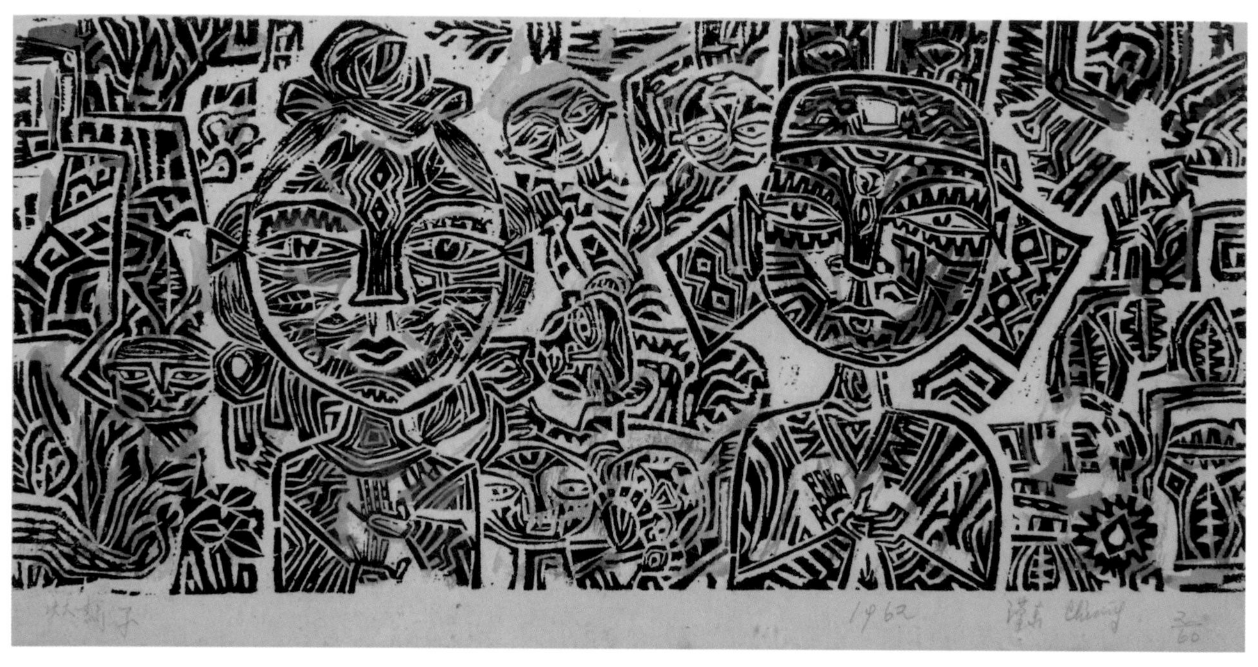

江漢東　灶媽子　1962　木刻版畫　22.5×44cm　國立台灣美術館藏

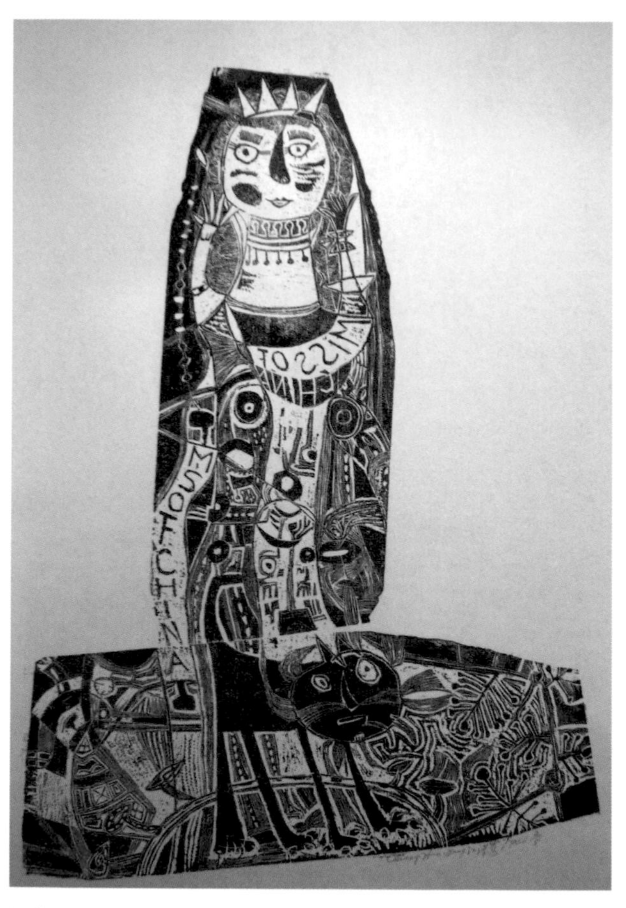

江漢東　美女與黑貓　1966　木刻版畫　86.2×59.4cm　國立歷史博物館藏

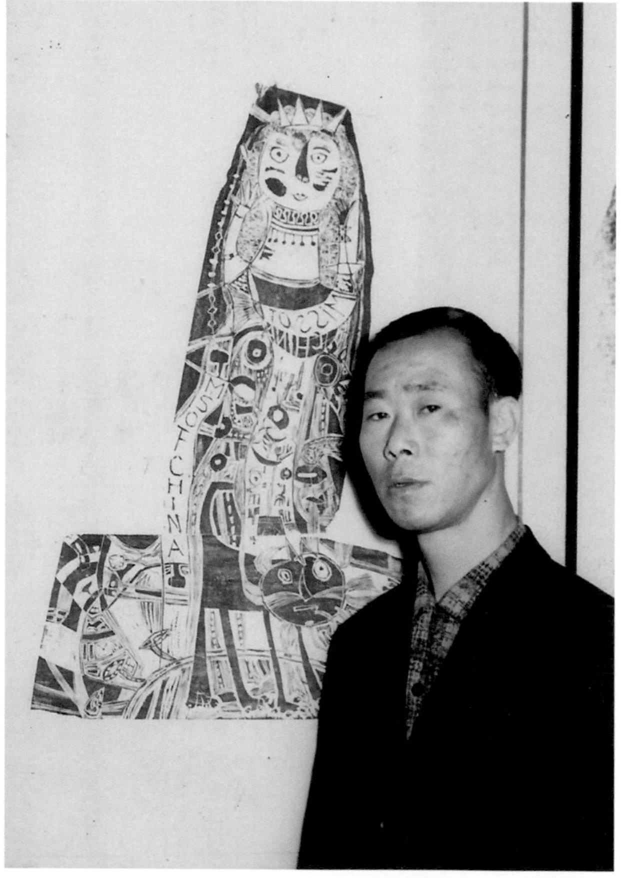

1965年，江漢東與作品〈美女與黑貓〉。

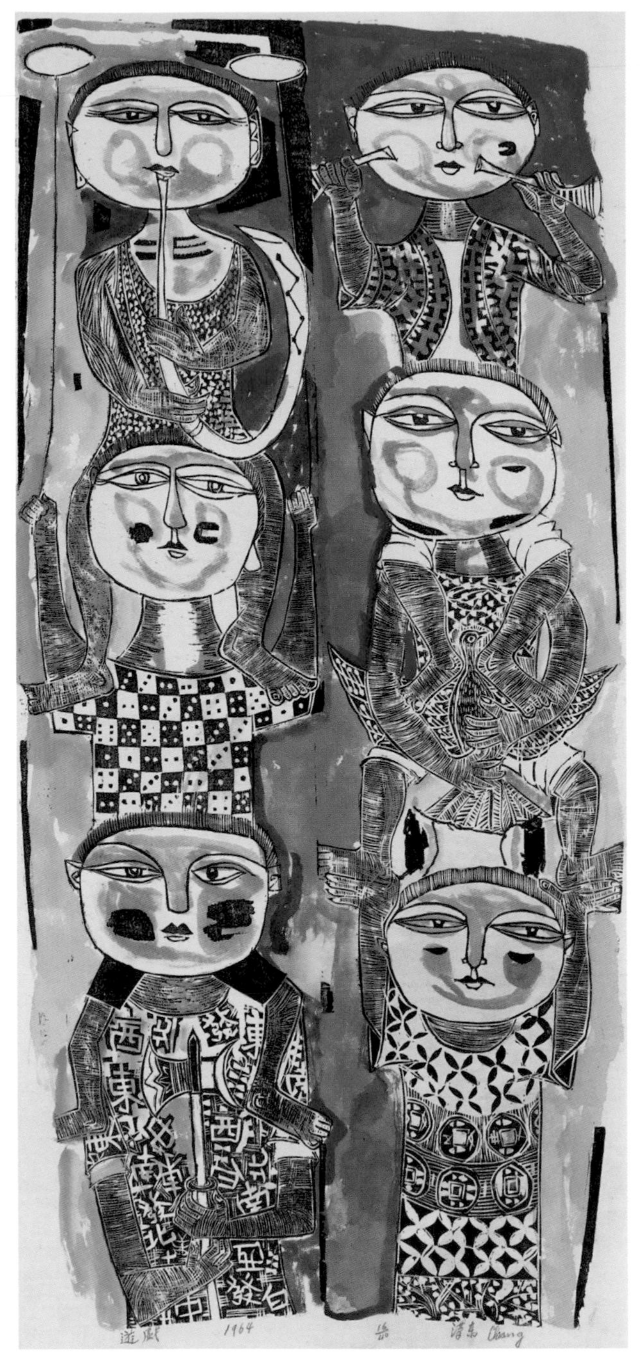

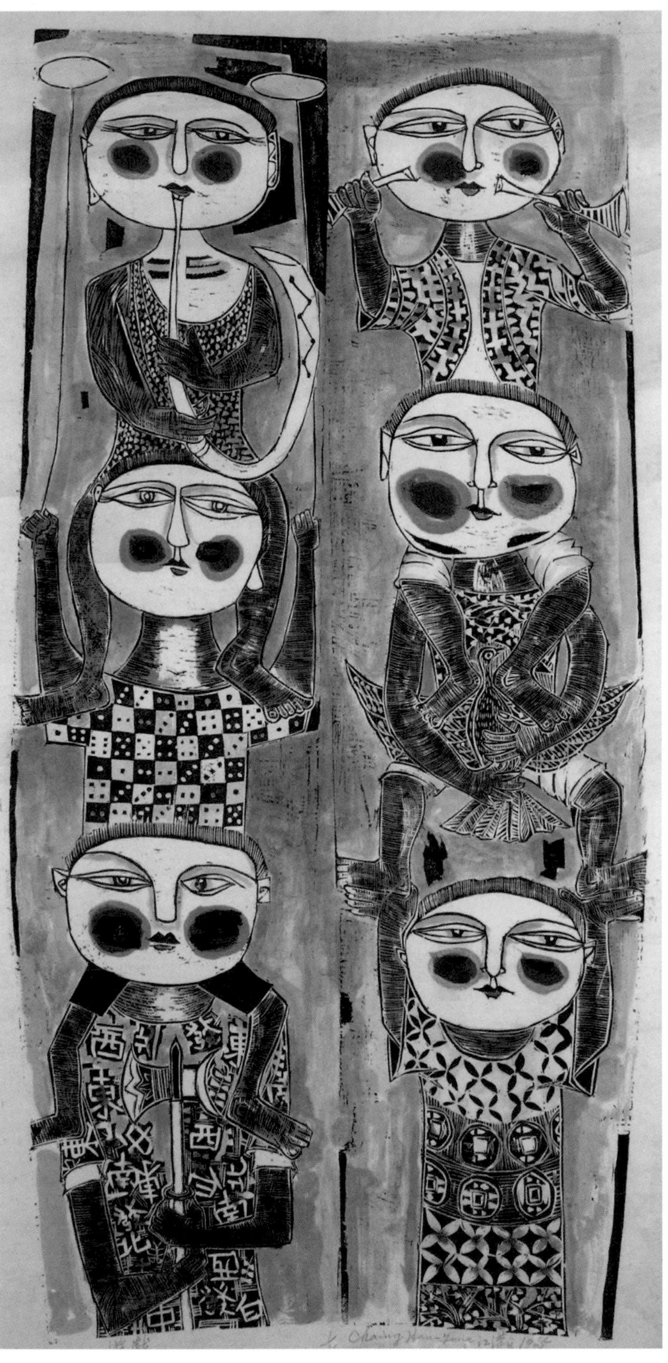

有的吹長號角、有的拿樂器、有的耍碟、有的持斧頭、有的抓鳥，動作巧妙不同，紅冬冬的圓臉，細而大的雙眼、小嘴，配上極富裝飾圖案的衣服，六位兒童的表演動作，開張聚合，各具奇趣，充滿天真無邪的情趣。江漢東早期的這些作品流露出他繪畫的獨特個性，一種線條式描

[左圖]
江漢東　遊戲　1964
木刻版畫　89.5×41.5cm
國立台灣美術館藏

[右圖]
江漢東　遊戲（二）　1965
木刻版畫　93×47cm

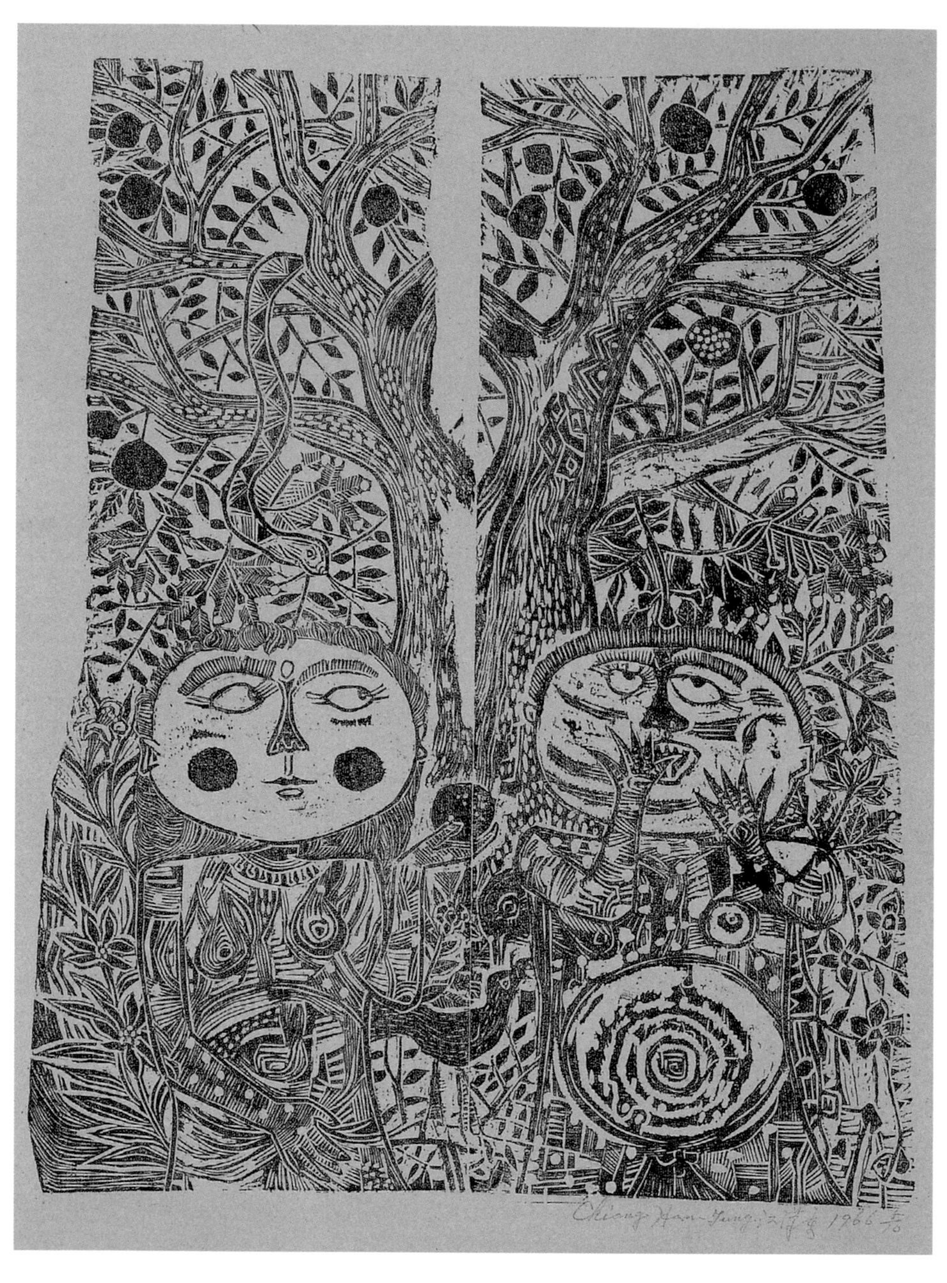

江漢東　亞當夏娃　1966
木刻版畫　63.5×47.1cm
國立歷史博物館藏

[右頁圖]
江漢東　長汀民謠　1964
木刻版畫　130×45cm
臺北市立美術館

繪，摒棄光影明暗的透視，代之以平面性的空間，裝飾性的趣味。再如〈美女與黑貓〉(P. 46)以上下兩塊板組合成，倒丁字型的構圖，只以木刻主版印製黑色線條，選美小姐與貓都具誘惑力。又〈亞當夏娃〉，伊甸園充滿純真稚樸的美感，尤其夏娃斜視，亞當一臉錯愕的表情，最為傳神。

具象抽象，刀刀細膩

一幅1966年所作的〈長汀歌謠〉，江漢東也從他耳熟能詳的故鄉兒歌中，構思成視覺圖象。歌詞內容為「雞公仔，啄尾巴，啄在婆婆樹兜下，婆婆出來看雞仔，姊姊出來摘紅花，摘得紅花生貴子，摘得白花結石榴，石榴樹掛瓶油，倆姊妹共梳頭，梳個頭兒鱗鱗光，打開園門看月光，月光還在山棟背，打開園門去摘菜，摘一匹跌一匹，留來天光後日敬大姨，大姨吃飽來天光後日再轉來。」

整首歌是以中原的客家古音發音，雞公仔為公雞，樹兜下為樹頭下，雞仔為小雞，山棟背為山脊背後，鱗鱗光為亮光光，一匹為一片，天光後日為明天、後天，轉來為回來之意。歌詞充滿客家人祈求早生貴子，多子多孫，敬天敬親的傳統思想。畫面以公雞的啄叫聲作主題中心，鋪陳出上半部婆婆看雞，姊姊採菜，下半部姊妹梳頭，全家和樂，共享田園之樂，知足的農家生活充滿人與雞一體的溫馨感。

場景由中央向上下展開，三段式的滿版構圖，洋溢素樸的拙趣，畫面的故事性正透顯出江漢東內在仍保有一股尚未泯滅的童心與天真。

60年代的臺灣戲院上演新戲的宣傳，竟

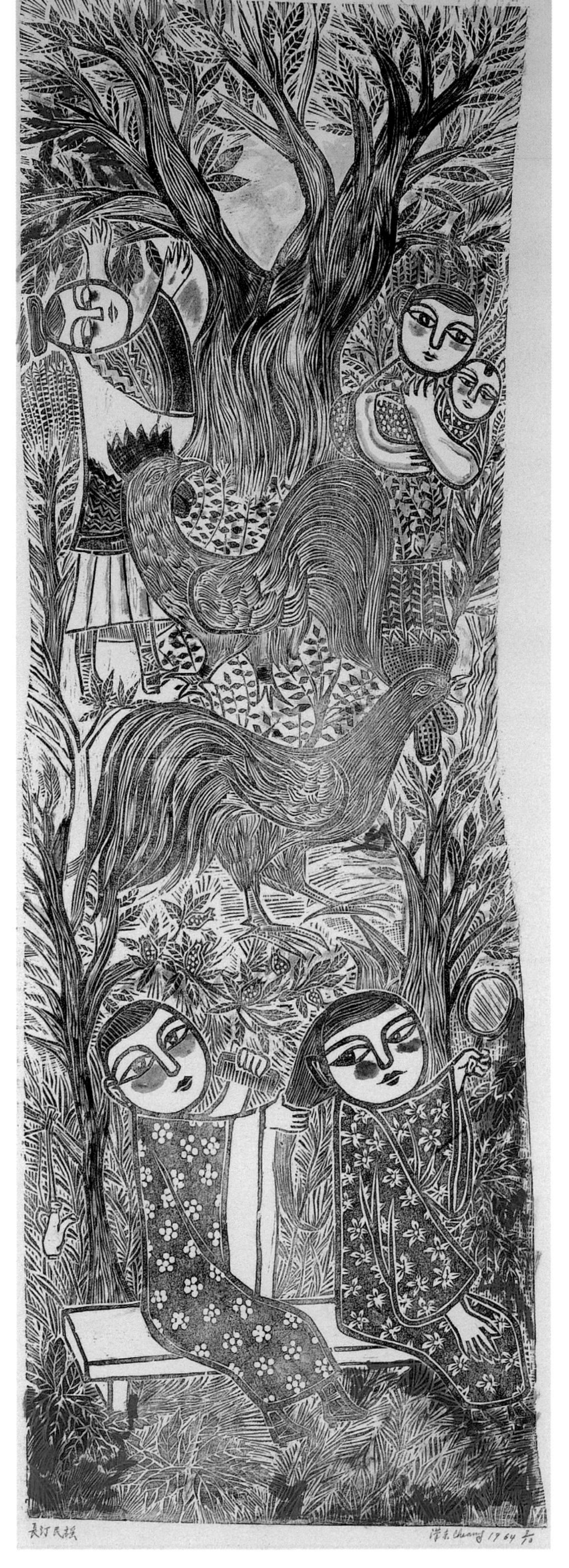

[右頁圖]
江漢東　戲子遊街　1964
木刻版畫　67.2×44cm
國立台灣美術館藏

是演員親自坐在三輪車上掃街宣傳。〈戲子遊街〉這是1964年左右，臺北的萬華戲院演出陳三五娘戲曲，一路上大車陣，鑼鼓喧天，震天價響，宣傳單滿天飛，藝人隨片登臺，孩子們追逐著車隊，一路風光的宣傳。

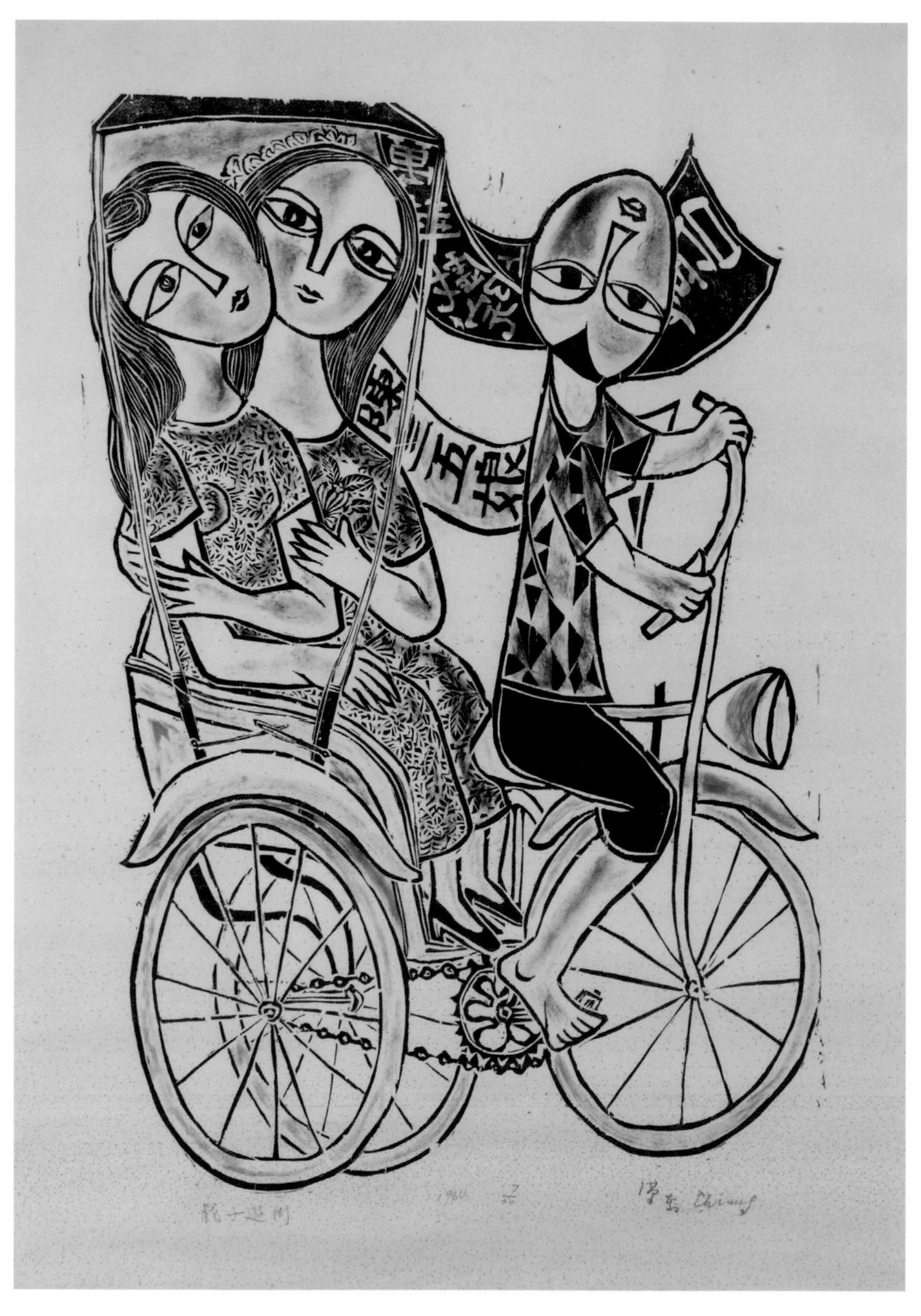

江漢東　戲子遊街　1964
木刻版畫　67×44cm

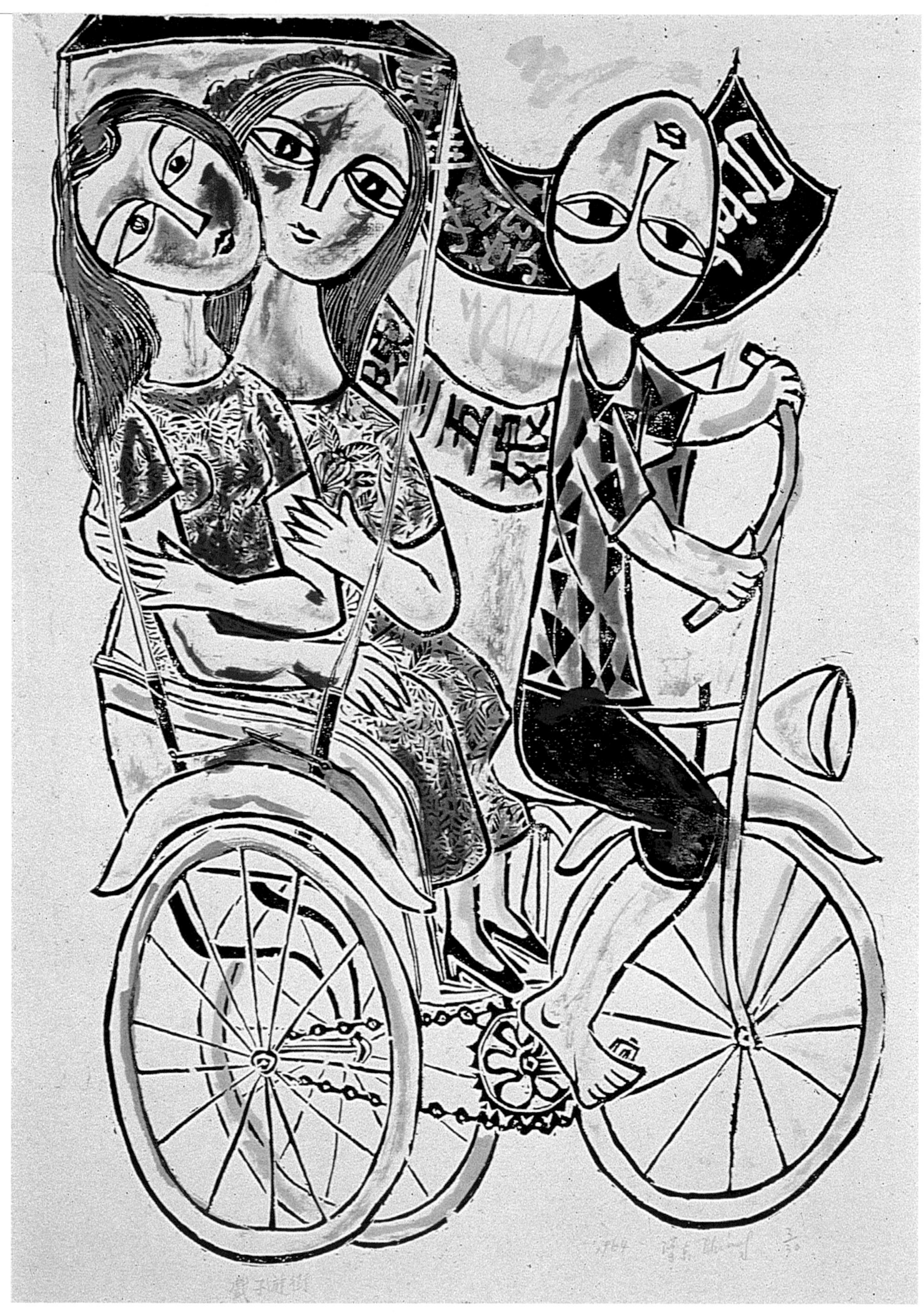

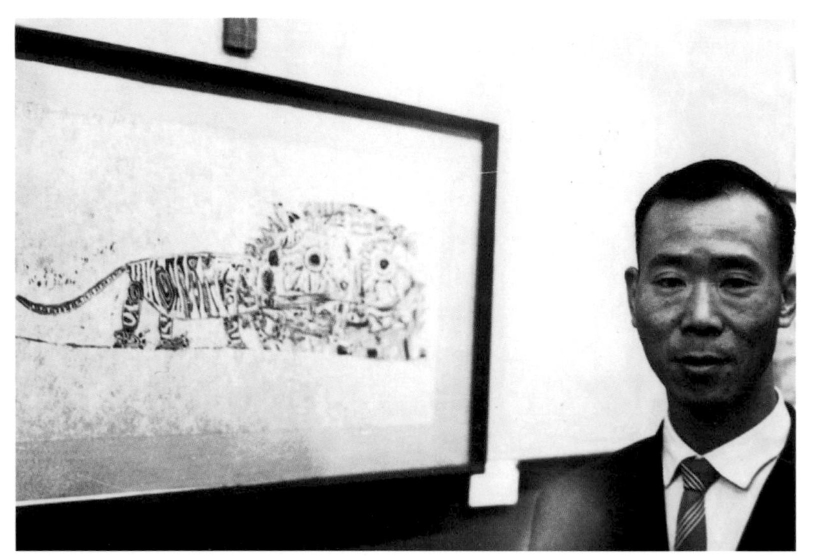

1959年，江漢東與作品〈獅子〉合影。

江漢東並無描寫大陣仗的車隊，而是以其中一輛宣傳車作為縮影，車伕載著藝人，為路人矚目，竟得意忘形的樂歪了頭，沾了榮光。兩位女藝人，衣冠楚楚，長髮飄逸，表情似無太多歡喜，而是有點落寞，車伕與藝人之間的內在心戲，展露無遺。江漢東從現實生活所見的真實，勾描出人心的真實。

以描寫人物為主的江漢東，一生的動物、禽鳥畫不多，但仍留下獅子、老虎、大象及孔雀。他所畫的〈獅子〉，沒有獅子「獸中之王」大展雄風，卻是刻意誇張獅頭，大頭小身，幽默感十足。中國的祥獅是瑞獸，更是民間美術中人見人愛的吉祥動物。江漢東以童真之眼刻畫出純真、樸拙的獅子，造型上充滿浪漫的想像力，十分可愛的獅子，有如童話之可親、可感、可喜。

江漢東的〈虎〉，是畫一隻由上往下跳的老虎，也無虎虎生風的威

江漢東　獅子　1964
木刻版畫　20.5×63.4cm
國立台灣美術館藏

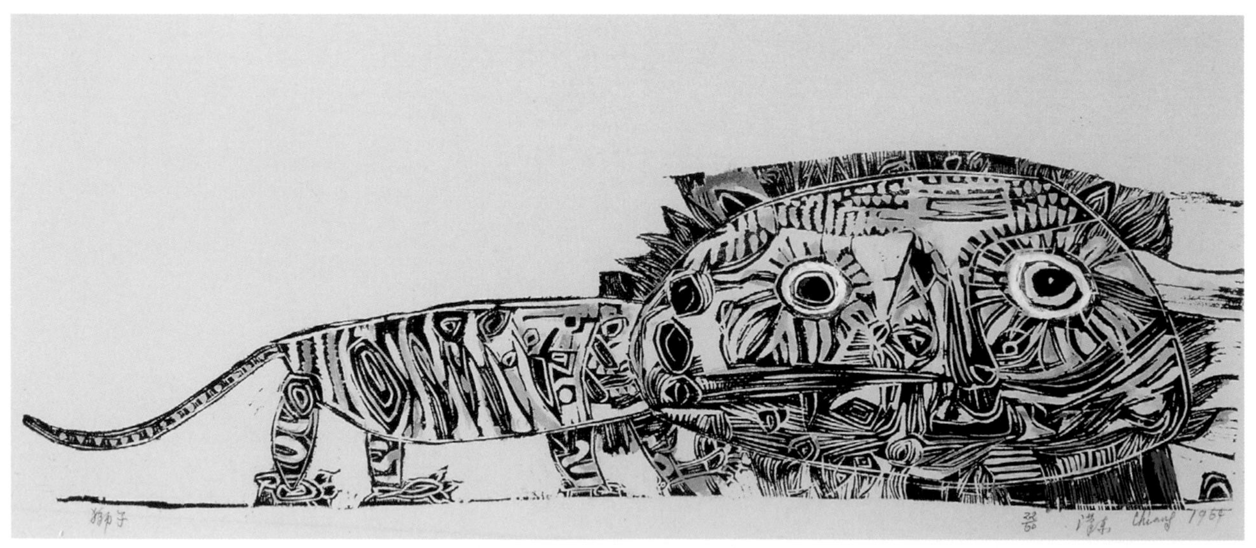

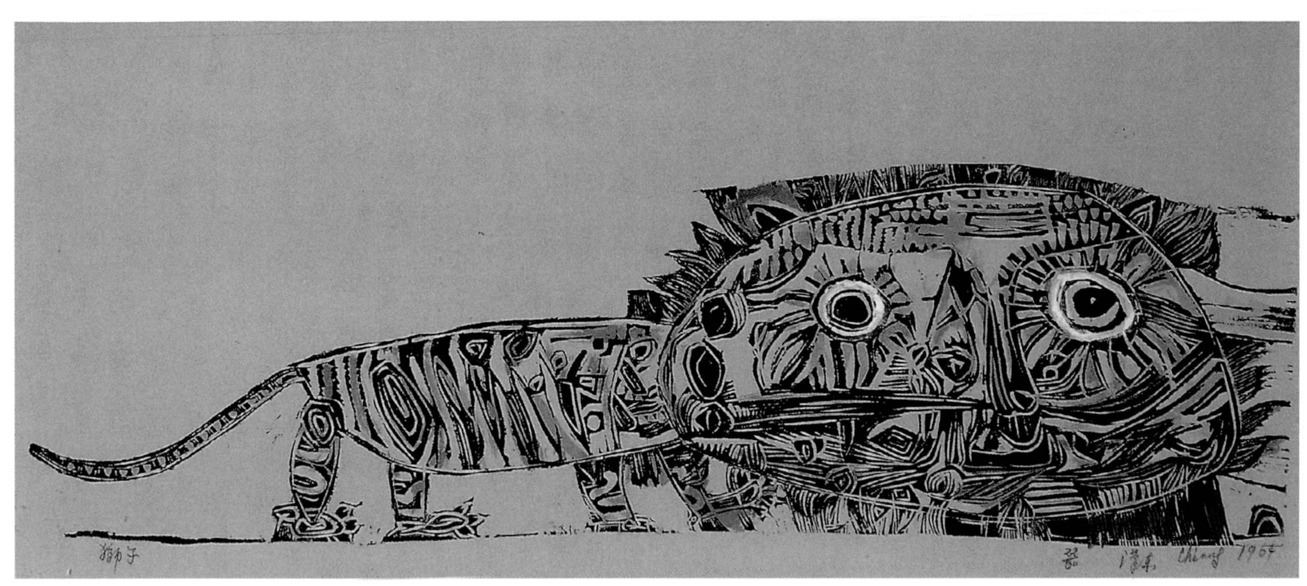

江漢東　獅子　1964　木刻版畫　29×65cm

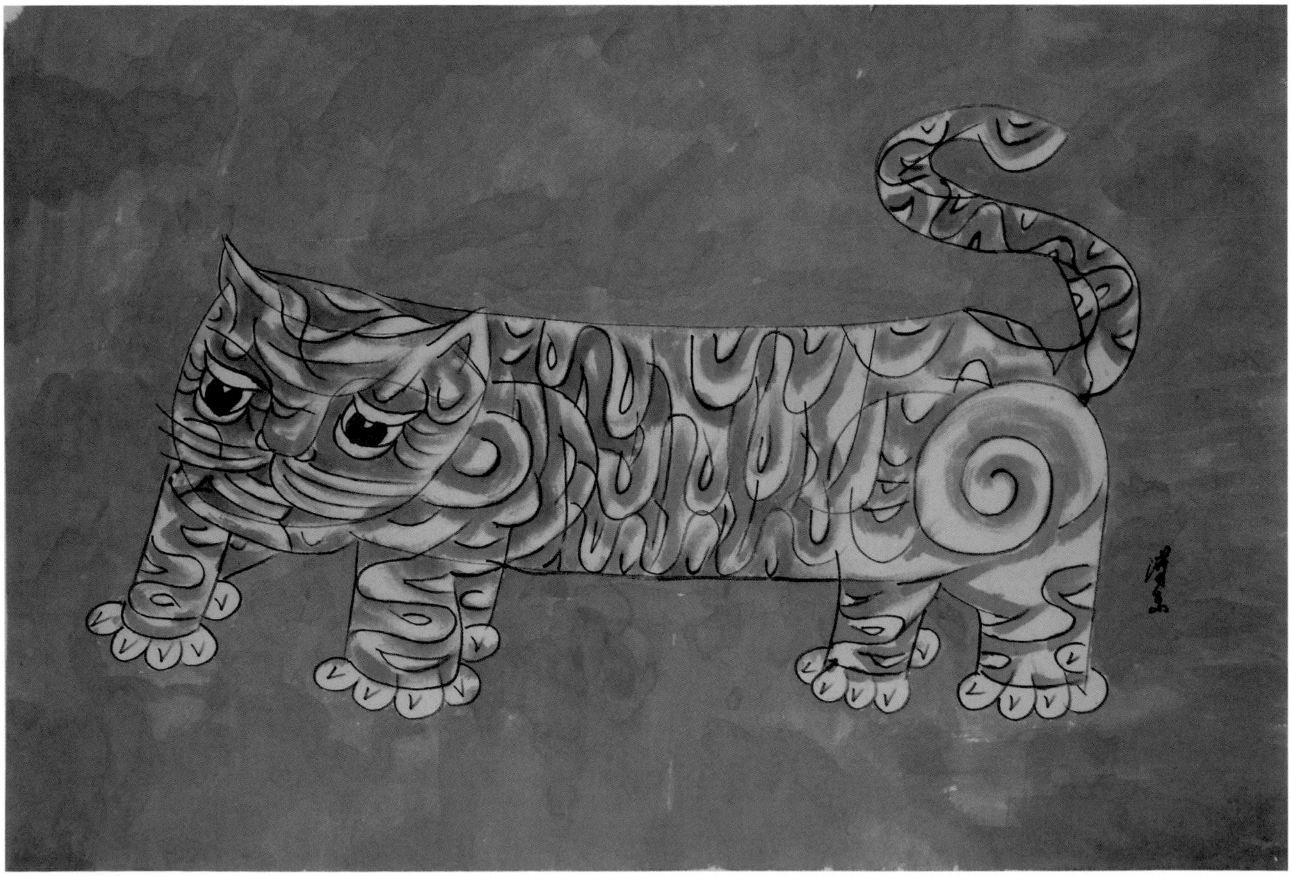

江漢東　老虎　1971　綜合媒材　41×62cm

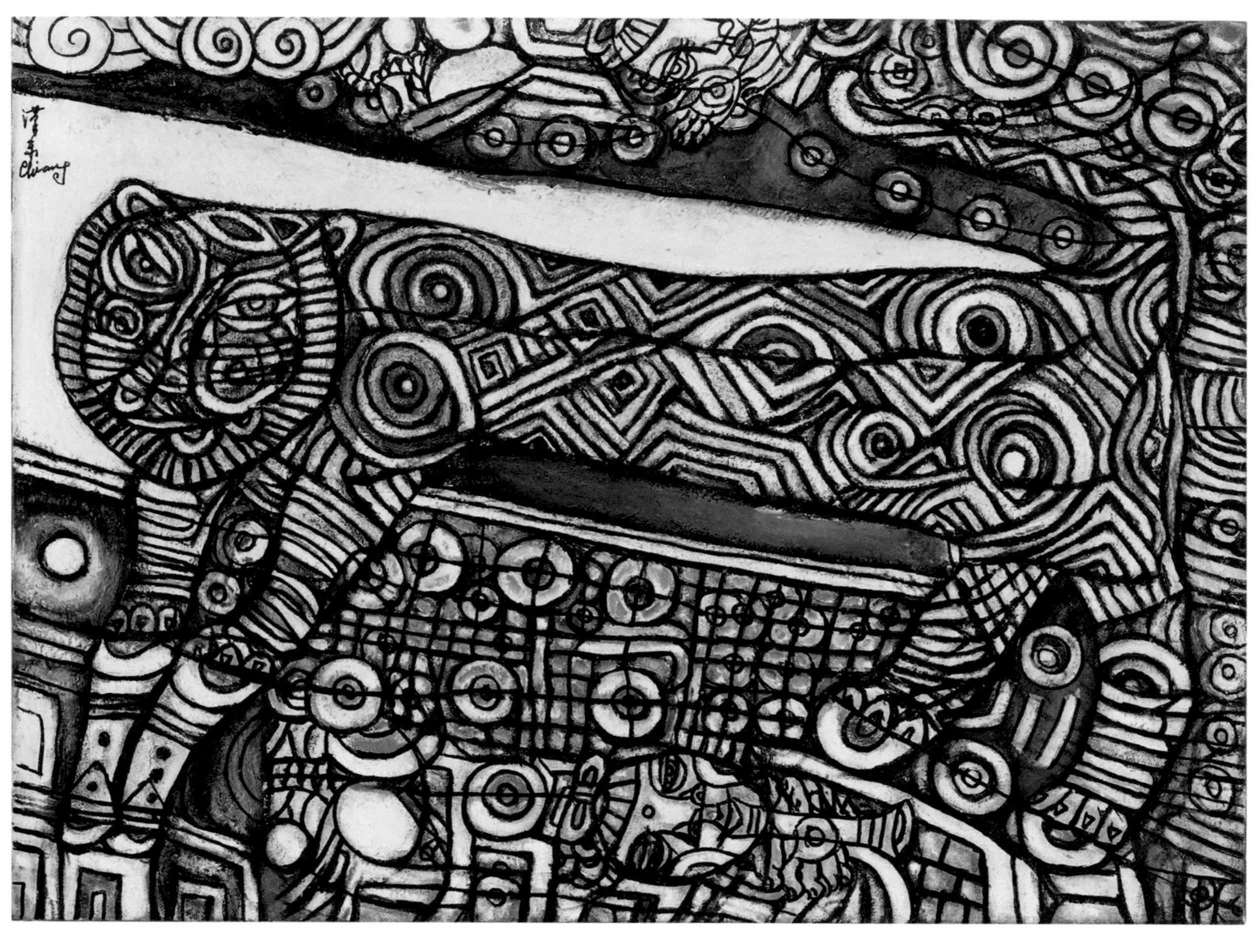

江漢東　老虎　1975
油彩畫布　53×73cm

風，虎身綴滿裝飾性的蜷曲紋，單純的造型與紅綠相間的色彩，充滿了童趣。

另有回眸一笑的大象，〈象〉（P. 56上圖）全身紋飾的刻畫，似規則又不規則，有著中國青銅器的象壺紋飾，裝飾意味十分濃厚，充分表露中國自古以線條為造型，重裝飾的民族特性。

此外，60年代的風潮以抽象畫為主流，江漢東的〈花與果〉，畫面無花也無果，只有點、線、面的構成，奔放的曲線錯綜交纏，猶如有機的生物體不斷生發、生長。由流暢的線條，凸顯江漢東用刀如筆的細膩刀法。再如〈對語〉（P. 60右圖），由四塊木板組合刻印而成，下半部有如兩位原住民女孩，一手插腰相互對語、對罵，上半部是有頭有身的半抽象人物的

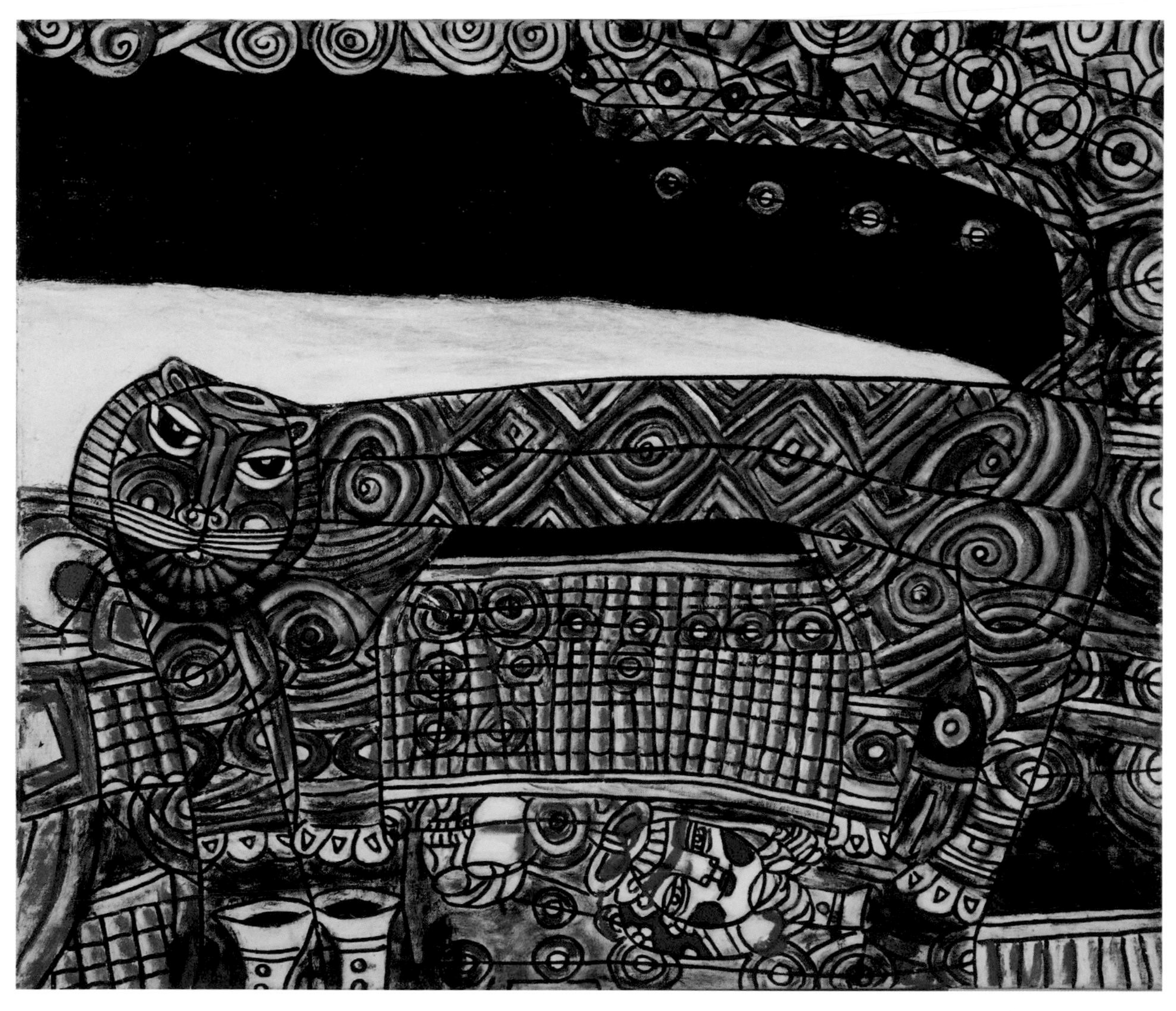

江漢東　老虎　1997
油彩畫布　62×74cm

對話，中間是萬物欣欣向榮的對語。在不規則的造型結構中，抽象、具象相互融滲，演繹著無盡的對語。〈花兒私語〉是江漢東把花擬人化，它們有的竊竊私語，有的高談闊論，抽象化的形體，充滿夢幻般的神祕，彷彿能動的有機體。

江漢東平日在學校教導兒童畫抽象畫，即利用線、形、面的構成原理，讓孩子在各種線、各種形的組合中，玩出變化多端的畫面。奇妙的是，江漢東的抽象畫也如他的具象畫，洋溢著童稚味，透顯出他內在情感的純真與他的生命本質。但若有人批評他的作品近兒童畫，江漢東會

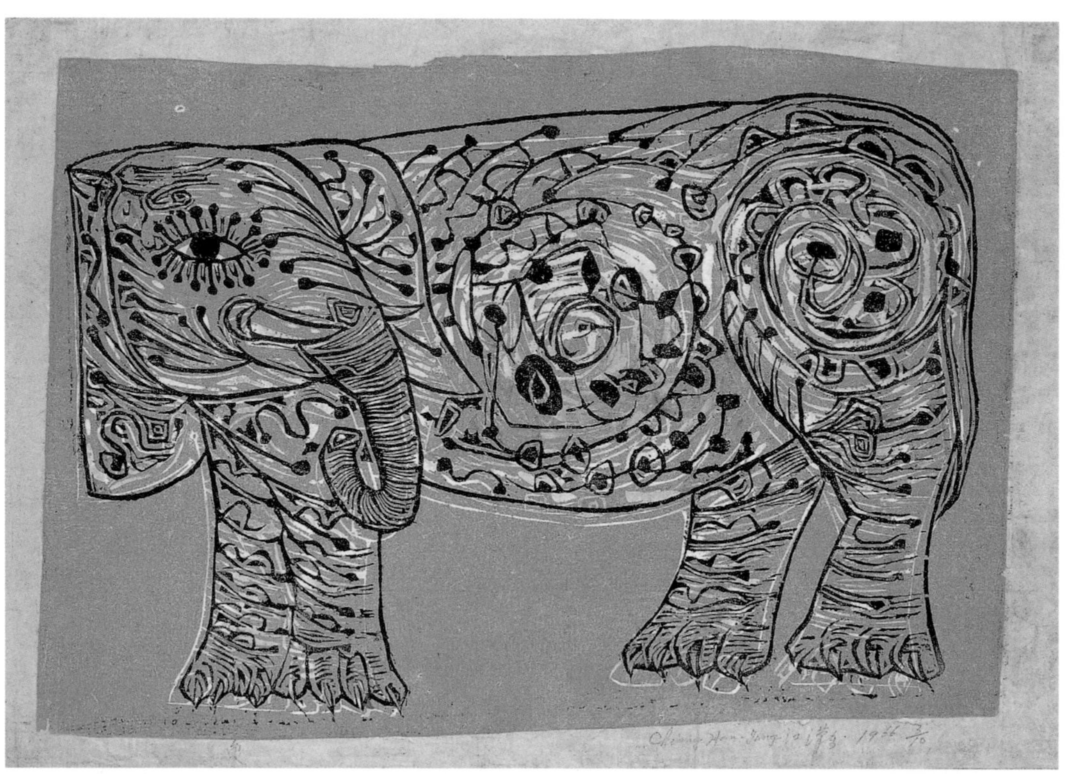

江漢東　象
1966　木刻版畫
37.9×53.7cm
國立歷史博物館藏

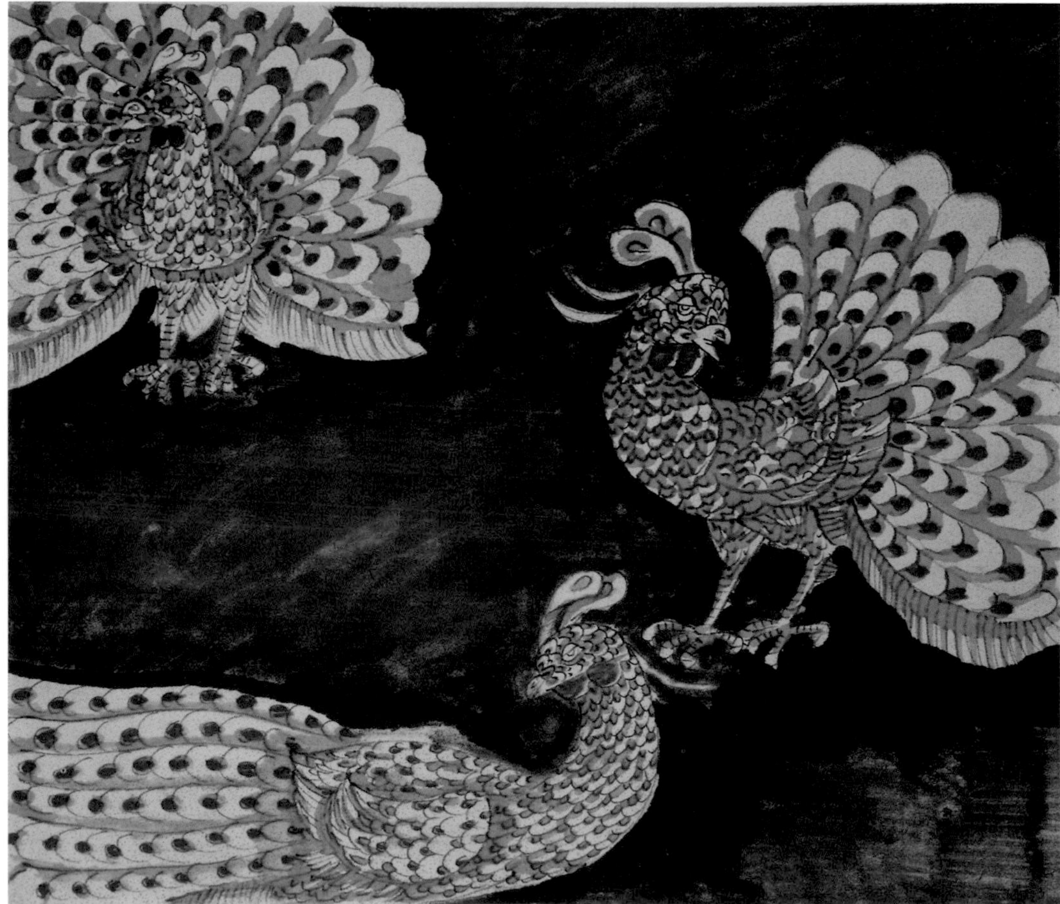

江漢東　孔雀
1971　綜合媒材
53×61cm

江漢東　大象　1971
綜合媒材　46×58cm

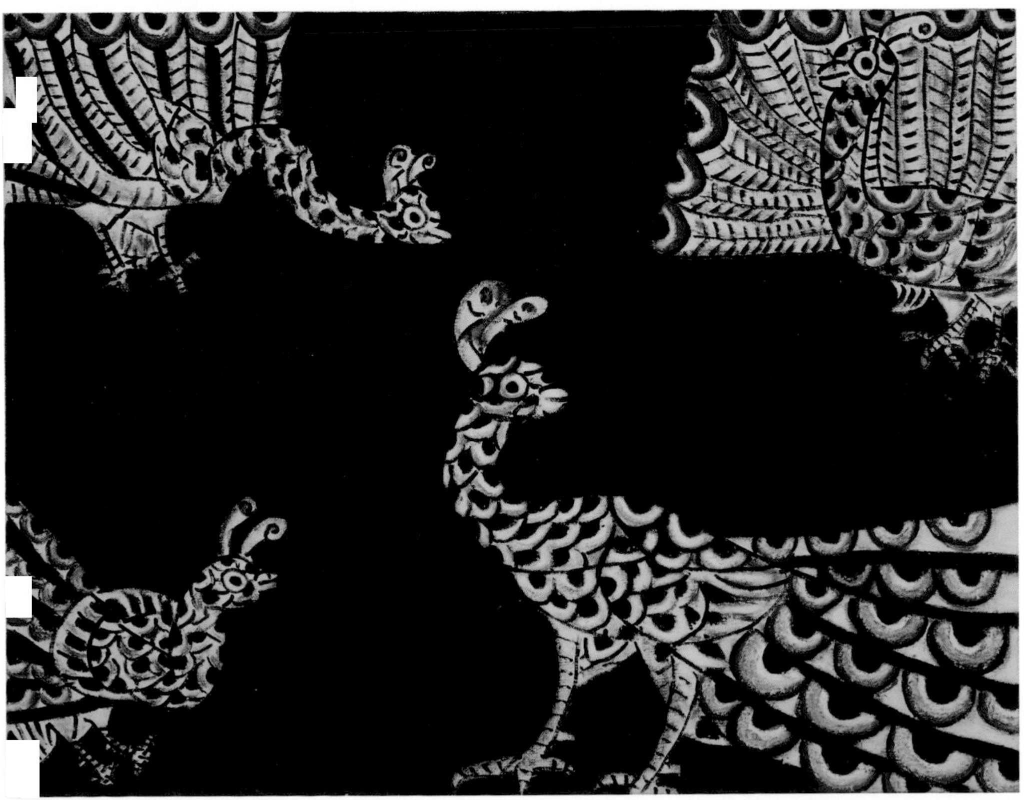

江漢東　孔雀（一）
1999　油彩畫布
42×54cm

激動的反駁：「兒童那種純真，毫無顧忌的表現是我學習的方向，但我是經過吸收再表達出來，其間存在我個人意念，經過科班訓練後才返璞歸真的。」江漢東是希望創作時心靈上有如兒童作畫般的自由、稚真，而非他的畫像兒童畫。

意氣風發，跨足國際

美國耶魯大學藝術系教授白里曾讚許江漢東說：「江漢東的畫是真正畫家的畫，含有豐富的羅曼蒂克，這種羅曼蒂克不是指愛情，而是指

江漢東　孔雀（二）　1999
油彩畫布　42×54cm

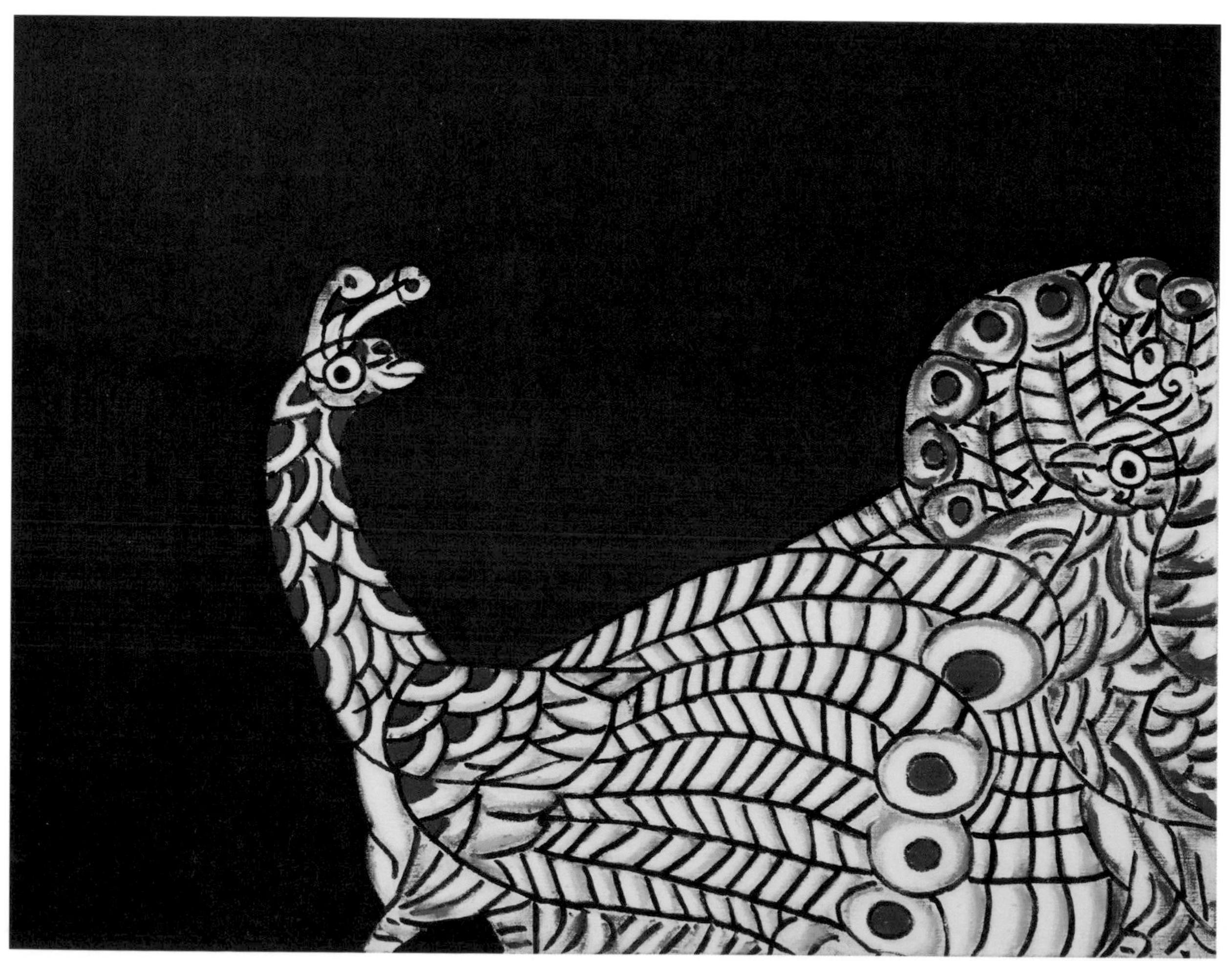

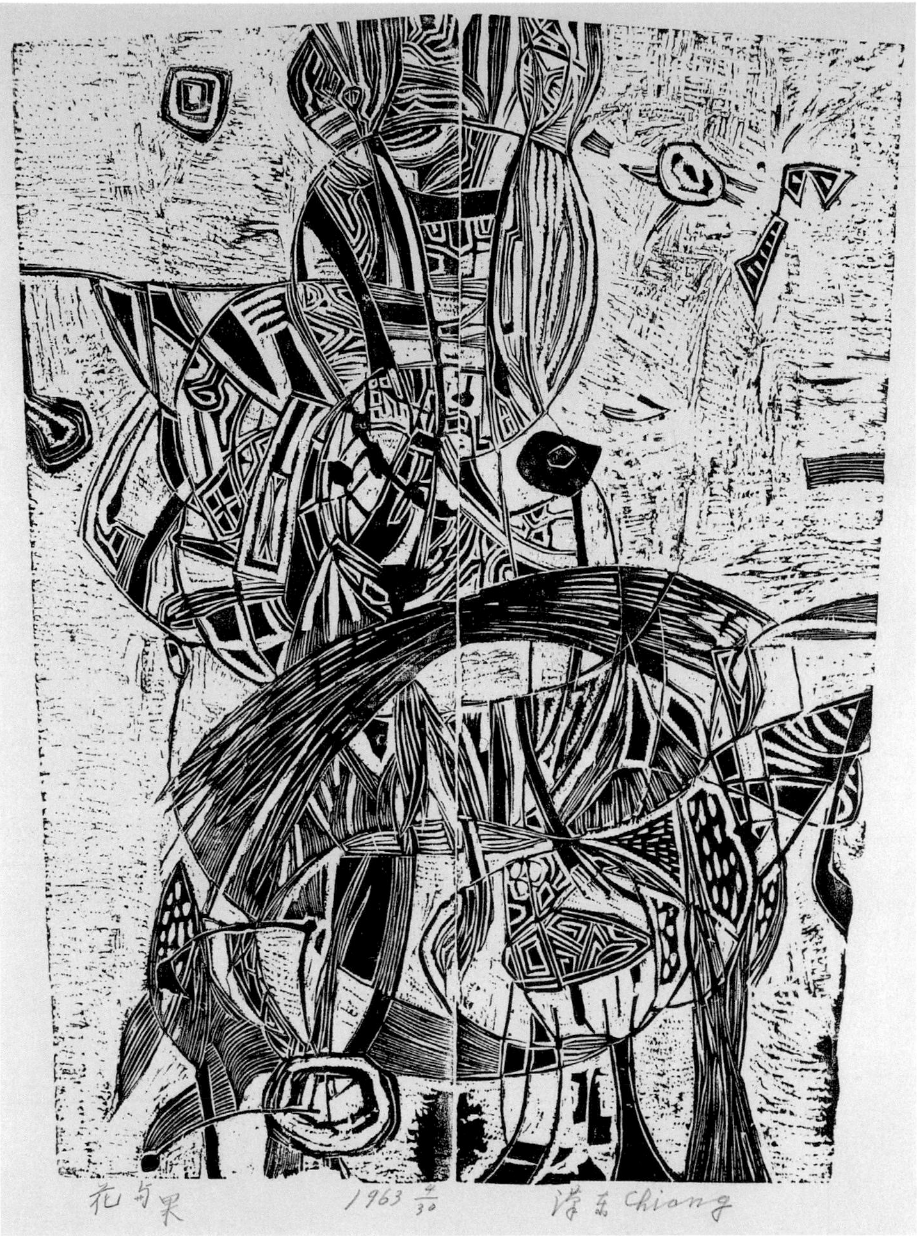

江漢東　花與果　1963
木刻版畫　58×44cm
臺北市立美術館藏

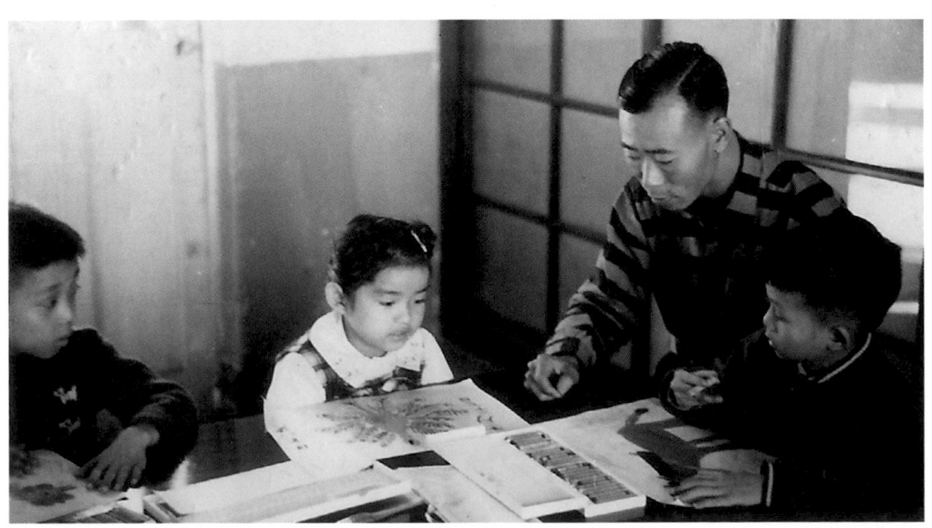

1955年，江漢東指導兒童作畫一景。

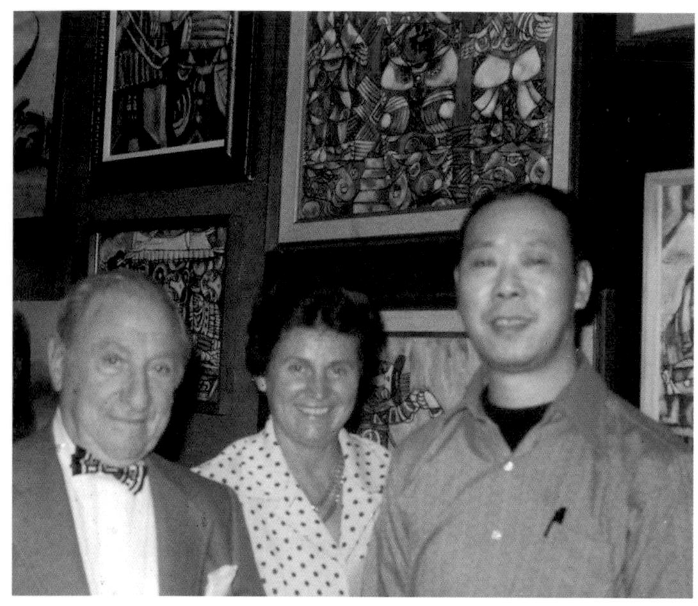

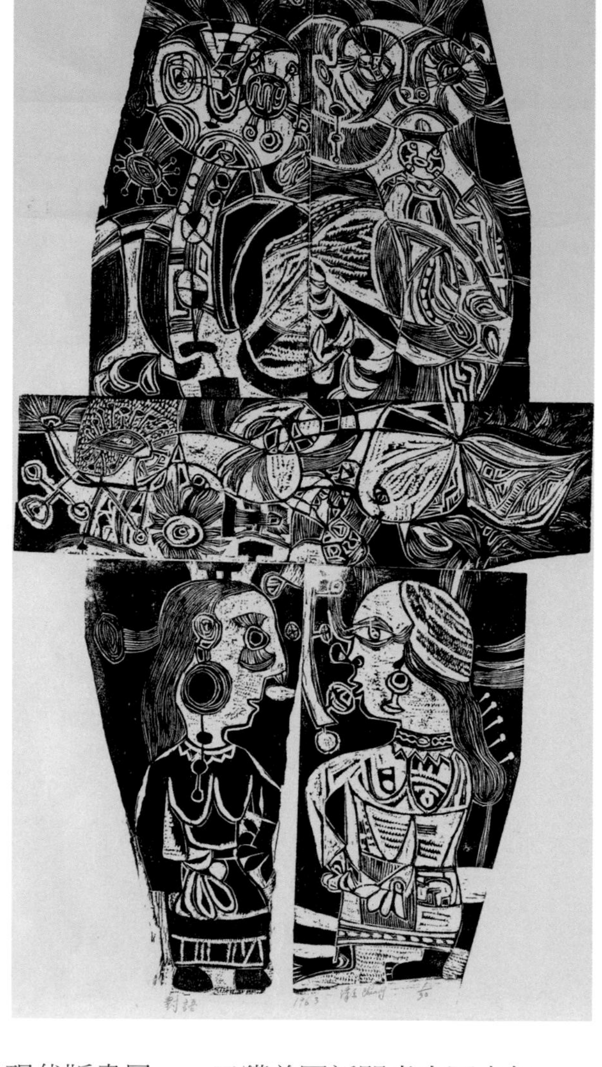

[左圖]
江漢東（右）1974年與美國收藏家合影於畫廊。

[右圖]
江漢東　對語　1963
木刻版畫　90.5×50.5cm
國立台灣美術館
臺北市立美術館藏

畫家的氣質。」從1960年代起便有外籍人士向江漢東收藏作品，而他也轉任臺北老松國校教師，積極學法文，去巴黎朝聖一直是他今生最大的夢想。

60年代是江漢東意氣風發的時期，不但年年參展「現代版畫展」，又獲美國新聞處中國青年畫家榮譽獎，且第二次參展聖保羅雙年展，並參加中日美術交換展於上野東京都美術館，〈美女與黑貓〉被日本評為版畫最出色作品，巴西大使收藏。1966年又與「現代版畫會」會員於美國真本畫廊展出現代中國畫，作品為英、法、美、日等外國人士收藏。1968年參加菲律賓第一屆「亞洲版畫展」，翌年又參加「祕魯國際版畫展」及「中日美術交換展」。

如此洋洋灑灑，成績亮眼的國際參展經驗，正為日後江漢東的創作舖陳更大的揮灑空間。而作為「現代版畫會」創始會員的江漢東，與畫

[右頁上圖]
「十青版畫會」的推手廖修平。

[右頁下圖]
60年代巴西大使參觀「現代版畫展」江漢東（左）的畫作〈美女與黑貓〉。

友們不僅推動「現代版畫會」成為中華民國第一個現代版畫團體，更為中華民國打開國際交流視野，在國際版畫上受到諸多肯定，殊為難得。「現代版畫會」在1972年舉辦第十五屆「現代版畫展」後，正式完成階段性任務，隨後繼續發起「中華民國版畫學會」推動版畫發展。1973年廖修平回國任教國立師範大學，引進並傳授國際新潮現代版畫觀念，並組「十青版畫會」全力推廣版畫。及至1983年「中華民國國際版畫雙年展」開辦，吸引國內外版畫創作者競獎，版畫發展更為蓬勃。

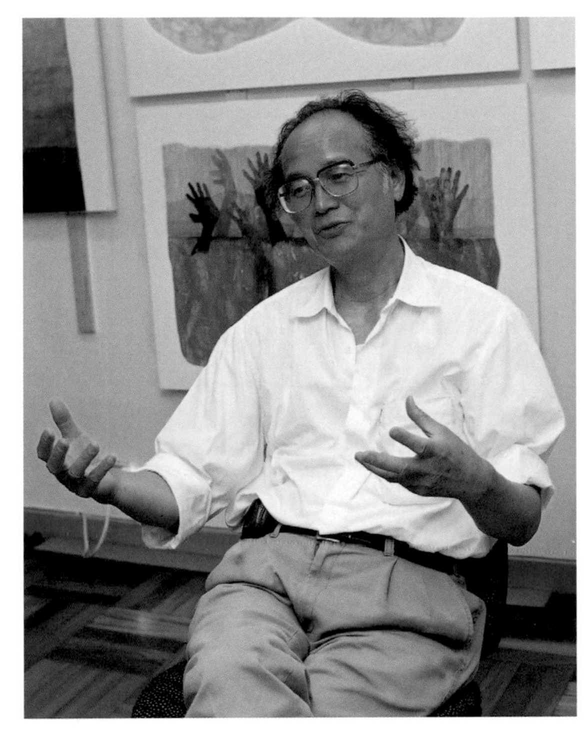

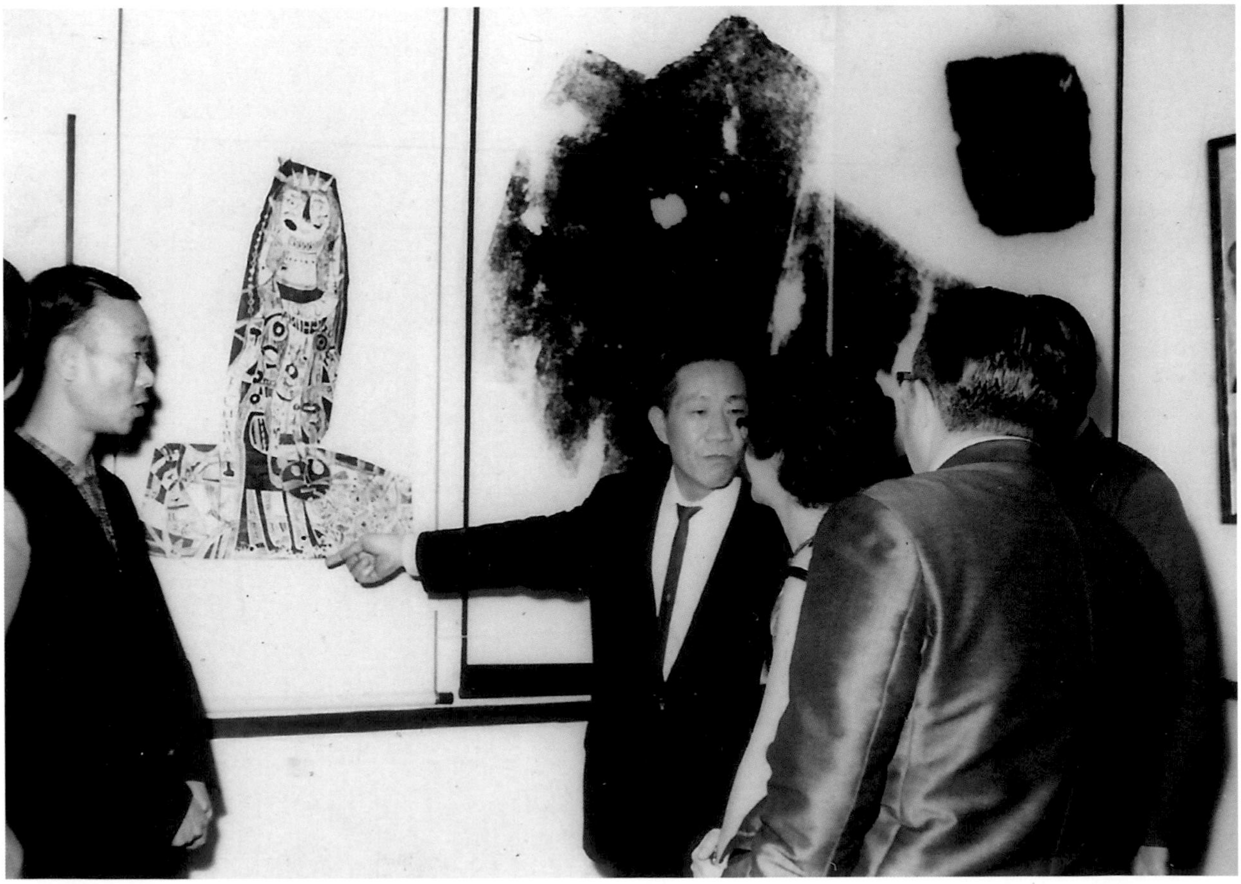

四、盲而不盲，硬頸不屈

江漢東的失明，許是上蒼給予他的一份偶然的天啟神示，要他承受生命的悲痛，也承受生命的恩典，是關閉也是開啟。他一生的藝術就是生命純化的過程，上蒼要他安享生命中的單純、素樸、純真，再度保有如孩童般原本的初心，不染於世俗的純淨之心。

[下圖] 1972年江漢東與妻女合影。

[右頁圖] 江漢東　兄弟（局部）　1994　油彩畫布　61×45cm

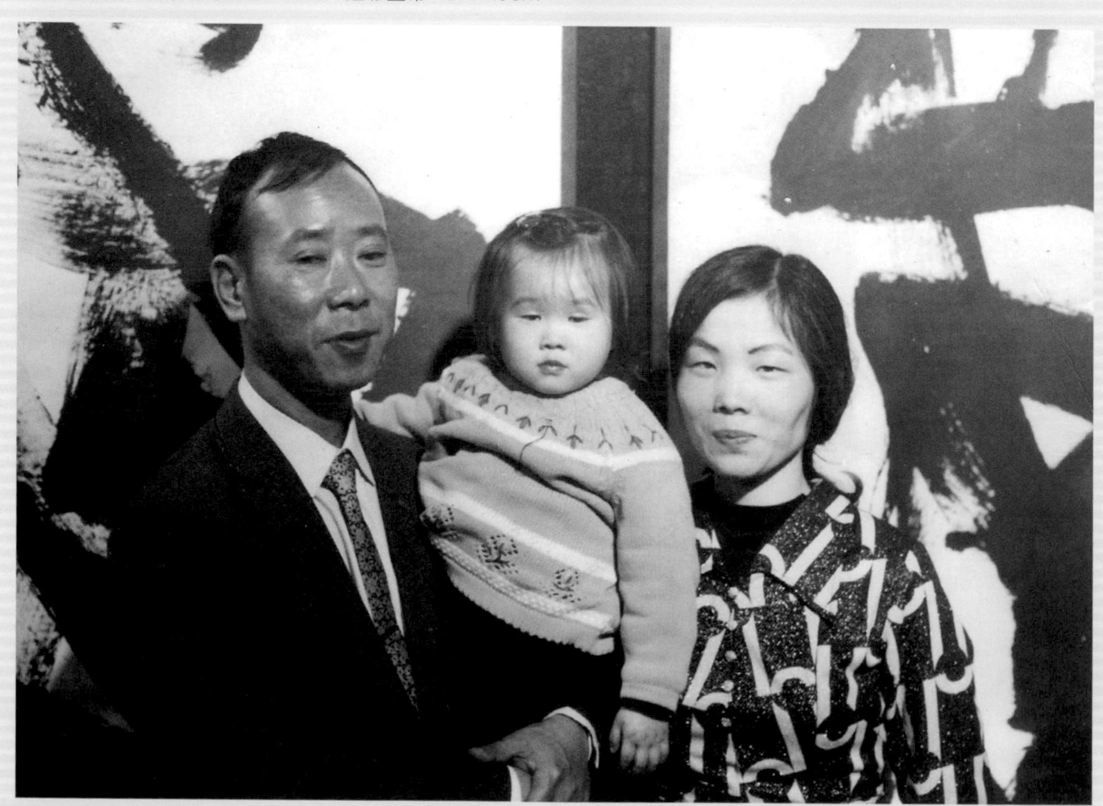

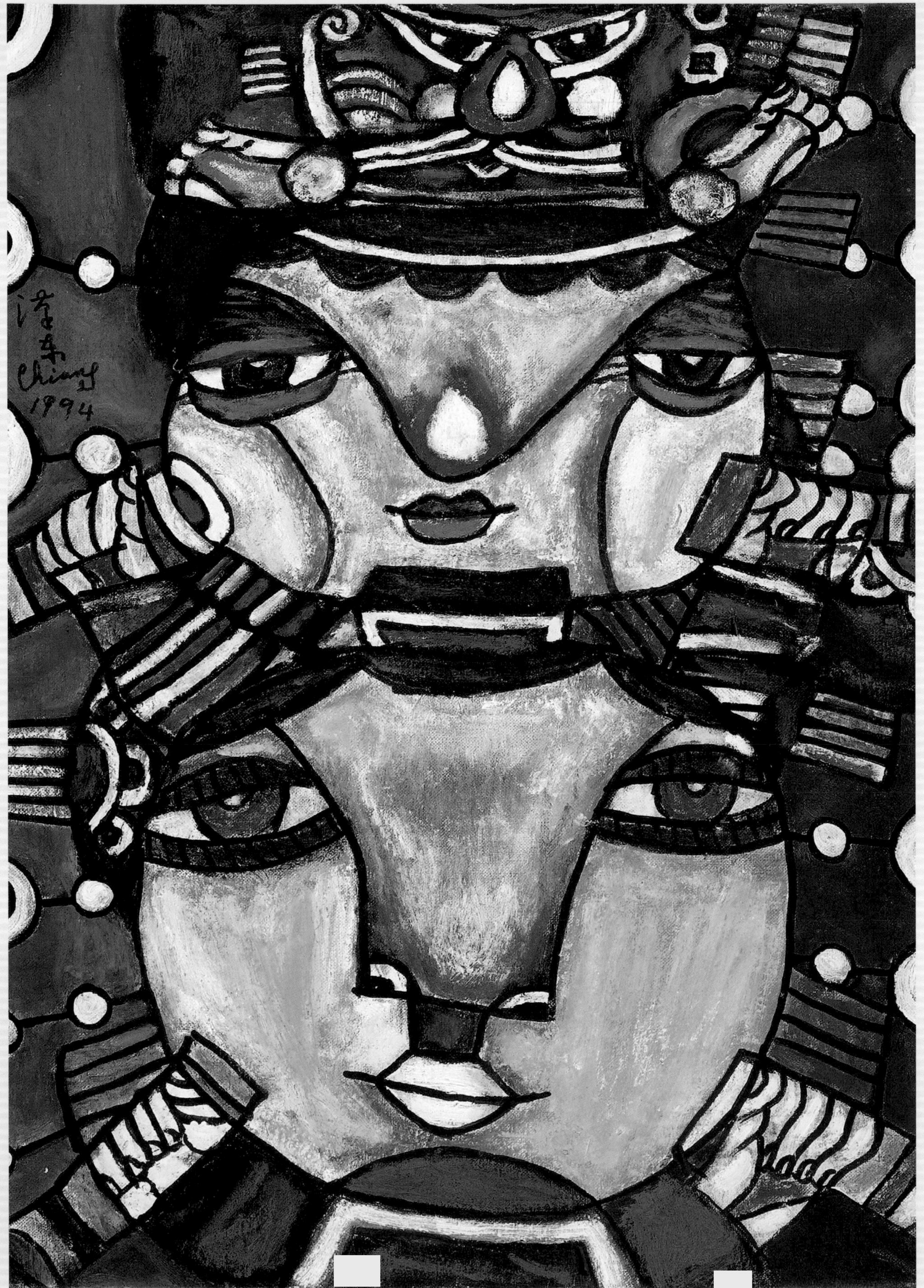
Chiang
1994

四十新郎，婚禮昏倒

在江漢東藝術攀至高峰時，四十二歲的他又增添一樁喜事，是與二十歲的美嬌娘陳美麗女士結婚。那一年7月夏天，江漢東去苗栗苑裡鄉找同學，在小學裡巧遇同學的同事，在熱情好客的同事邀請下，江漢東與同學又一起到那位同事家中作客，當同事的女兒端茶出來敬客，陳美麗難得看到一位身材高瘦的客人坐在客廳的太師椅上與父親聊天，就在陳小姐敬茶的那一剎那，江漢東內心想必已波濤洶湧。

1967年，江漢東與妻子陳美麗的結婚照。

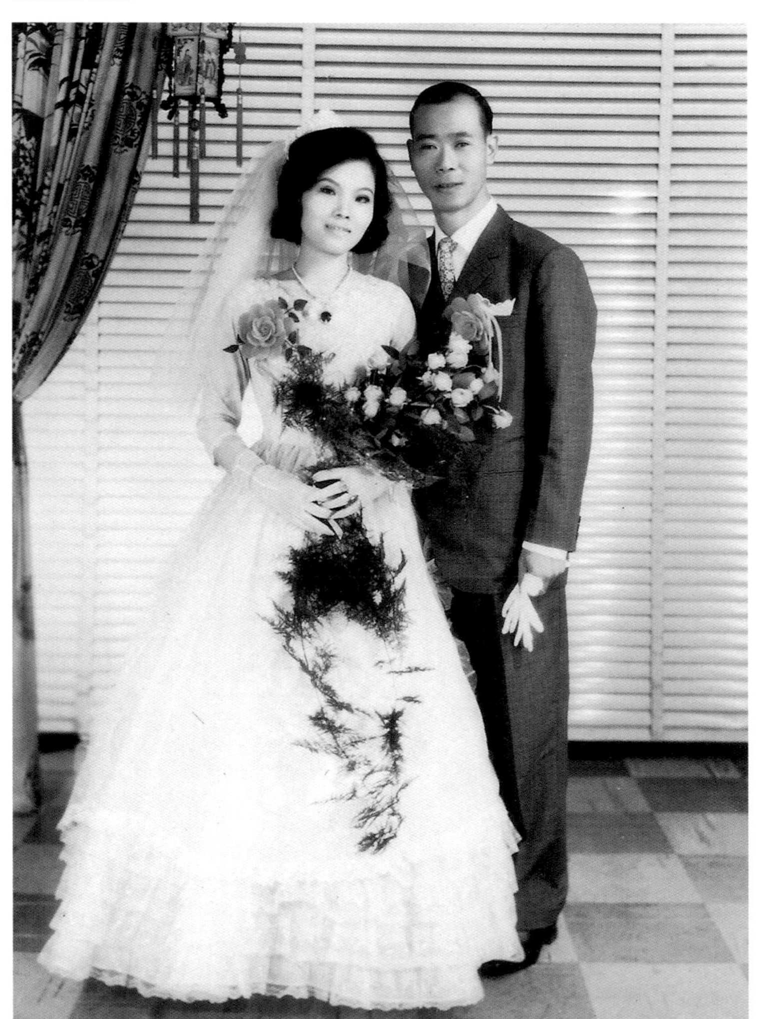

一直在家中繡花的陳老師千金，手藝十分靈巧，她沒想到他們初認識，江漢東已對她魂牽夢縈。才兩星期，江漢東就要與她訂婚，她一定從他的眼神中讀到「一個家」的渴望。誰又解相逢太遲之苦呢？

又過了三個多月，1967年11月12日江漢東終於盼到大喜之日，當江漢東手挽著新娘，意氣風發地走在紅地毯上時，在親友的虔心祝福下，忽然「碰」的一聲，新郎倒地不起，新娘花容失色，眾人譁然，那一刻是神的恩典還是惡魔的饗宴？

當眾人驚魂未定，新郎又急速從醫院奔回，重新挽著新娘的手，走完未竟的紅毯之路。這樁有驚無險的姻緣，對一個飄洋過海，在臺尋覓藝術新樂園的江漢東來說，是生命中難得擁有的美麗，一旦他崩

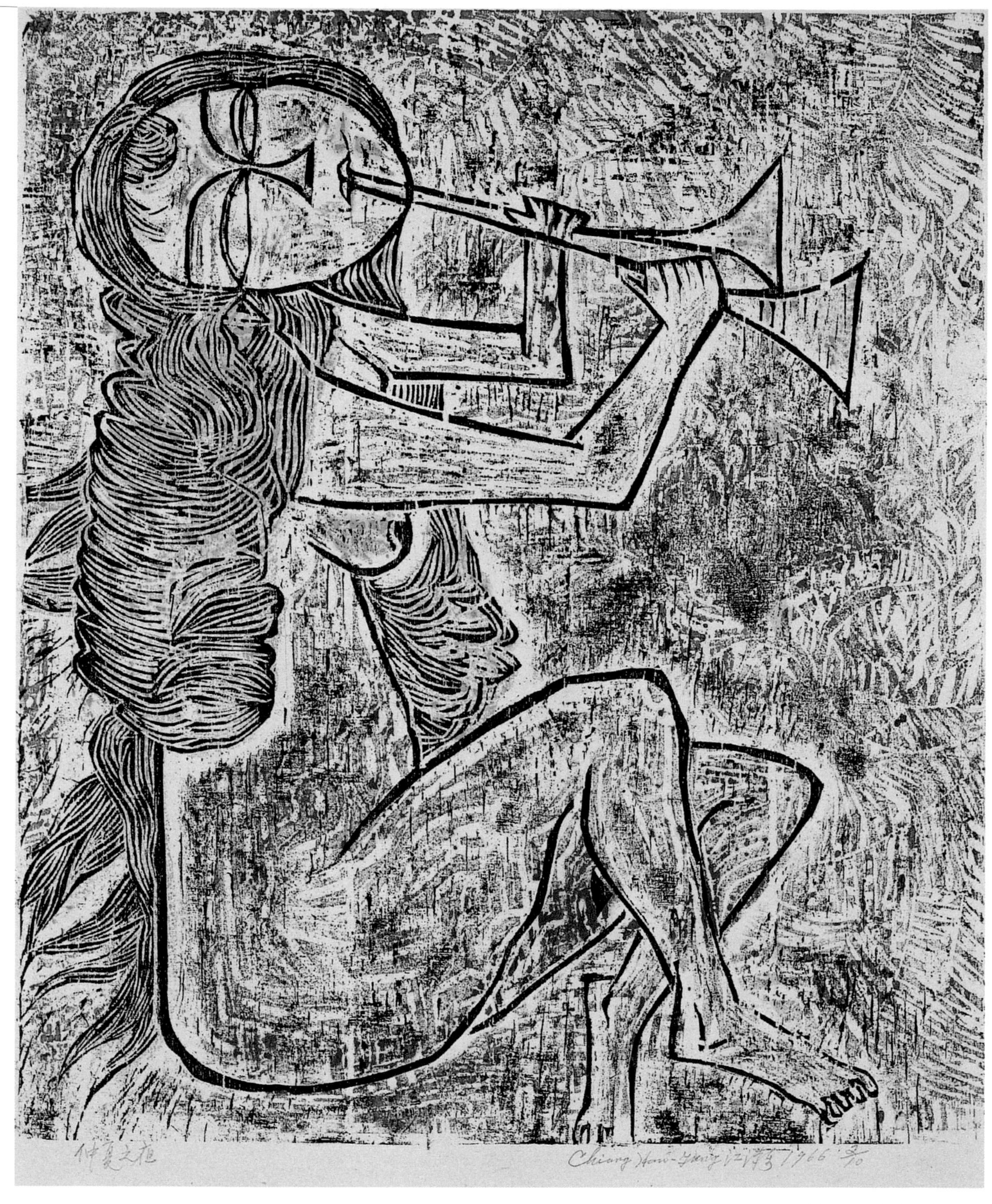

江漢東　仲夏之夜　1966
木刻版畫　32.7×24.6cm

垮了，婚姻這盤局便全盤皆輸。

陳美麗萬萬沒想到相愛的人必須歷劫遭難，愛得愈深，就愈陷泥淖。婚後不到半年，陳美麗發現丈夫有時可以走到學校，有時卻走不到學校，而家就租賃在昆明街，離老松國校沒幾步路。當陳美麗帶著新婚夫婿去臺大醫院檢查，他們滿懷希望住院治療，卻聽得醫生宣布「他將全盲」，江漢東聞訊在病床上放聲嚎啕，陳美麗內心也如天崩地裂，兩人相抱痛哭。

情愛與夢在婚姻那頭，災厄與磨練卻在婚姻這頭。當江漢東晚年罹患胃癌臥病在牀，離世前半個月，他對著守在病塌旁，陪伴他一路走來無怨無悔四十年的妻子，無限依依的說：「美麗，你是我的再生媽媽，你是我媽媽投胎來照顧我的！」的確，他可以怨嘆命運的擺佈，在他才滿週歲就失去了母親，之後父親又再娶，甚少回家。沒有母愛又缺少父愛的孤子，上蒼一定不捨他再度失去摯愛。可是他卻心如刀割，不忍才剛新婚的妻子，跟著他受盡折磨，要她離去，回去娘家。

「當時，我如果離開他，他該怎麼辦？我想還是先把他的病醫好再說，何況他在臺灣又沒什麼親戚，沒人照顧他！」七十歲的陳美麗回憶往事，堅韌的她不禁淚眼模糊，那淚光中含藏著無限的憐愛與疼惜。

得青光眼，告別畫壇

雙十年華的陳美麗，青春仍在她的身上閃耀，對人世尚無多大閱歷的她，原本只想成為江漢東的小嬌娘，未料從此卻得挑起生活的重擔，扛下生命的重軛，開始嚐到世間滄桑。他們一家醫院走過一家醫院，由臺灣療養院到榮民總醫院，不斷手術，不斷治療，病情並無多大起色。

1968年7月江漢東不得不宣告退出藝壇，熱心的藝文界朋友特地為他在國立藝術館舉辦「最後畫展」希望對他日後的生活有所幫助，主辦單位就有七個之多，包括「現代版畫會」、「東方畫會」、「五月畫會」、「年代畫會」、「中國青年寫作學會」、「中國新詩學會」及國立藝術館，展出畫作四十餘幅。江漢東在個展記者會上絕望地宣布：「我將先走一步了！」猶如進行一場死亡的告別式，繪畫是他今生

[右頁圖]
江漢東　親情　1967
木刻版畫　41×27cm
臺北市立美術館藏

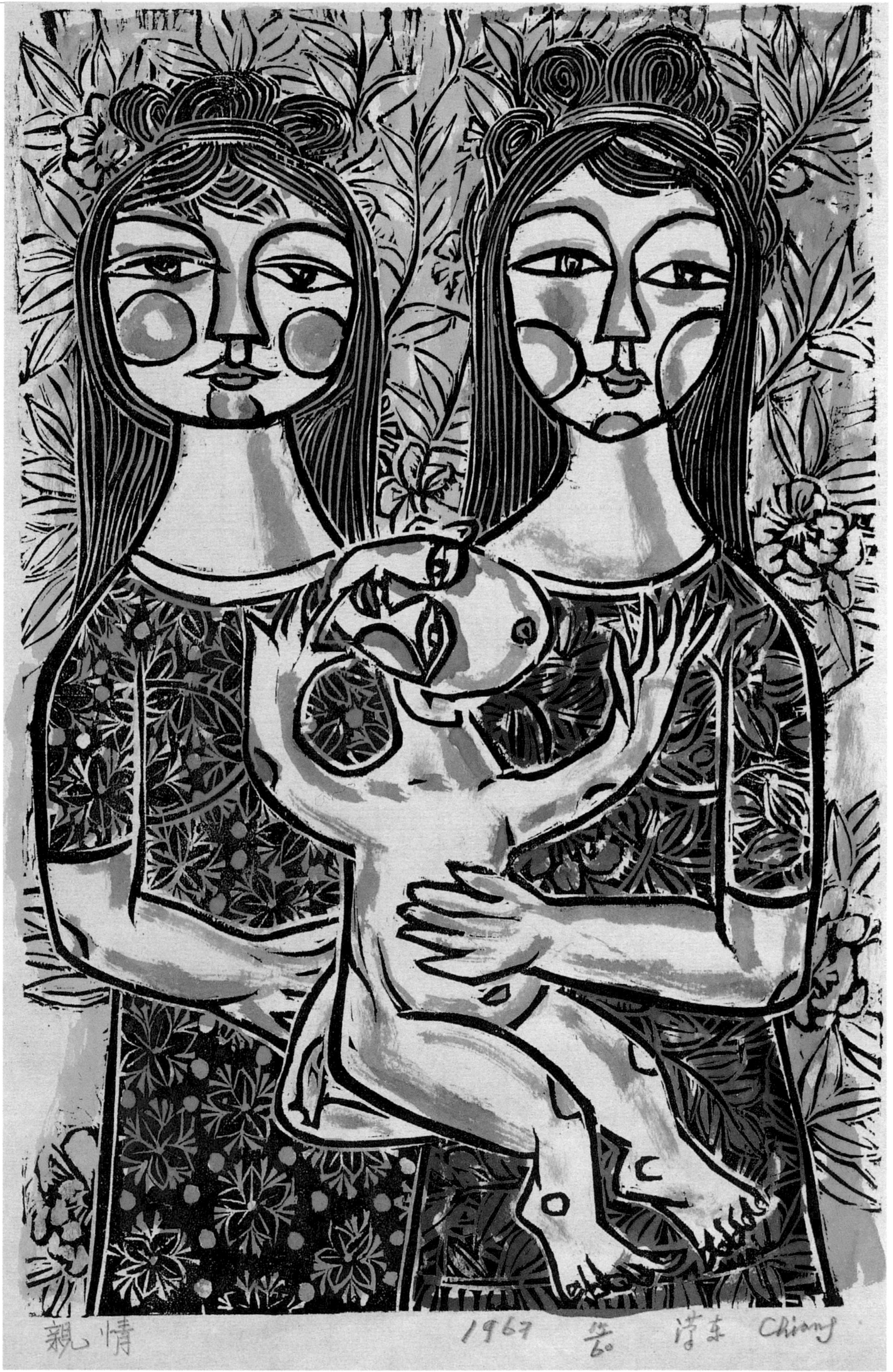
親情
1967
漢東 Chiang

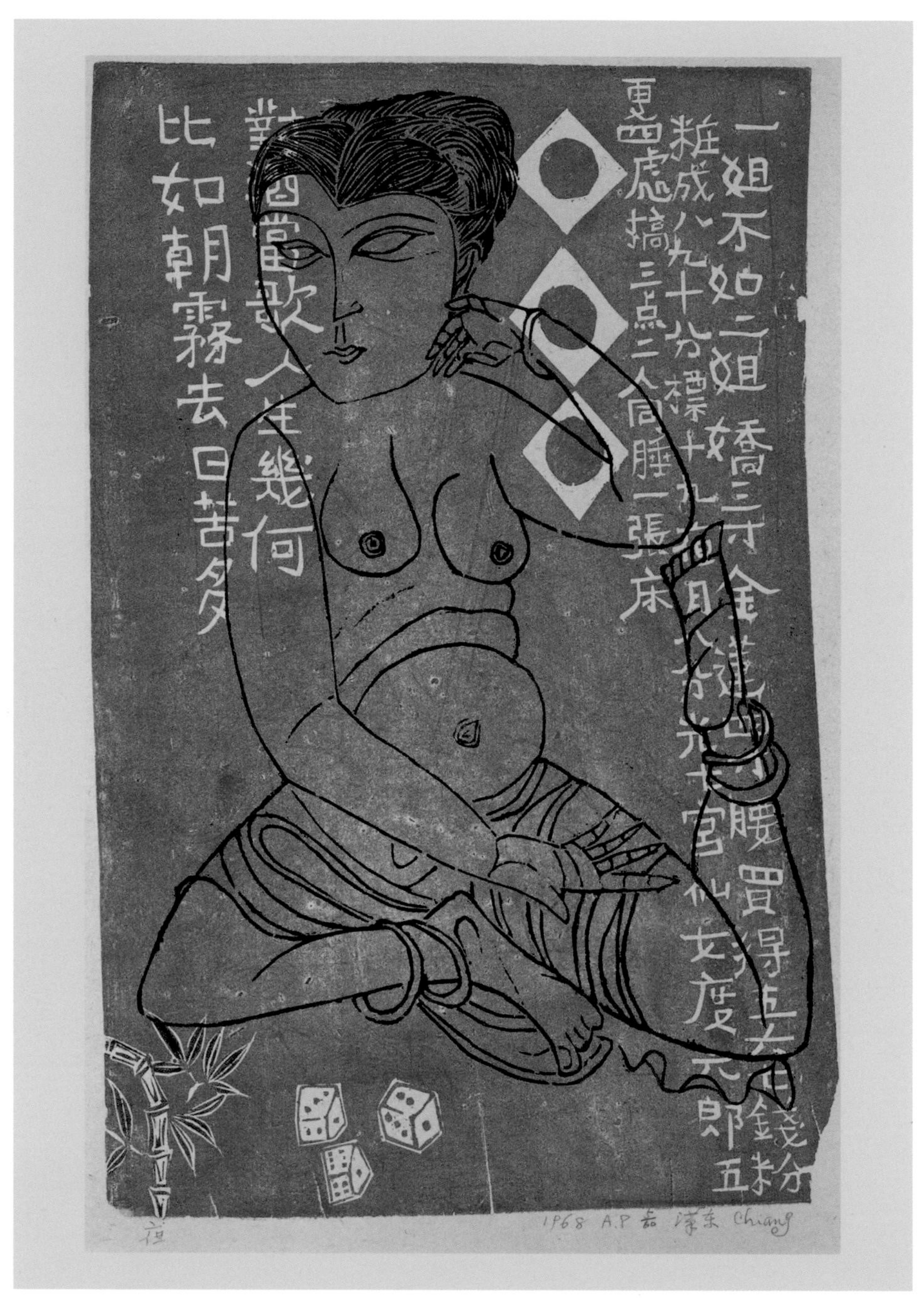

江漢東　夜　1968
木刻版畫　50×32.5cm
臺北市立美術館藏

唯一的摯愛，放棄了此生何寄？雙目幾近全盲的他，又被迫辭去老松國校教職，靠著每月領取一千八百多元的「月退金」過活。

罹患青光眼的江漢東，面對仁愛醫院的檢查結果：「左眼絕對性青光眼，無光。右眼青光眼，視神經萎縮，視力零點六」時，他像困在籠中的野獸，激動、暴躁、憤怒，急於想衝出囚籠，卻束手無策，只能眼睜睜地面對茫茫的未來。

正常人的視野是左右150度，江漢東只有右眼5度，他彷彿隔霧看花，他不解為何在一千人中只有四人會罹患的青光眼，竟然找上他。他更不解他的才華稟賦竟如潮騷，以一股不可違逆的力量，把他捲至高空，讓他獲得鳥瞰般的視界，卻又把他重重摔下，囚禁在「目光如豆」的狹小視野中。

江漢東　船歌　1969
綜合媒材　61×67cm

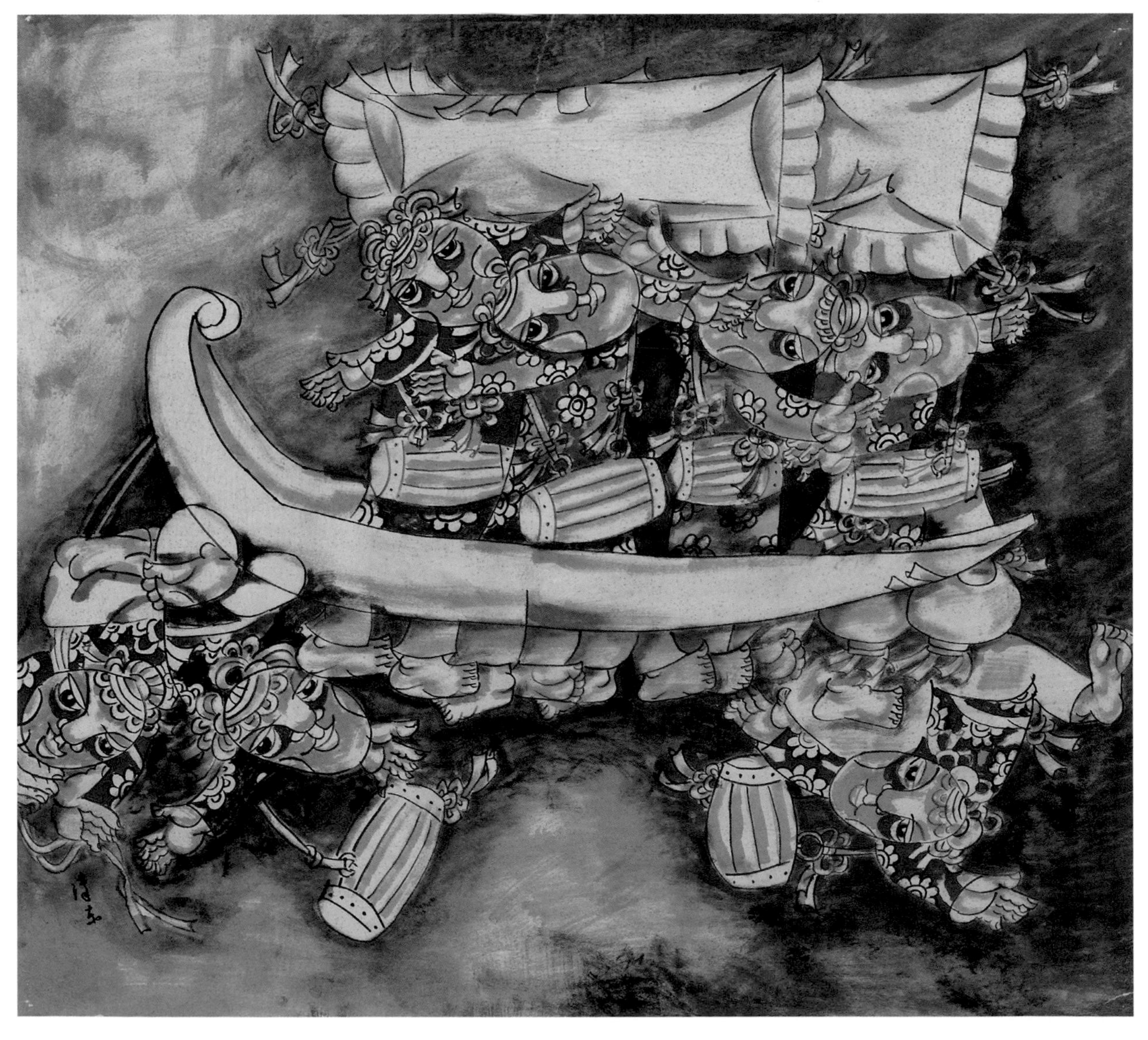

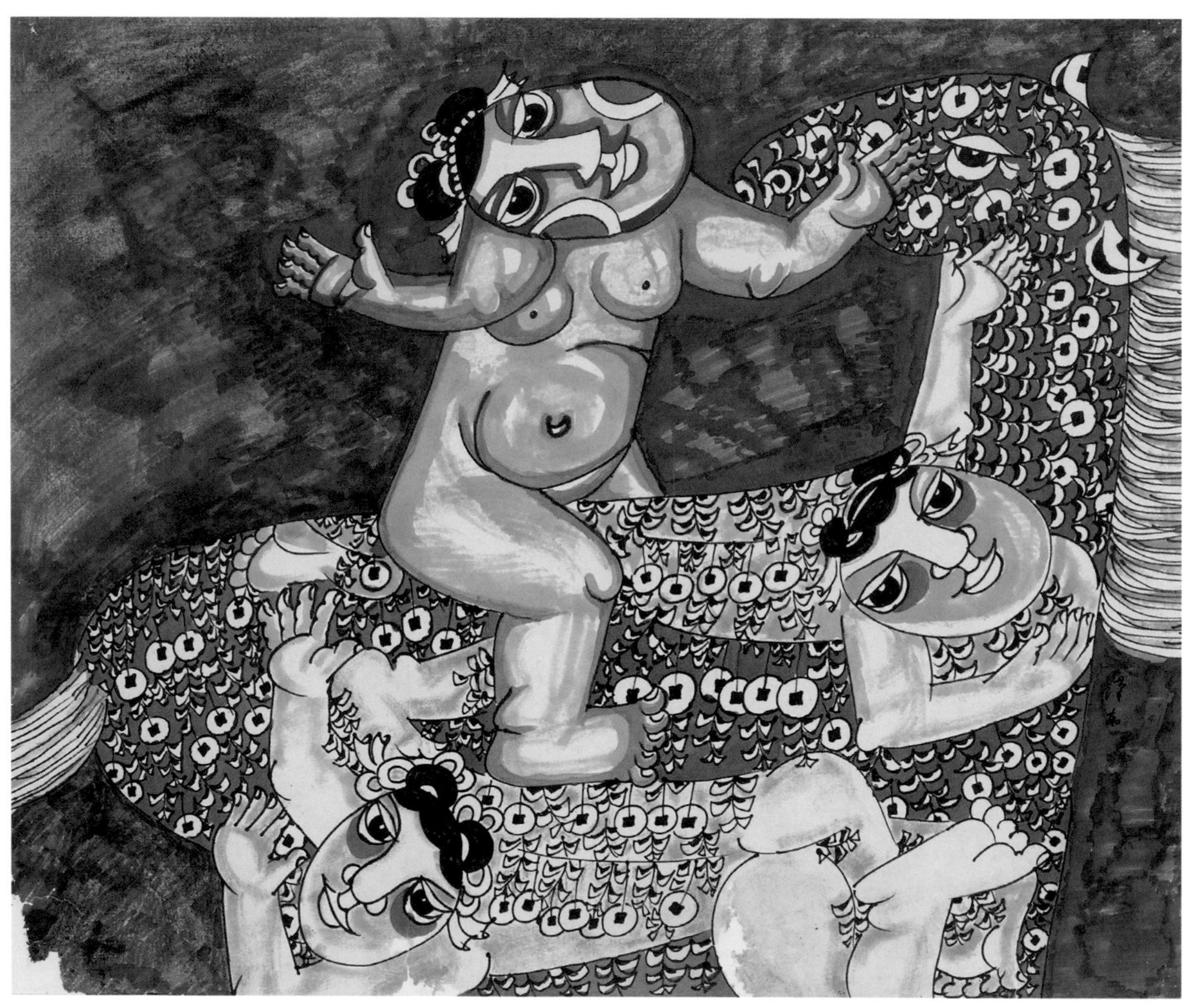

江漢東　招財童子　1969
綜合媒材　87.5×115cm

一個聲譽如日中天的畫家，忽然被上蒼奪去了雙眼，不能作畫，又失去了教職，身心飽受創傷，如一隻折翼的粉蝶，撲倒在地，江漢東能再度展翅高飛嗎？

畫洋裁簿，再畫油彩

有如在囚籠裡掙扎如困獸的江漢東，終於從狂亂的思緒中認清了事實，在妻子細心的調養下，他央求她從臺北買回洋裁簿，供他作畫。他

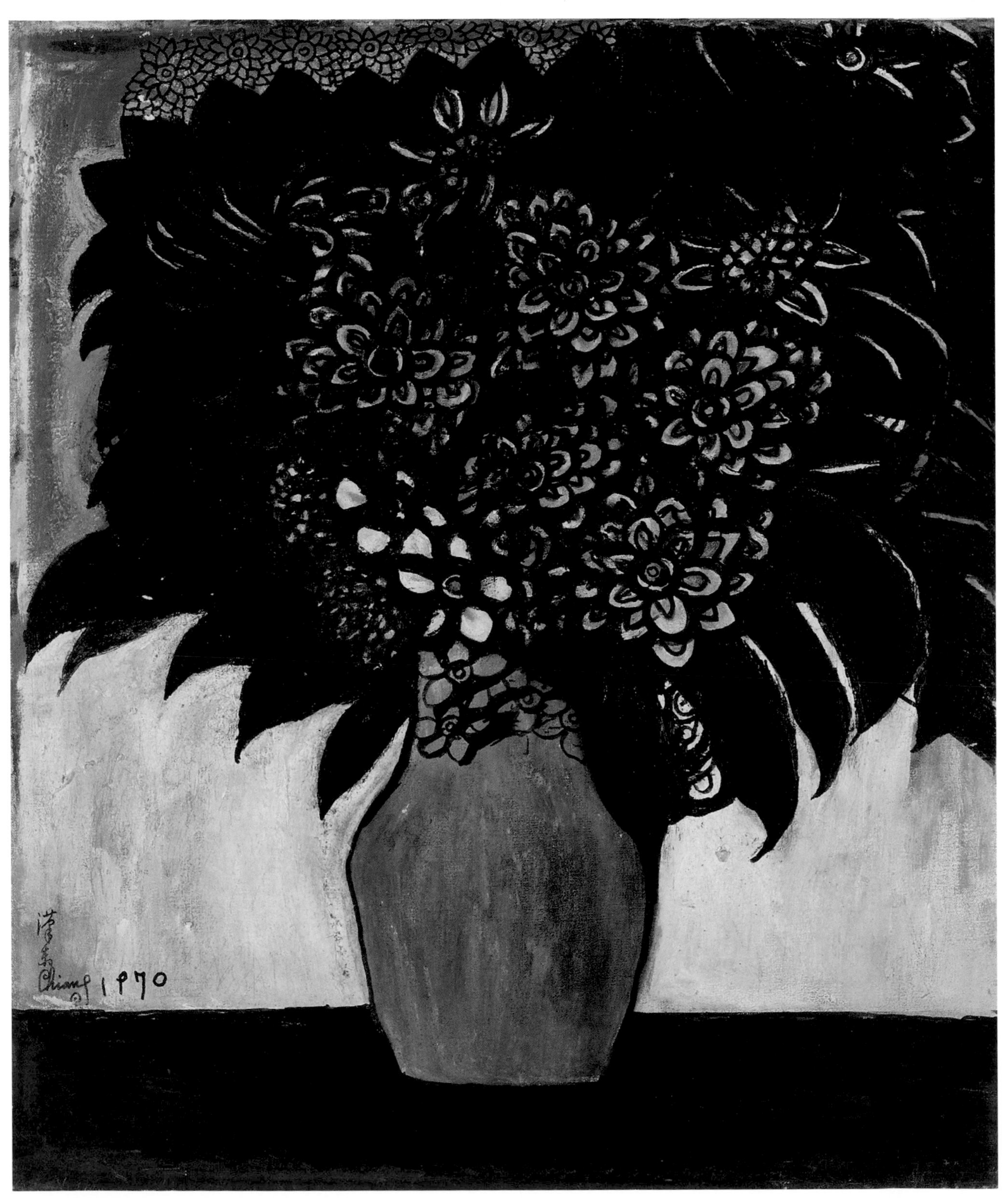

江漢東　陶罐上的花　1970　油彩畫布　53×46cm

[右頁上圖]
江漢東　樂童　1971
數位輸出　97×130cm

[右頁下圖]
江漢東　午後　1971
數位輸出　112×145cm

試著拿起簽字筆，在目光僅及一片小豆腐的視野下，一片一片地畫，再一部分，一部分地，最後再連結組合，雖然他永遠無法一目了然地看清全部的畫面，構圖卻無懈可擊。

當江漢東畫出第一張時，妻子高興得大加讚美，他自己也感動得心花怒放，從此他像初學寫字的小學生般，既興奮又緊張，每天塗個三、四張，愈塗愈上癮，從簽字筆到奇異筆，從單色到多色。他愈畫愈恢復信心，他索性在棉紙上作畫，尺度愈來愈加大。

江漢東的眼睛雖盲，他的心並不盲，1971年他一系列的洋裁本手稿，直如當今的手繪本，顏色的飽滿、裸體造型的多變，線條的流暢，內容的豐富，紅綠的對比，在在奪人眼目，令人驚訝的是這是出自一位幾乎全盲的畫家手稿，如果不是他四十歲之前的精湛素描功底，絕無法畫出

江漢東　五美圖　1971
數位輸出　97×130cm

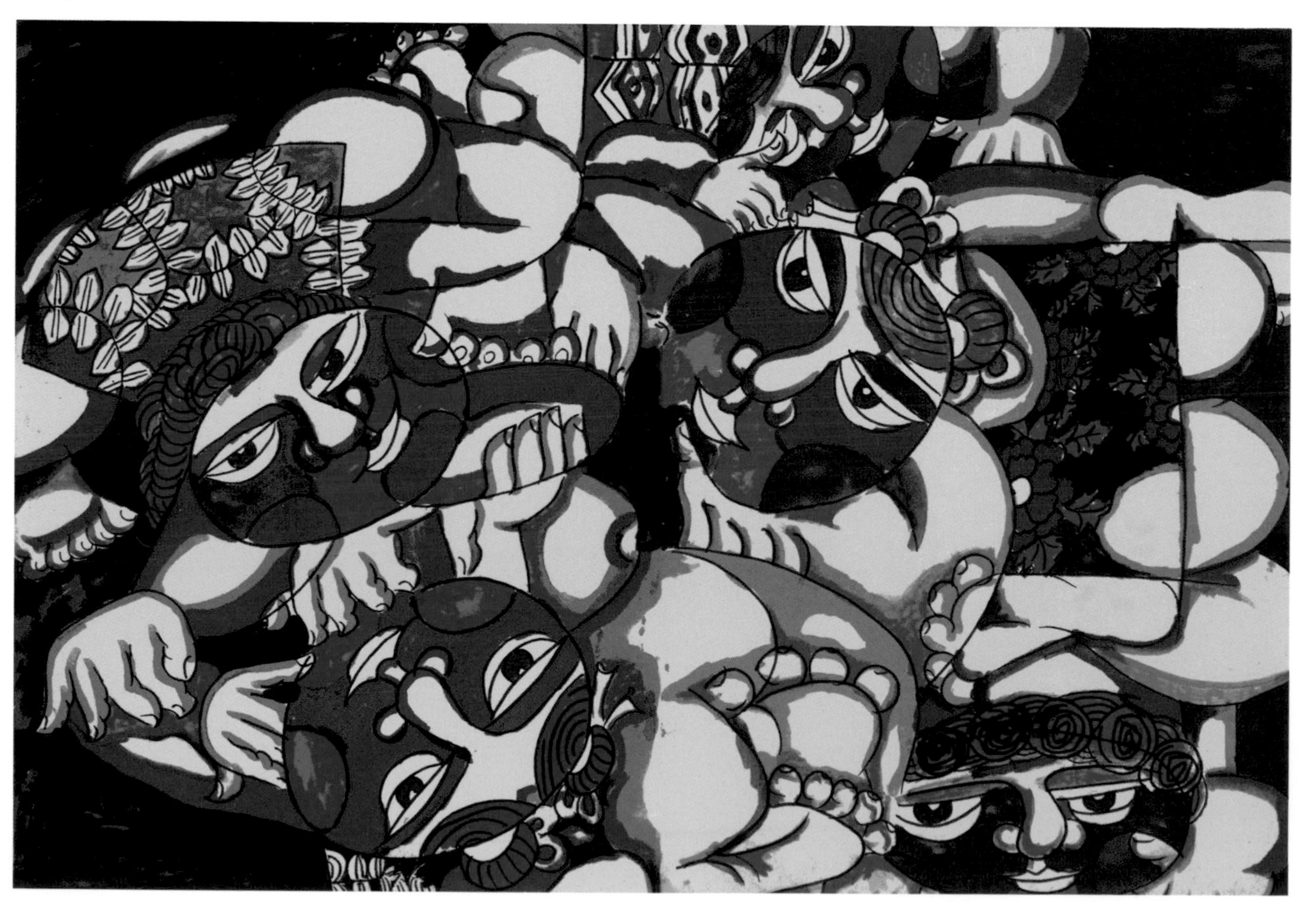

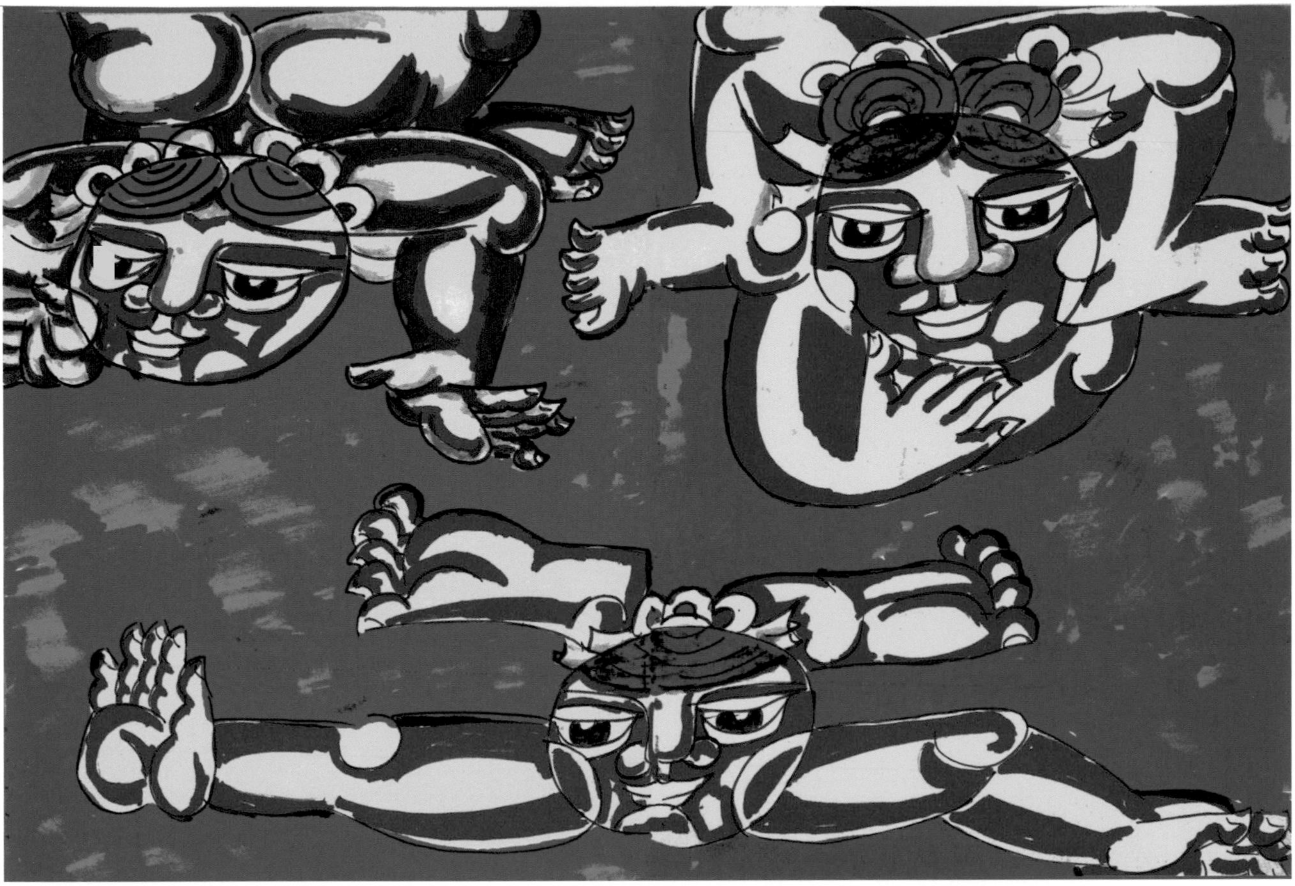

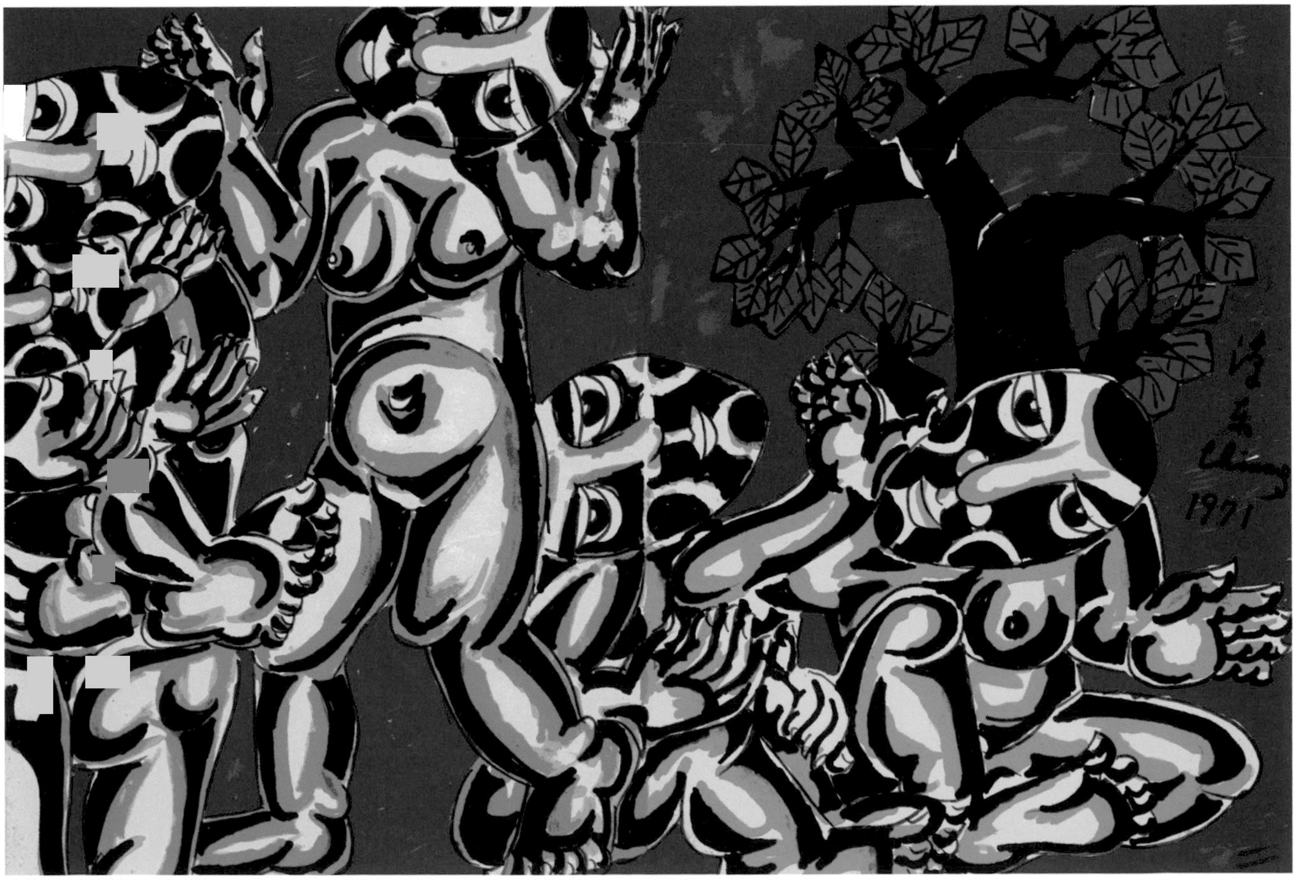

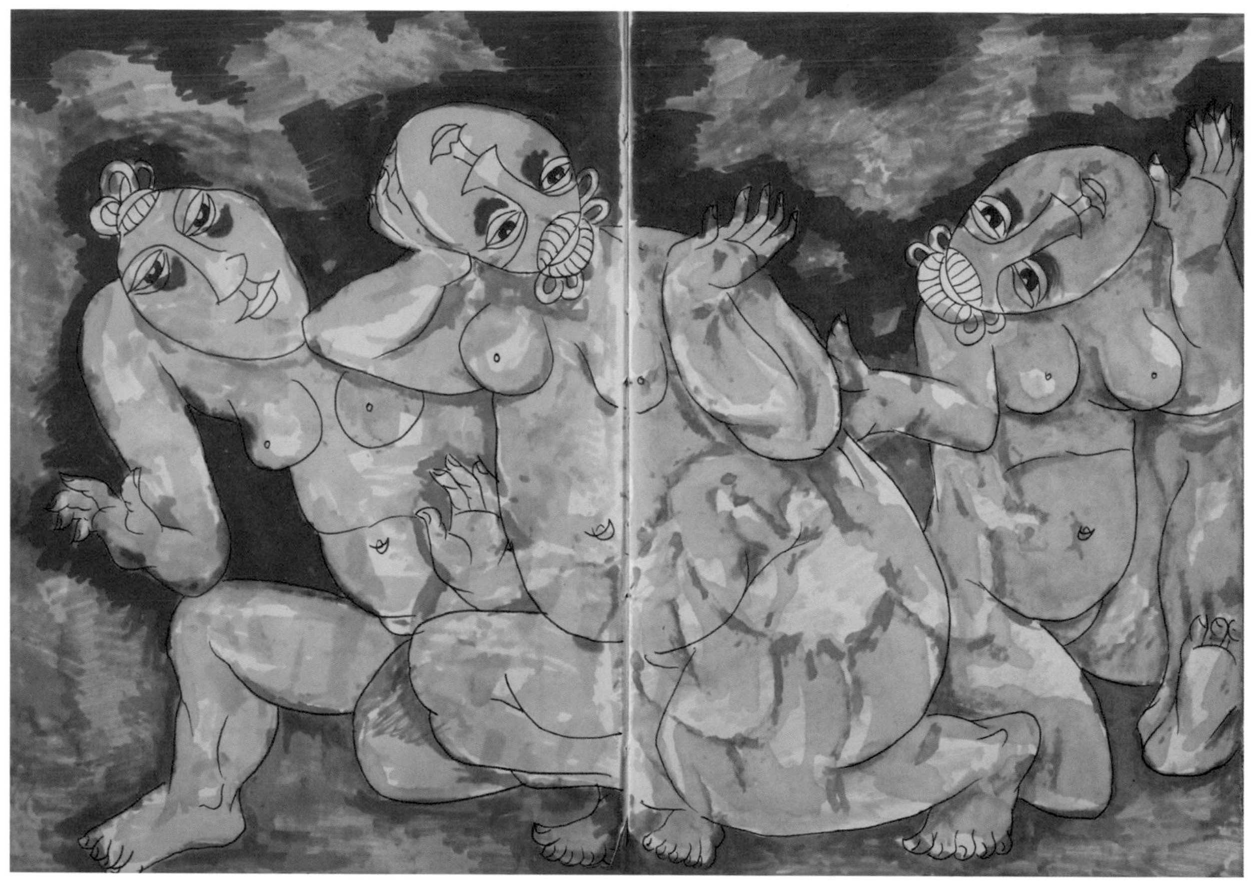

江漢東　人物A-6　1971
手稿　27×40cm

如此生動、活潑，靈動萬分，充滿奇思異想又含富民族采風的作品。

比起江漢東未失明前的作品，現今他以奇異筆塗抹的手稿，在題材上更多元，他所構思的造型更為大膽，更隨心所欲，彷彿在他身體裡的每個細胞、組織都藏著他深刻的記憶，有如一泉活水，翻滾而出又汩汩而流。他自由馳騁在他想像的夢土，將心思一筆筆填滿在紙上。

許多圓滾的人物，三五成群，自在戲耍，沒有世俗社會的齷齪不堪，彷佛回歸無邪的純真。境由心生，江漢東的心像「復歸於嬰兒」，他的畫也流露出孩童般的童心，孩童時代的美麗記憶忽而幻化為他畫面的組曲，他愈回到記憶深處的原鄉，他的創作變得愈來愈自由，他的題材似乎源源不絕，流洩在畫面的故事愈來愈豐富有趣，那一系列的〈人物A〉、〈人物B〉，有如故鄉的民俗戲曲正在他的畫上一一搬演，扶老

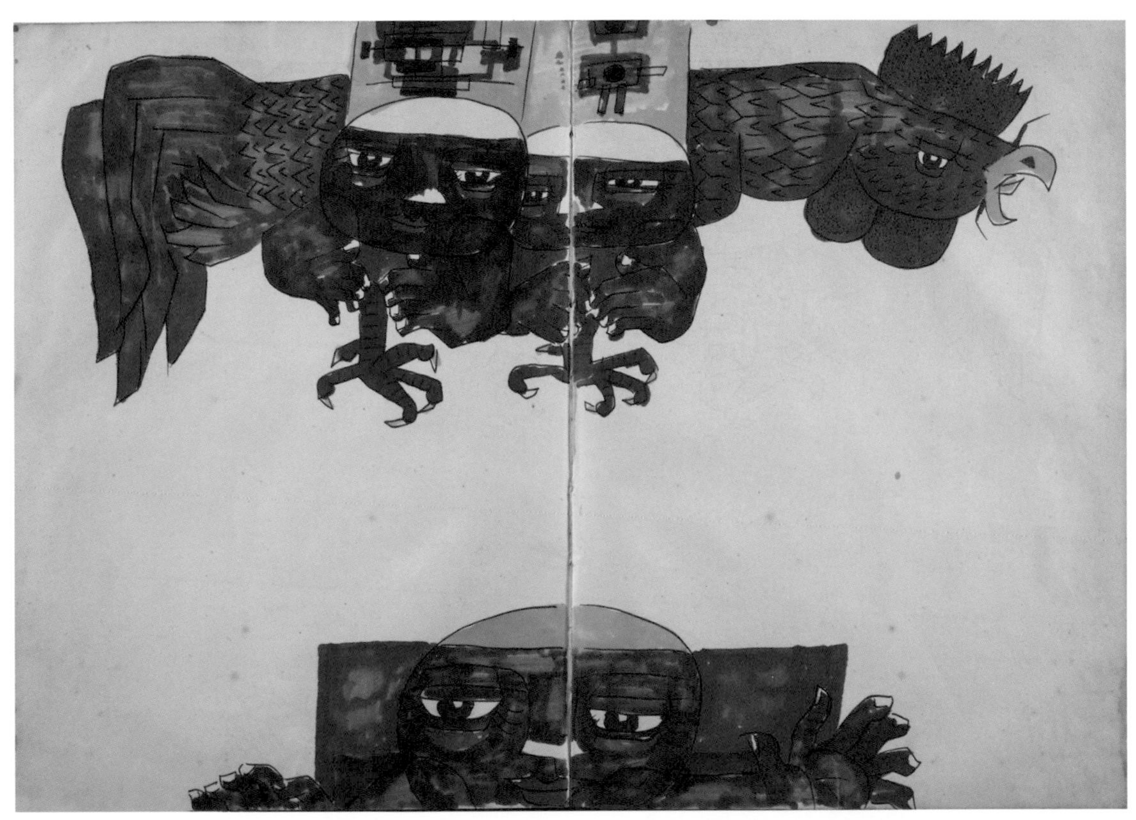

江漢東
人物A-11
1971　手稿
27×40cm

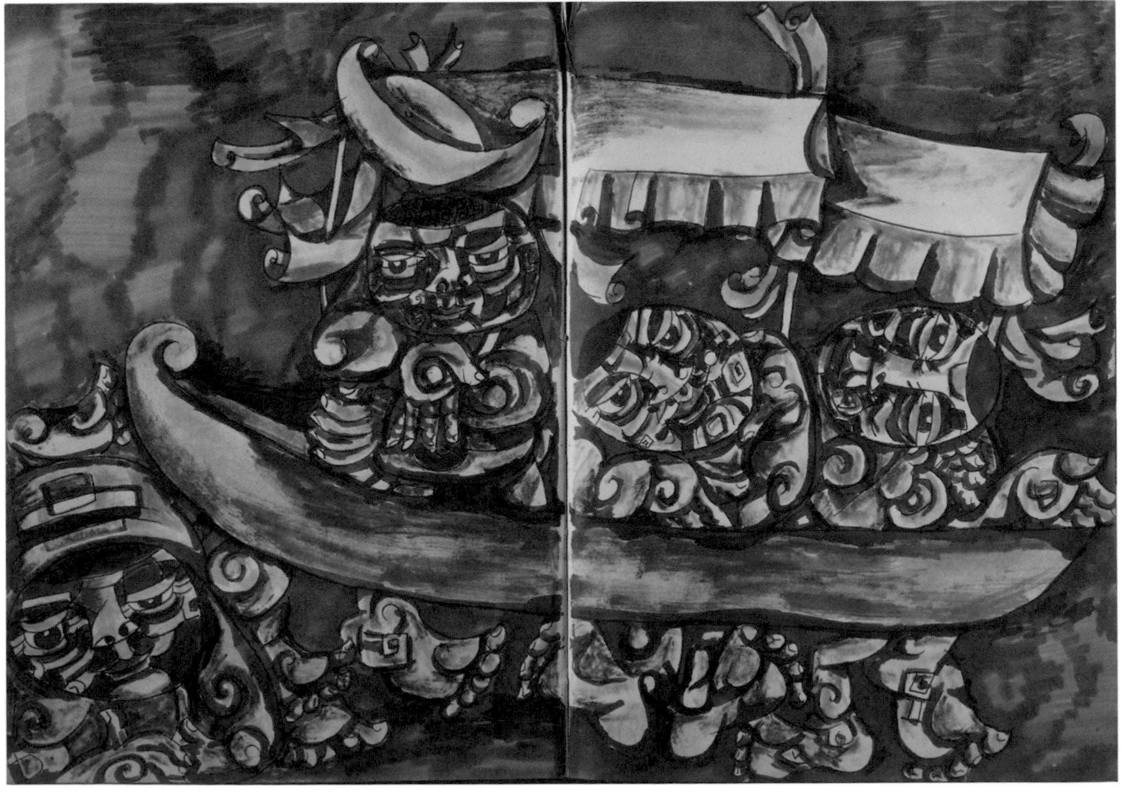

江漢東
人物A-15
1971　手稿
27×40cm

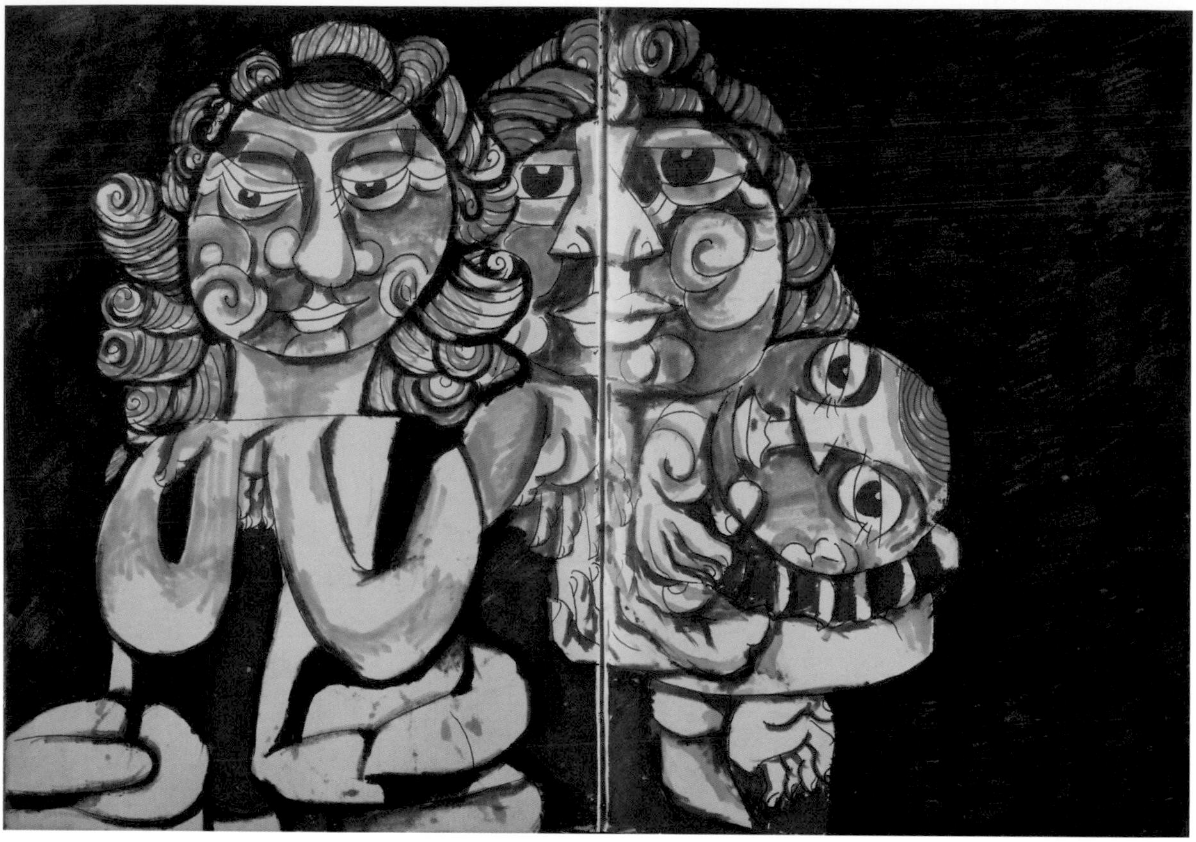

江漢東　人物A-25　1971　手稿　27×40cm

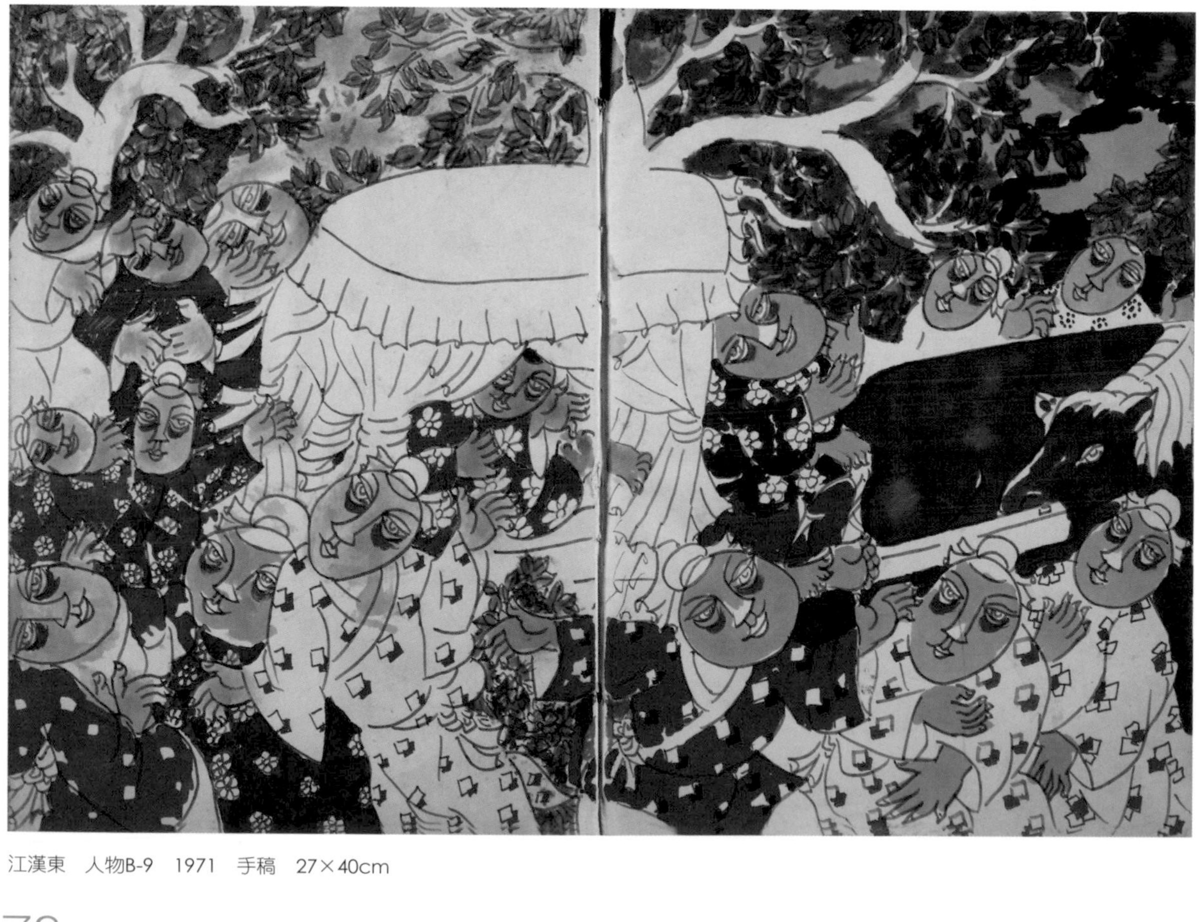

江漢東　人物B-9　1971　手稿　27×40cm

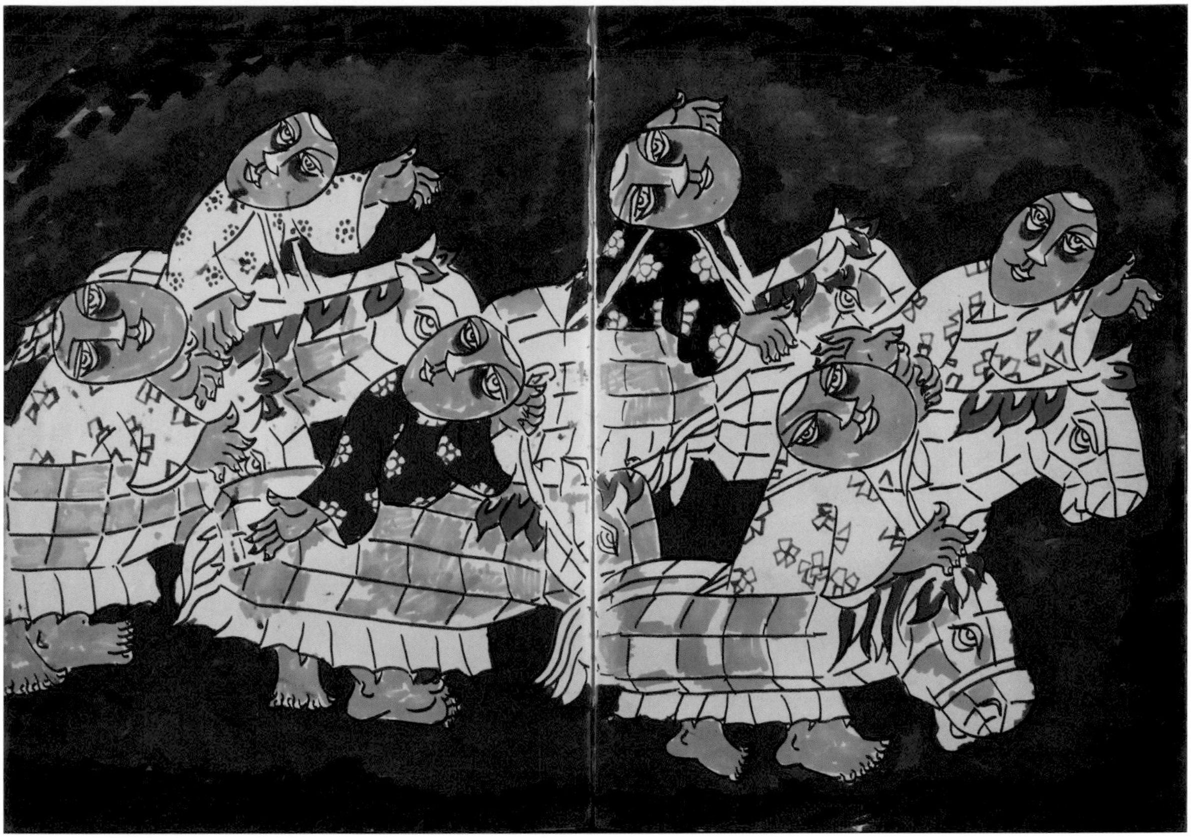

江漢東　人物B-13　1971　手稿　27×40cm

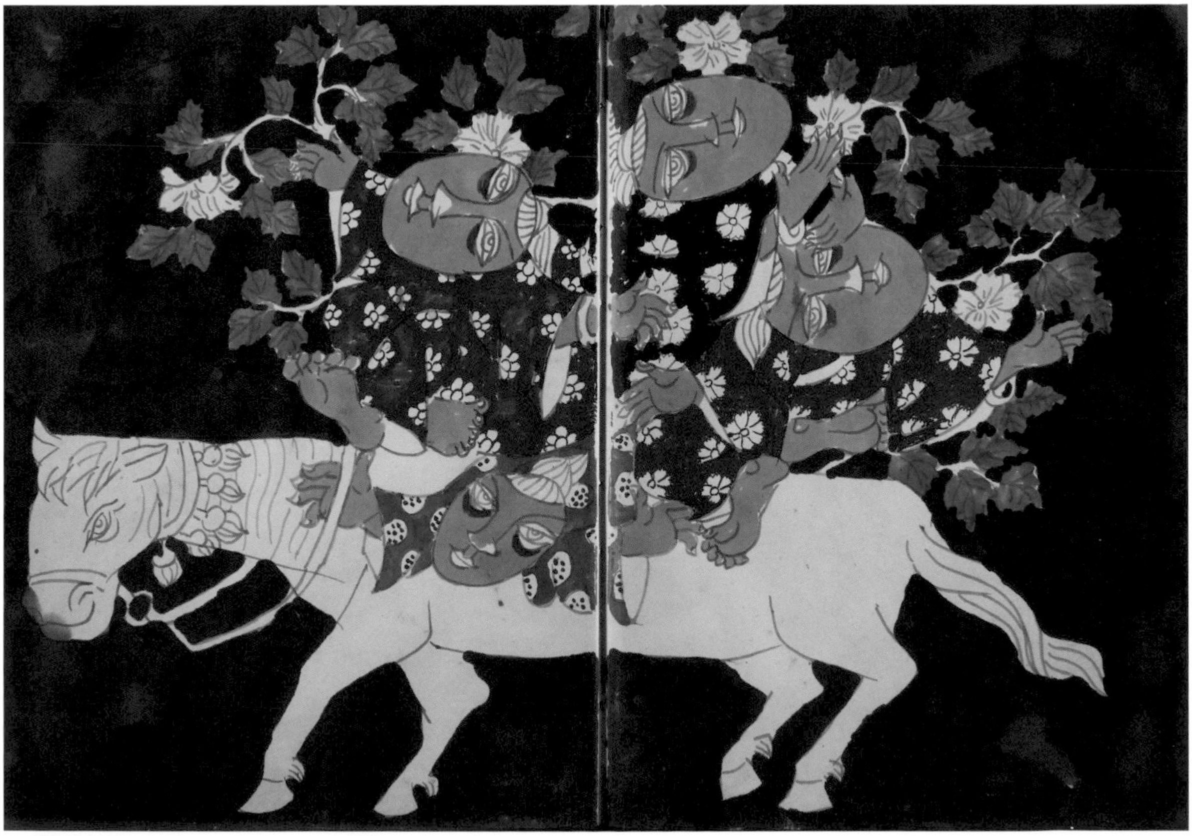

江漢東　人物B-22　1971　手稿　27×40cm

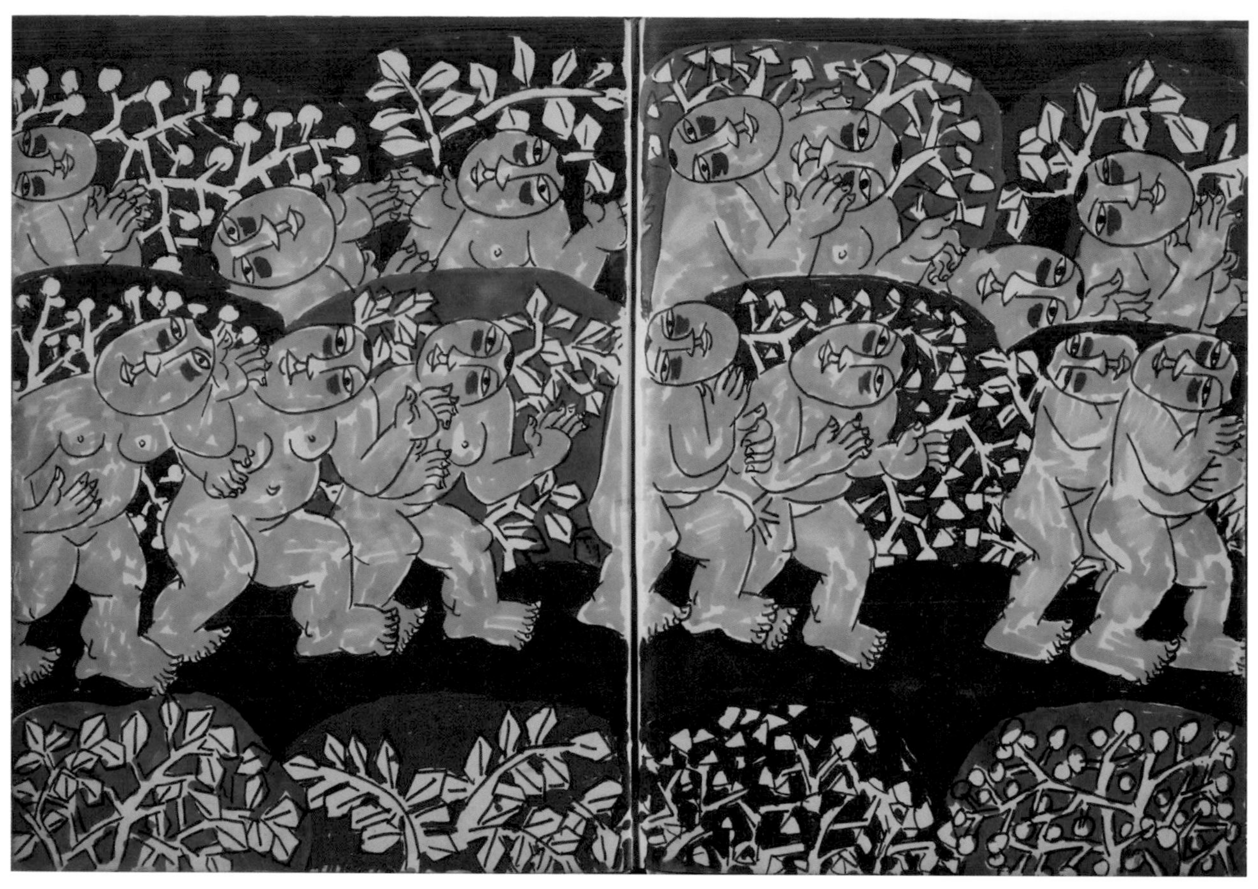

江漢東　人物B-32　1971
手稿　27×40cm

攜幼，迎神賽會或物阜民豐，家家豐收或橋下戲水，捉魚為樂或亭下喝茶，說書講古或疊人雜耍、猴耍寶，又有〈人物C〉系列白描的線條在藍底、紅底上演繹著無數說不完、道不盡的戲說故鄉，如林中畋獵、塔裡相歡、抬轎出巡、吹樂搶孤、騰雲童仙、馬上耍刀、繞場旋轉等等不一而足。

又有孩提時代，溫馨的回憶，如〈母子〉，母親粗壯的手臂，隻手撐子如同孩兒的基石，〈童年〉、〈群〉、〈同伴〉、〈追〉、〈環〉等描寫同伴手舞足蹈，歡唱一起，以及〈得魚〉、〈自得〉、〈渡頭〉、〈舟子之歌〉等等描繪優游水上的快樂時光。

張張手稿，豐饒壯麗，故事不斷繁衍，盈滿歡笑與愛，似乎預示了江漢東可以逐漸克服失明的阻礙，藉畫復活。難道上蒼沒收他的雙眼，

[右頁上圖]
江漢東　人物C-29　1971
手稿　27×40cm

[右頁下圖]
江漢東　人物C-31　1971
手稿　27×40cm

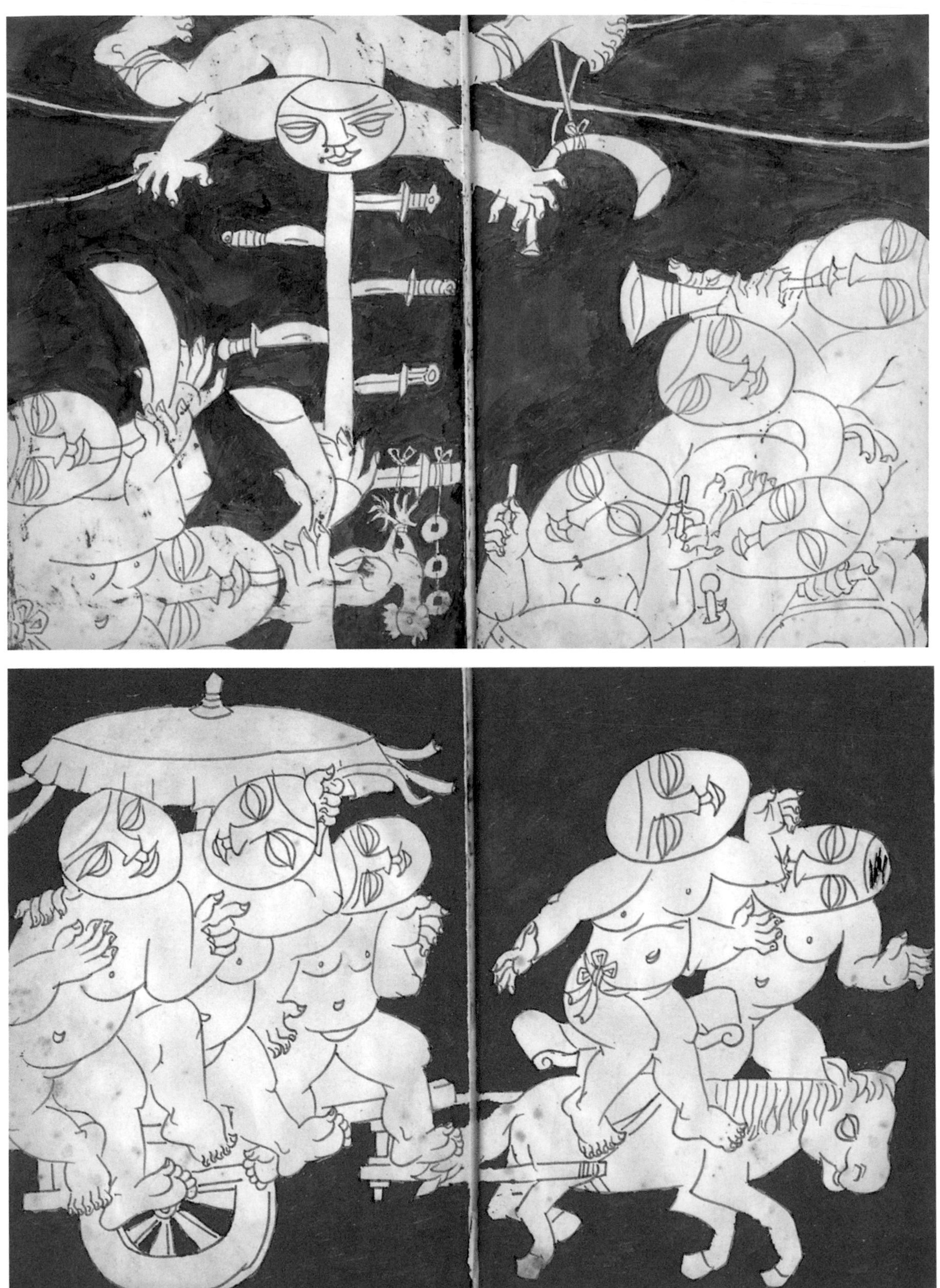

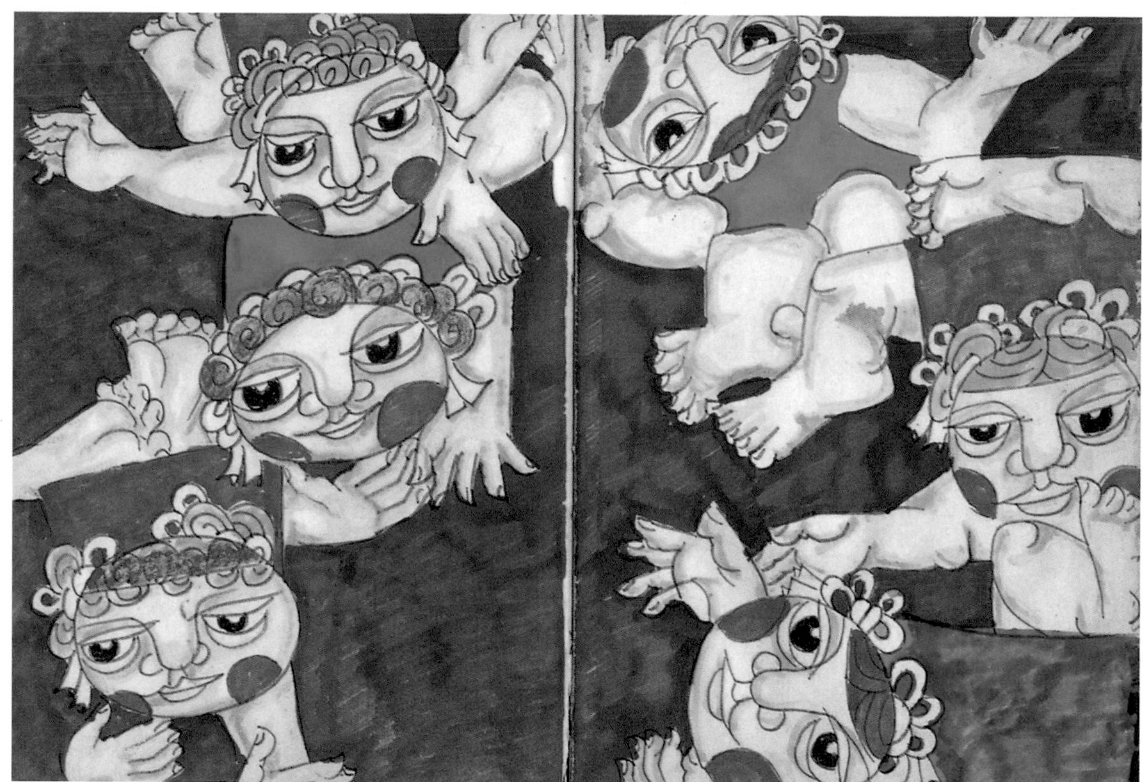

江漢東
同伴
1971
手稿
27×40cm

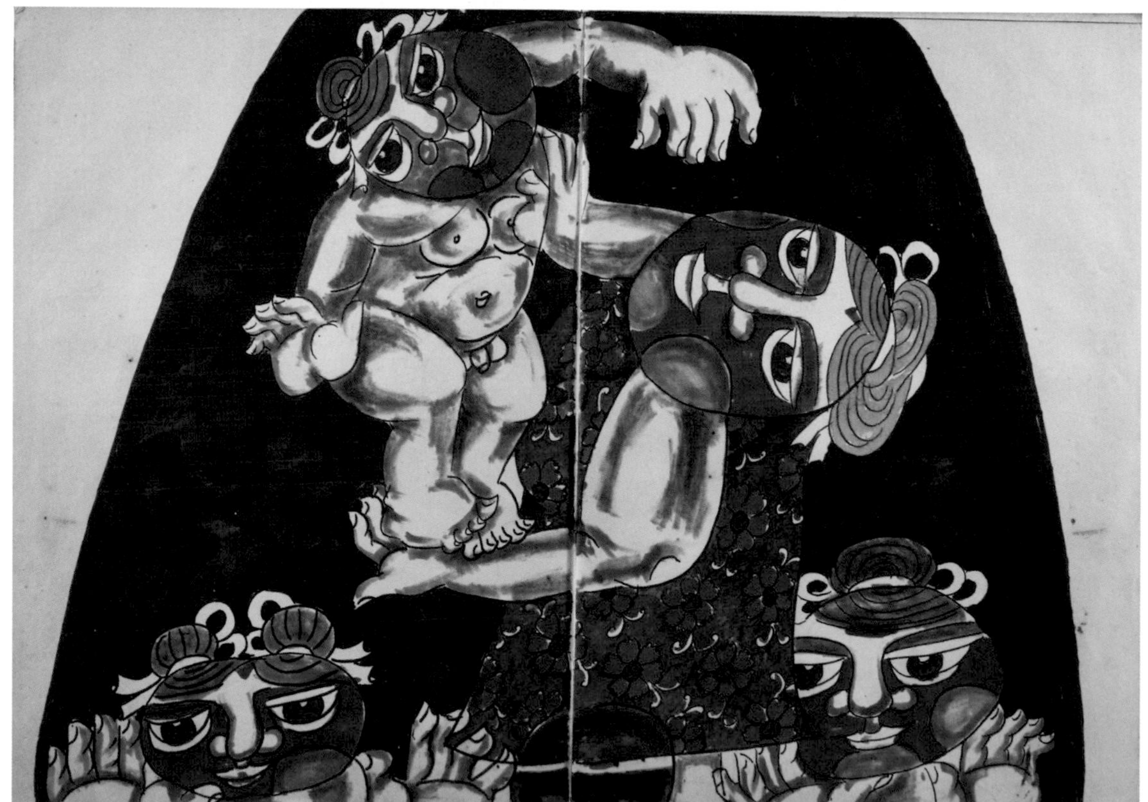

江漢東
母子
1971
手稿
27×40cm

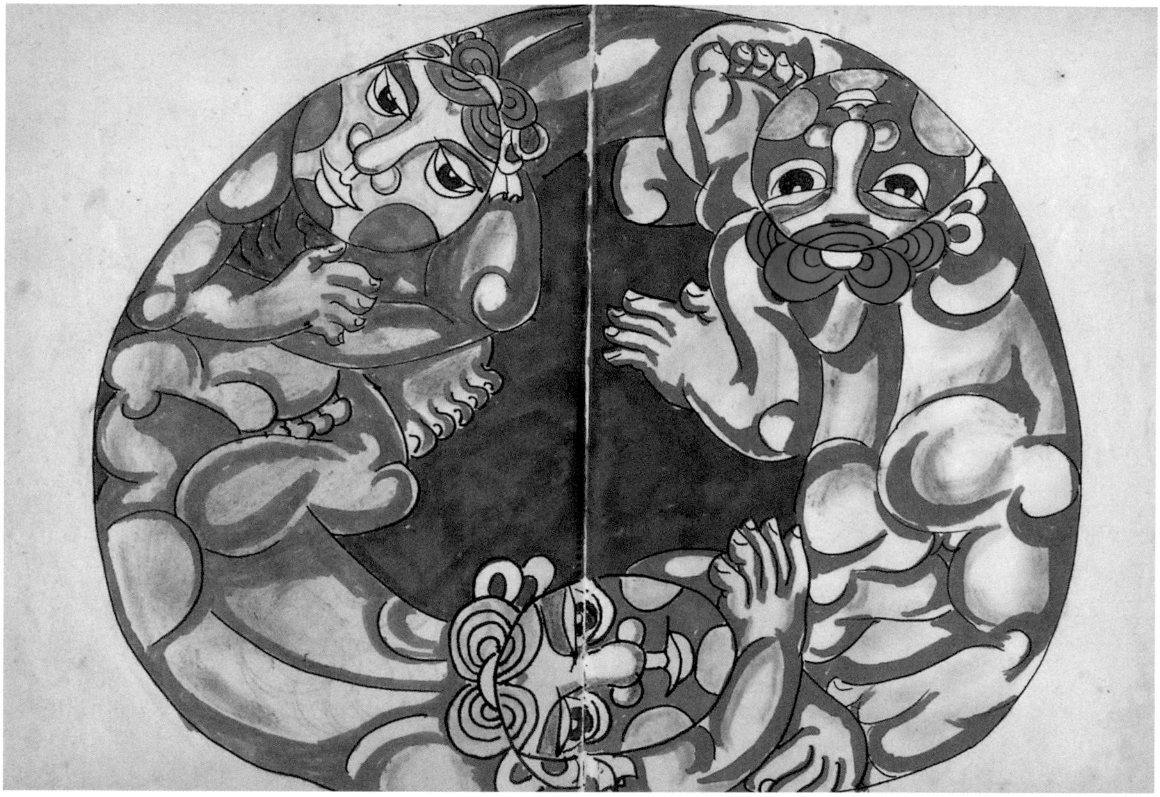

江漢東
環
1971
手稿
27×40cm

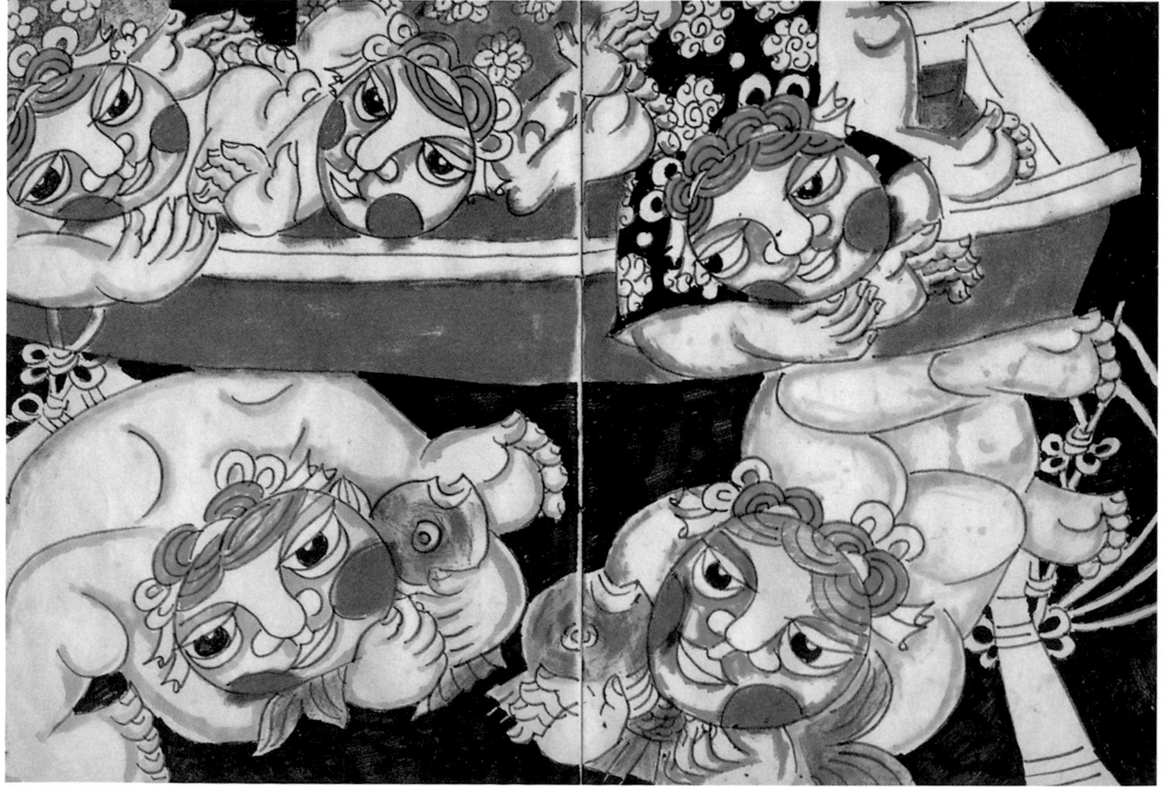

江漢東
得魚
1971
手稿
27×40cm

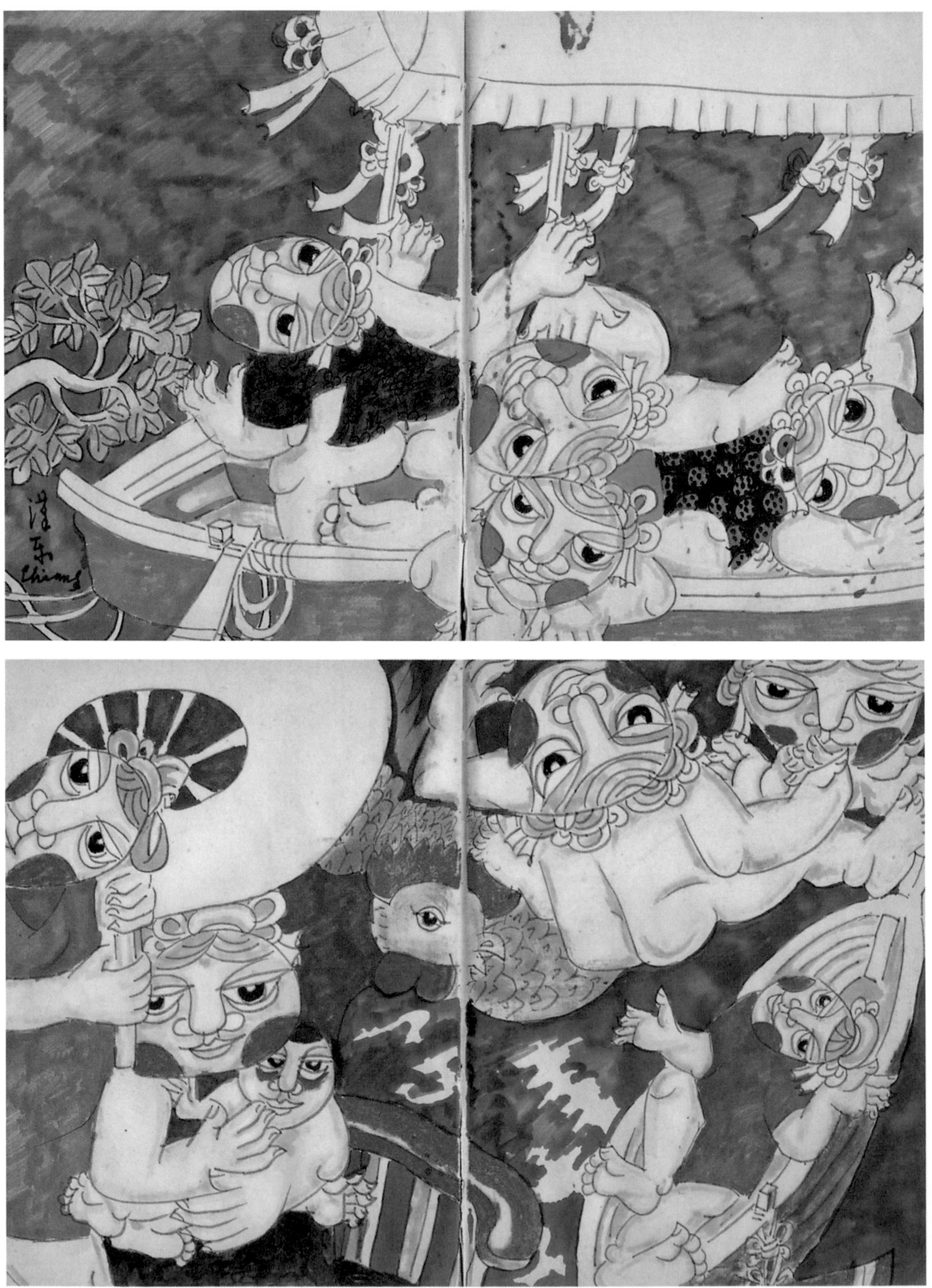
Chiang

關閉他的視覺之窗是為了讓他打開另一副心靈之眼，讓他看得更透，再度淬鍊出晶亮的藝術？有一次「現代版畫會」的李錫奇到他家探望，驚訝他可以在大張宣紙上作畫，便鼓勵他畫油畫。未失明前，1967年江漢東就以一張40號的油畫〈出發〉，參加第五屆青文美展，經李錫奇一提醒，從此以5度的視野開始畫油畫。從八開大的洋裁簿到棉紙，再到10號、30號油畫，江漢東比別人付出更多的苦辛，他終於以油畫家的面目再度站起來。

[左頁上圖]
江漢東　自得
1971　手稿
27×40cm

[左頁下圖]
江漢東　渡頭
1971　手稿
27×40cm

華登夫人，辦展推崇

從罹患眼疾以來，江漢東這幾年捨棄他在國際美展中最擅長的版畫，

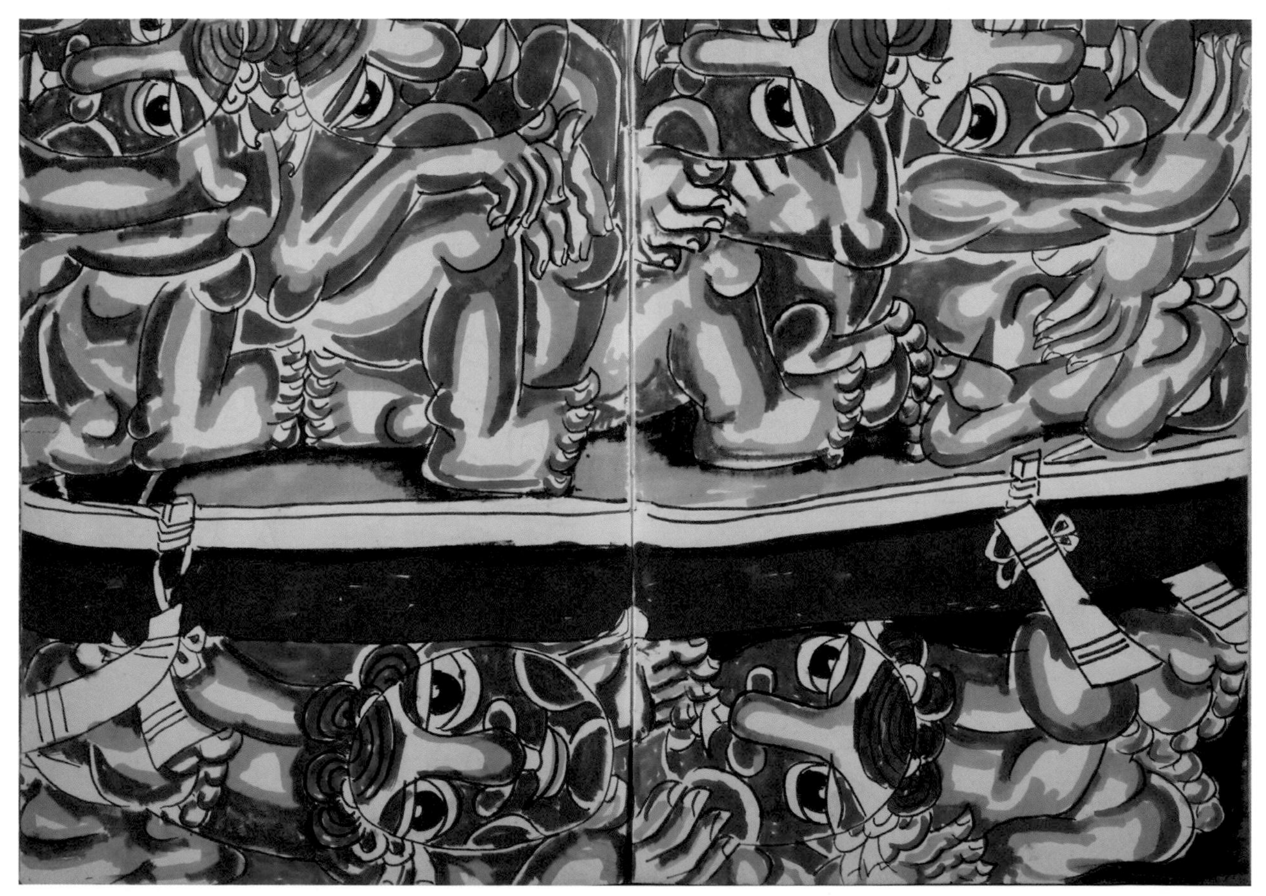

江漢東　舟子之歌
1971　手稿
27×40cm

在1972年5月開始畫油畫，半年後1973年1月他受邀在藝術家畫廊，舉行復出後的首次個展，這是駐臺美國海軍醫院院長夫人華登夫人所主持的藝術家俱樂部，採會員制，當時許多畫家如吳昊、李錫奇、文霽、李文漢、席德進、吳學讓、陳庭詩、顧重光、朱為白、林燕等都是會員，莊喆、劉國松也在這兒開過畫展，開幕時往往許多外賓自動帶著樂器在現場演奏助興，對藝術家獻上無限敬意，同時很多畫家也一起來參與盛會。

就有一位外國人想收藏江漢東的油畫，席德進適巧在現場，便主動幫忙翻譯，只是對方想殺價，席德進硬不讓對方減價，兩人談了好一陣子。當年同是參加過聖保羅雙年展的席德進，深知江漢東這次再復出，這批油畫都是難得的辛苦之作，他敬重江漢東，能不畏眼疾繼續創作，他愛屋及烏，盡最大的努力說服藏家，終於以原價成交，幫了江漢東一次大忙。

華登夫人在她主持的藝術家俱樂部為畫展開幕切蛋糕，右為畫家朱為白，穿著黃襯衫者為席德進。（朱為白提供）

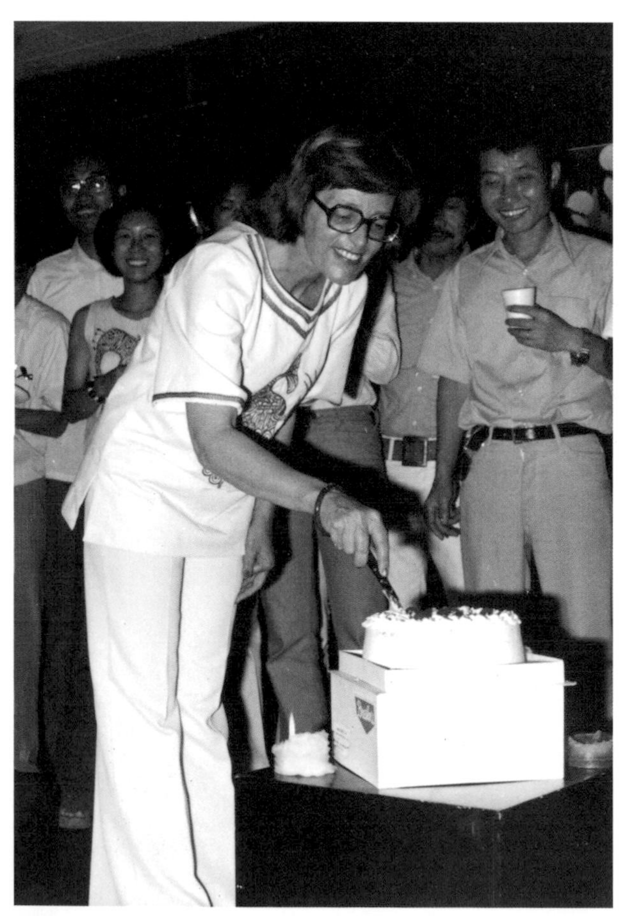

這次展出的二十四幅油畫，有斑爛的花燈、熱鬧的雜耍、五彩繽紛的踩蹺遊行，還有花鼓、手搖鼓等樂曲手，又有搖錢樹、菩提樹下、多子娘娘等作品，都是江漢東先用「心」構思，再胸有成竹在畫布上一小塊一小塊地畫，是慢工出細活的匠心之作，極富鄉土味與人間性。

翌年華登夫人又邀江漢東個展，雅好現代藝術的華登夫人，早在60年代就欣賞江漢東的畫並收藏過他的版畫，尤其江漢東那種十分具有民族特色的版畫，獲得許多外國人士的青睞。這次江漢東再接再厲展出三十幅油畫，他作畫比別人更辛苦十倍，因為一眼已全盲，另一眼只餘5度視力，他不斷在模糊中摸索出細膩作畫的方法。他說：「我的畫有時給人一種似夢似幻的感覺，這是因為物象統一的感覺只

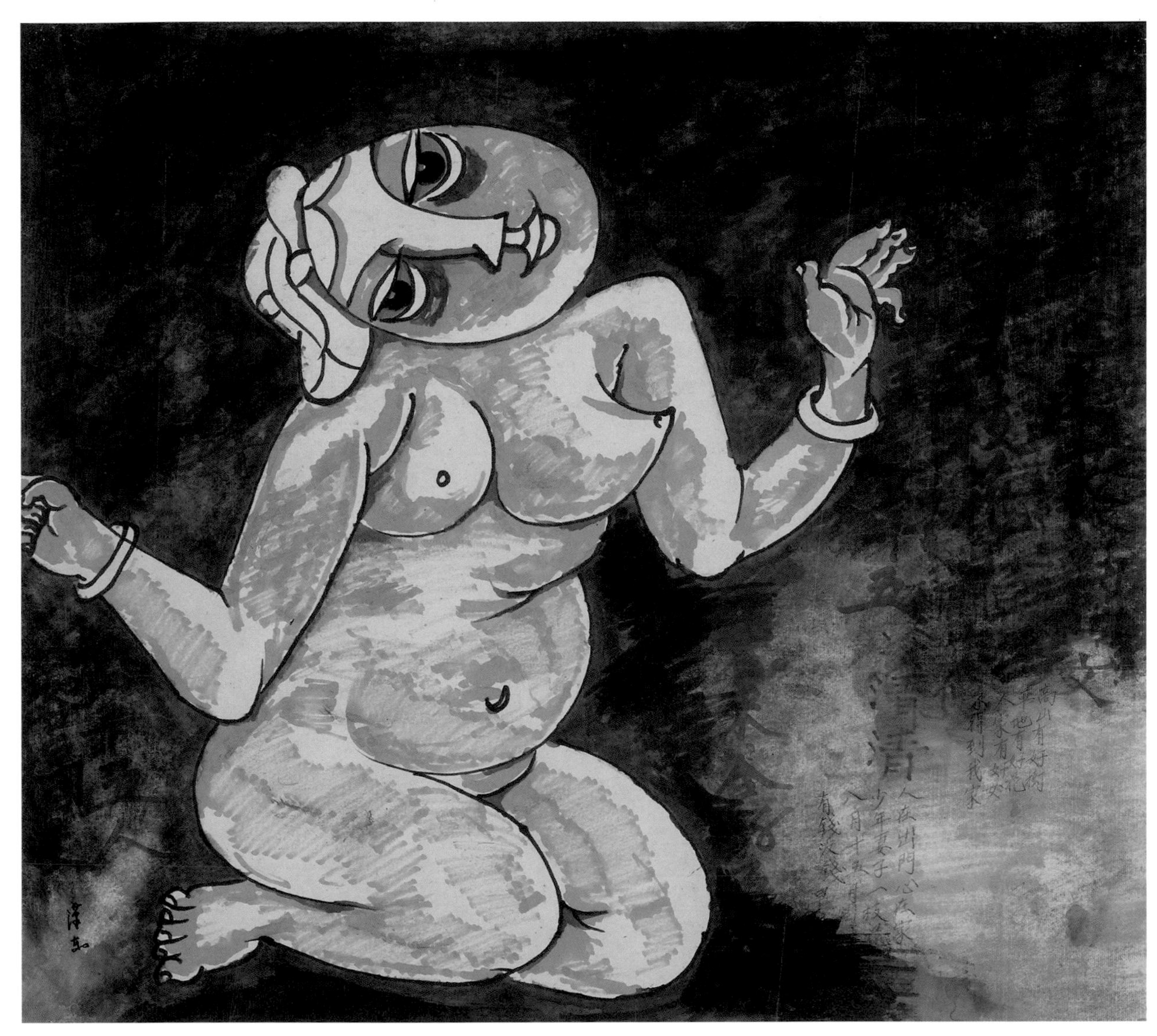

江漢東　紅唇　1972
綜合媒材　62×69cm

能留在我的記憶中，而不能從視覺上立刻得到統一性的感受。」

每次作畫，江漢東都先在空白的畫布前沉思無數天，不知捻斷幾多煙後，待他腦海中的視覺圖像統一時，他才下筆，以一種「視線移動」的方式組合畫面，因而他說：「我畫我內心所想表達的，不是畫我看到的。」看不到現實世界的林林總總，卻在他的畫中創造出記憶中的大千世界。

對於這個無法根治的病魔，江漢東戲稱它如「夜間的小偷」一點一

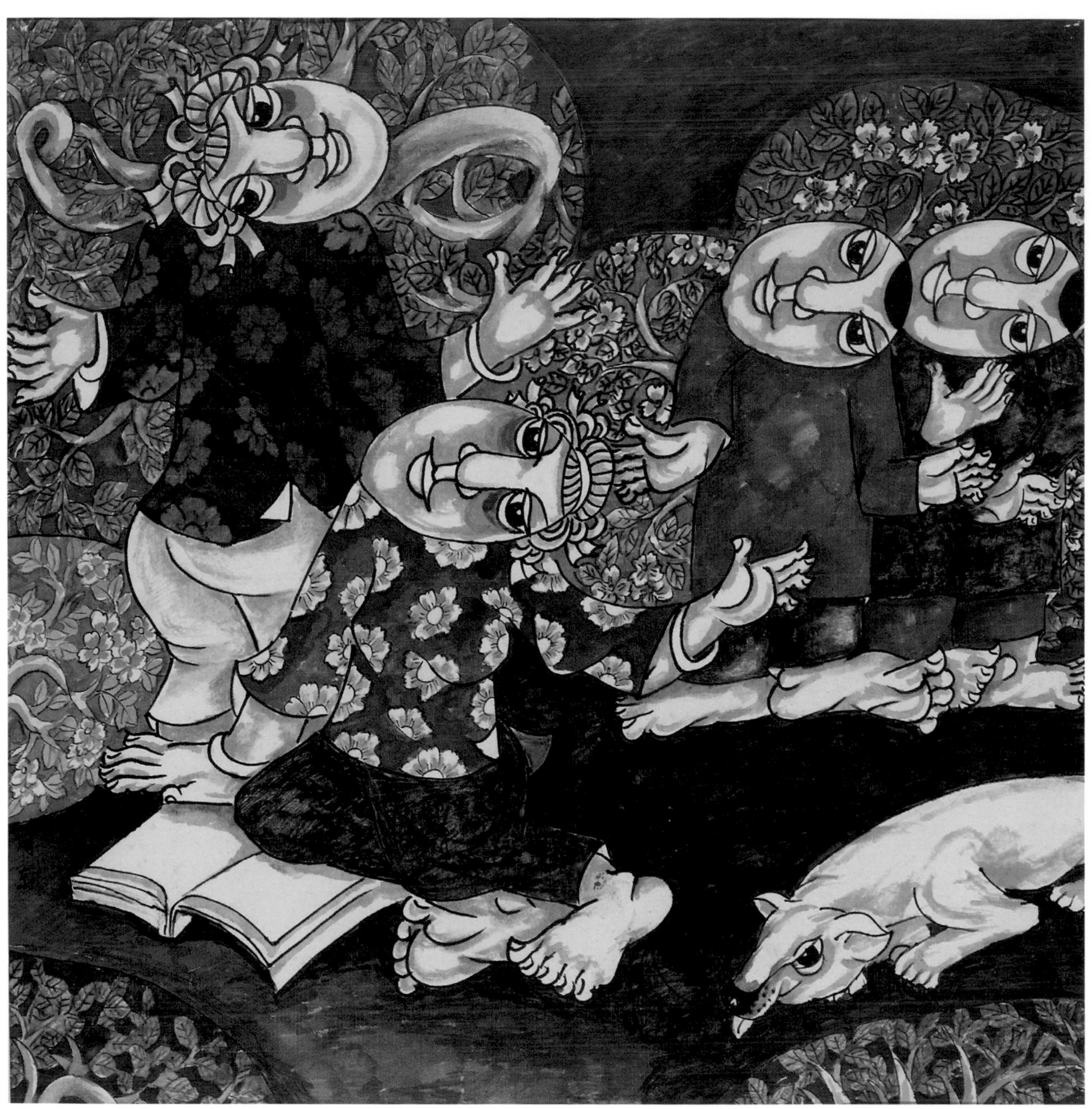

江漢東　春天　1972
綜合媒材　61×61cm

點地，不露痕跡地，偷去他的光明，偷去他看得到的世界，儘管他的視界十分狹隘，他的繪畫世界卻是極其無限，他的日子極其漆黑，他的畫面又極其歡樂。江漢東雖然遭逢眼疾，他卻日復一日，為自己尋覓出新的出路，把眼疾的大悲大痛，化約到一種素樸的樂觀，他的畫流淌的總是圓滿歡欣，找不著他心痛的吶喊，為什麼？

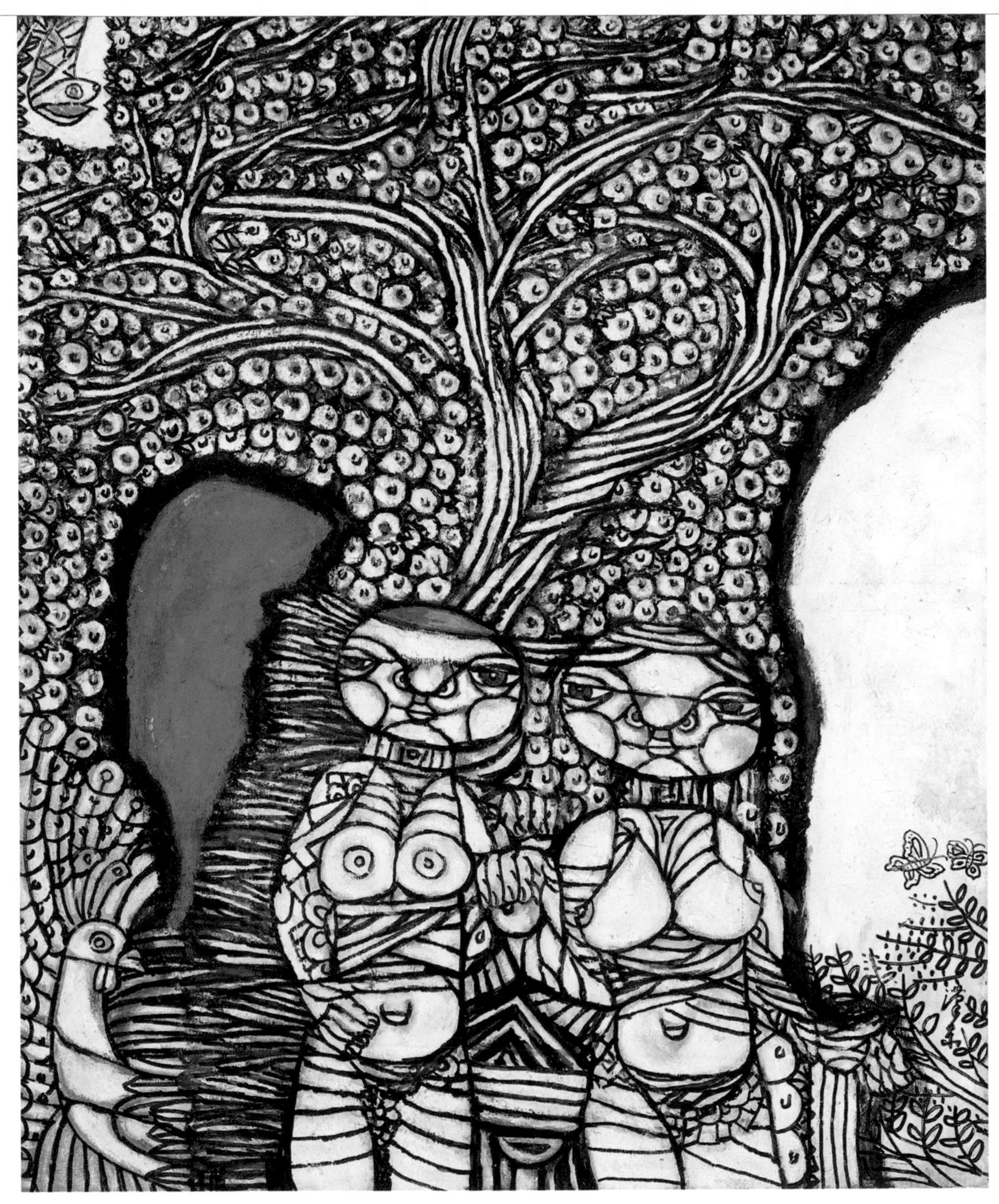

江漢東　人之初　1973
油彩畫布　73×61cm

「那怕我再不幸，我的畫仍是歌頌人生、讚美人生的。因為藝術家若是把他所遭受的打擊帶給別人，實在是件不道德的事。」江漢東不願意他的畫帶給世人是淒美、悲傷，他寧可與人分享他夢幻世界中的美，許多中外人士在畫展開幕時，要收藏他的彩色夢境，他以「移動視點」所畫出的夢幻組曲，已經混融了兒童藝術、原始藝術及民間藝術，全無悲苦色彩，他說：「我遭遇到的苦惱與不幸，不知是福是命？我又怎麼忍心把這些悲苦感染給別人呢！」童年的他曾被共軍掃地出門與祖母乞食度日，行到中年眼睛又壞去，但他仍然覺得自己比溫室中的花朵還幸運，他說：「不幸就是我的營養。若是真在溫室中生

[右頁圖]
江漢東　夢　1973
油彩畫布　73×53cm

長，雖沒有風暴，我也不一定就是一朵好的花。」

獲金爵獎，藝壇矚目

　　這朵飽經風雨摧殘的花朵，在江漢東妻子的心中仍然美麗，就是因為他那一生永不妥協的探索，當江漢東的畫展在藝術家畫廊展出時，許多觀眾被他畫面濃郁的民俗曲藝所感動，被他畫面所散發出的純真童心所感染，忽聞他鍥而不捨的創作成就獲得全國畫學會「版畫類金爵獎」，與他同時獲獎的尚有國畫類沈耀初、油畫類李德、水彩畫李澤藩、兒童畫指導何清吟等畫家。藝評家姚夢谷讚賞江漢東的畫說：「江

江漢東　親情　1973
油彩畫布　73×100cm

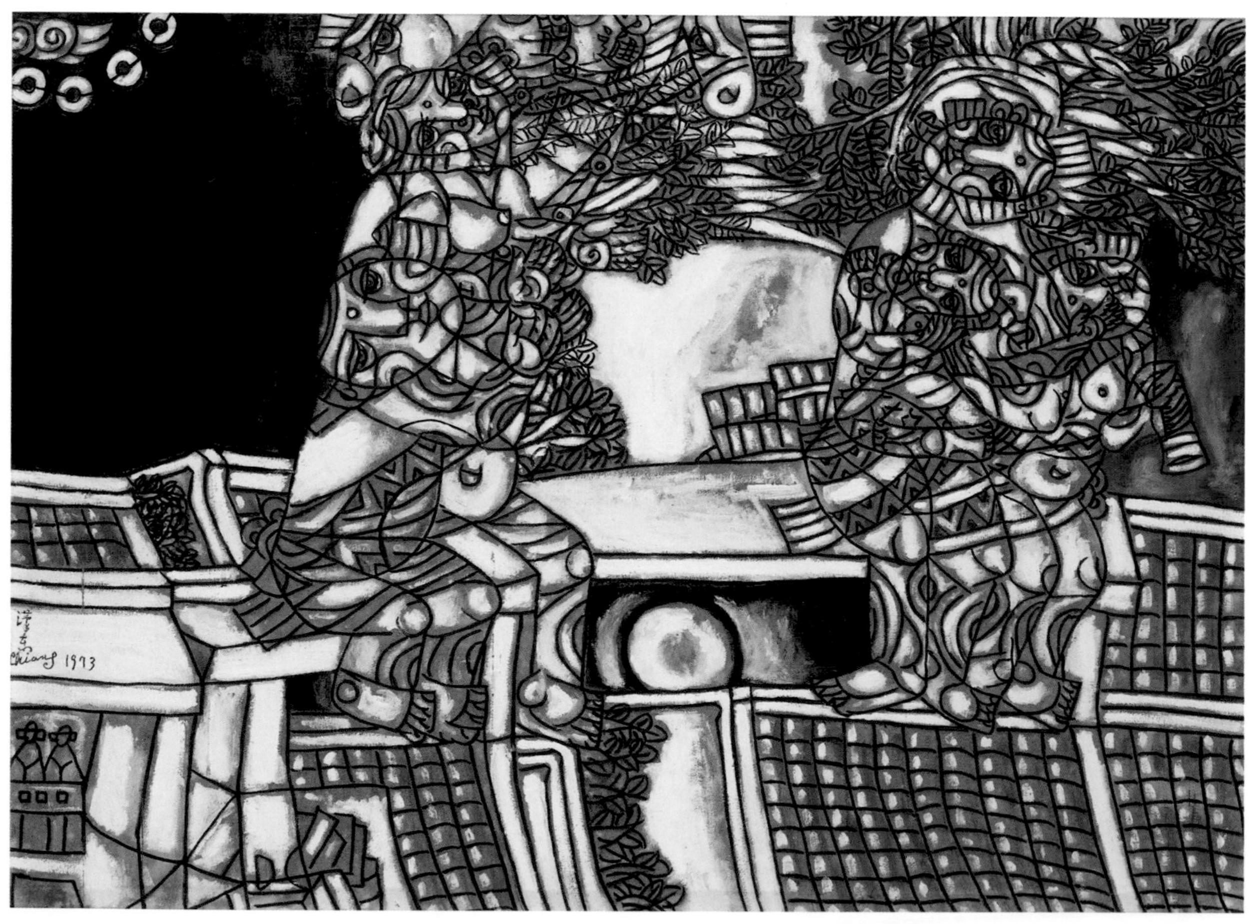

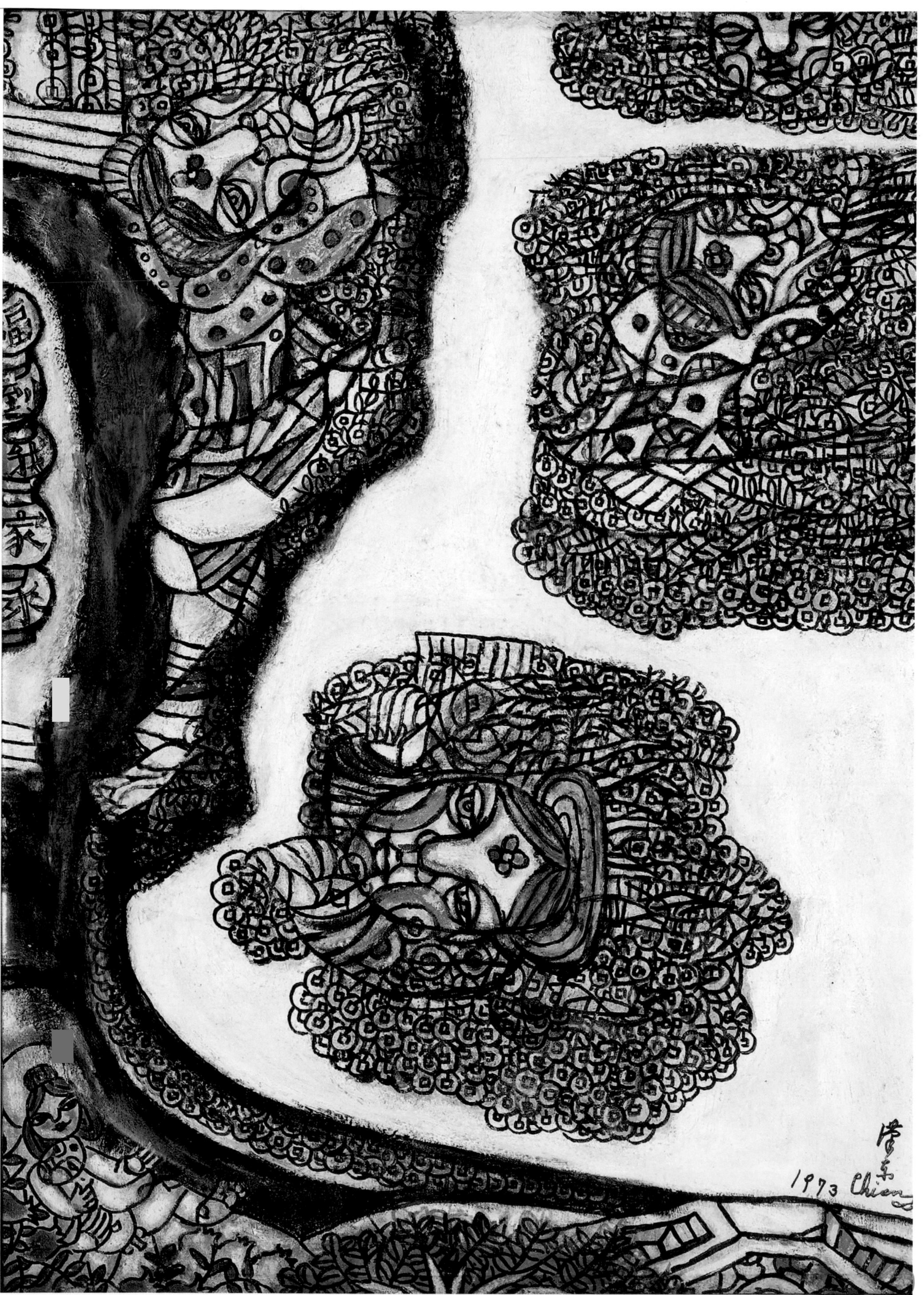
1973 Chien

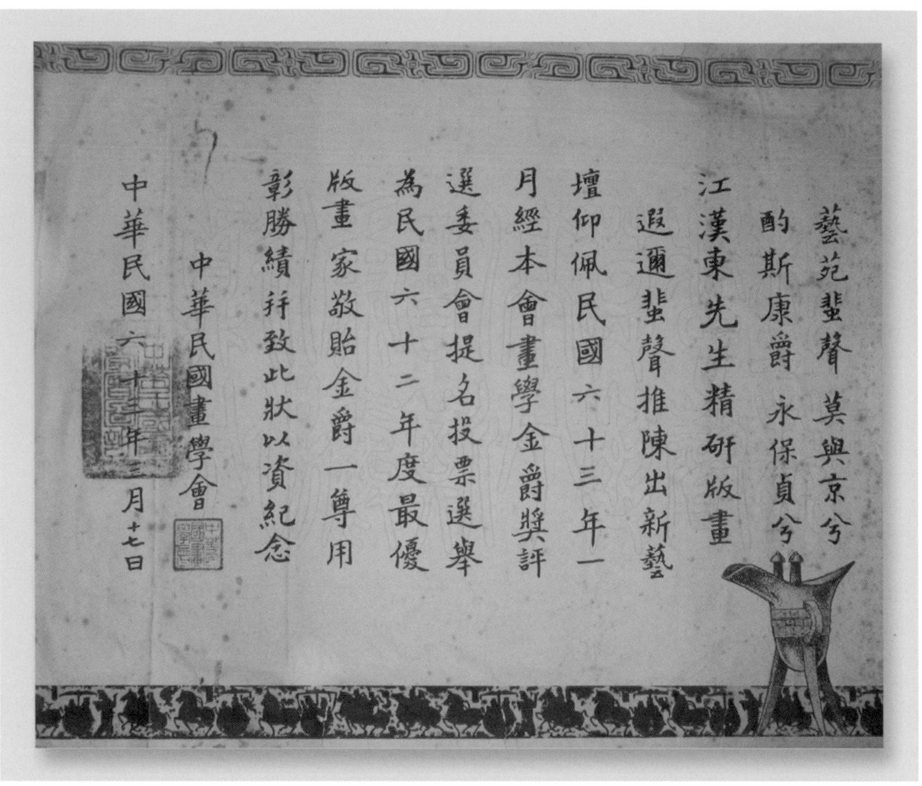

藝苑蜚聲 莫與京兮
酌斯康爵 永保貞兮
江漢東先生精研版畫
遐邇蜚聲推陳出新藝
壇仰佩民國六十三年一
月經本會畫學金爵獎評
選委員會提名投票選舉
為民國六十二年度最優
版畫家敬貽金爵一尊用
彰勝績并致此狀以資紀念
中華民國畫學會
中華民國六十三年三月十七日

1974年，江漢東獲得中華民國畫學會金爵獎證書。

漢東一開始就走上藝術的路。由於他有著現代繪畫的底子，所以他的版畫趣味頗殊異於一般。他的畫民族色彩極濃厚，畫風古拙典雅。」

江漢東得獎的當時，正是他放下版畫六年，近二年才開始嘗試畫油畫，媒材雖然改變，然而不變的是他那顆永遠不盲的童心，歷經生命的磨礪，益發閃耀出如珍珠般明亮的光輝。

一直鼓勵江漢東多作油畫創作的老畫友李錫奇，不僅是傑出的版畫家，也經營臺北版畫家畫廊，他更不忘邀請江漢東舉行個展，1979、1980年江漢東連展兩年。畫廊掛了滿牆的畫，江漢東根本無法看到，看人也只看到一小部分的頭，而且必須湊近看，許多觀眾看到線條交錯複雜又細緻的畫作，根本無法想像那是出自一位失明畫家的作品。究竟僅餘微薄的5度的視野如何畫50號的大畫？晚年2007年4月江漢東在寫給謝里法的信函中，提到他的作畫方式：「當我視線愈來愈看不見時，不得不思索如何突破這個困境。過去我只知道用西方傳統透視法的單視點來

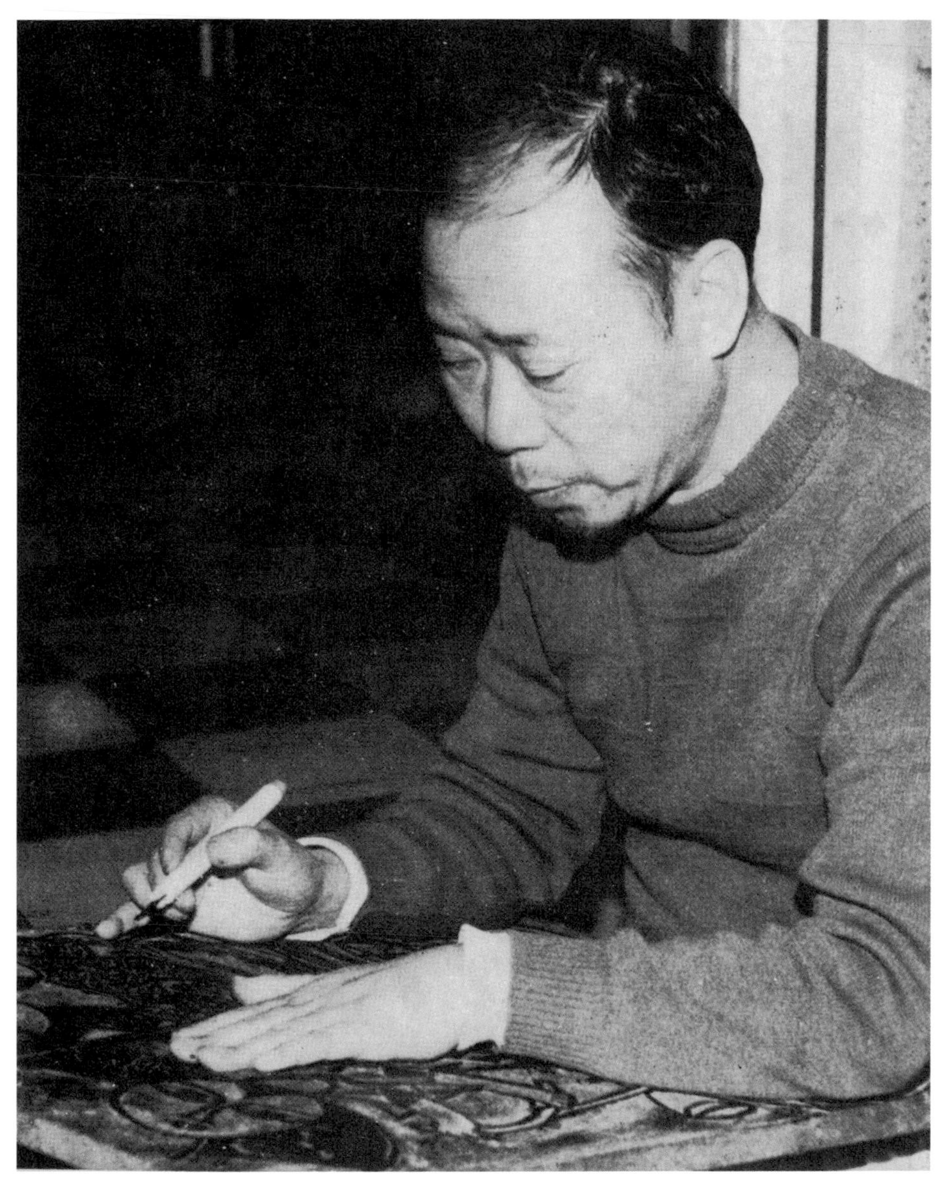

1979年，江漢東創作時的照片。

作畫，現在開始嘗試以多次元的視點分割畫面，先作局部分離，而後連結組成一個完整的畫面。意外地使我的繪畫因為新的思維而創造另一高峰，正是前衛藝術家之所謂超越『邏輯思考』，而是著於『幻漫思考』的『違和感』，也因此而更加著重圖像的線描，線條於是成為我繪畫的基調。」由單點透視法的邏輯思考到多次元的視點分割畫面的幻漫思考，是江漢東眼疾後創作思維的新突破。

[右頁上圖]

1978年，江漢東創作時的身影。

[右頁下圖]

60年代，江漢東拉小提琴的模樣。

記憶入畫，如寫小說

畫廊主持人李錫奇形容江漢東的畫說：「好像每一幅都有一個故事，像老奶奶的故事很有趣。」更有趣的是他的畫描繪的都是他的童年，那是他神魂幻遊，返回時光隧道的美麗時光，唯有追憶那逝水年華才能忘卻當下的苦。就像前兩年他接到美國政府為慶祝加州普勒得學區大教堂落成紀念，寄邀請函給全世界最優秀的藝術家，江漢東也獲邀請，但他既興奮又害怕，興奮的是他的藝術獲得國際肯定，害怕的是他根本籌不出費用去參加，只有空歡喜一場，他乾脆聳聳肩自我解嘲，「眼睛不好，去了也沒有任何藝術視覺的享受。」的確，住在三重的他，連畫室都只能設在入門處約一坪不到的玄關，靠著強烈的陽光才能作畫，即使去了美國，眼睛霧裡看花，也是枉然。

江漢東雖然總是霧裡看花，可是他的畫面每一根筆觸、每一個環

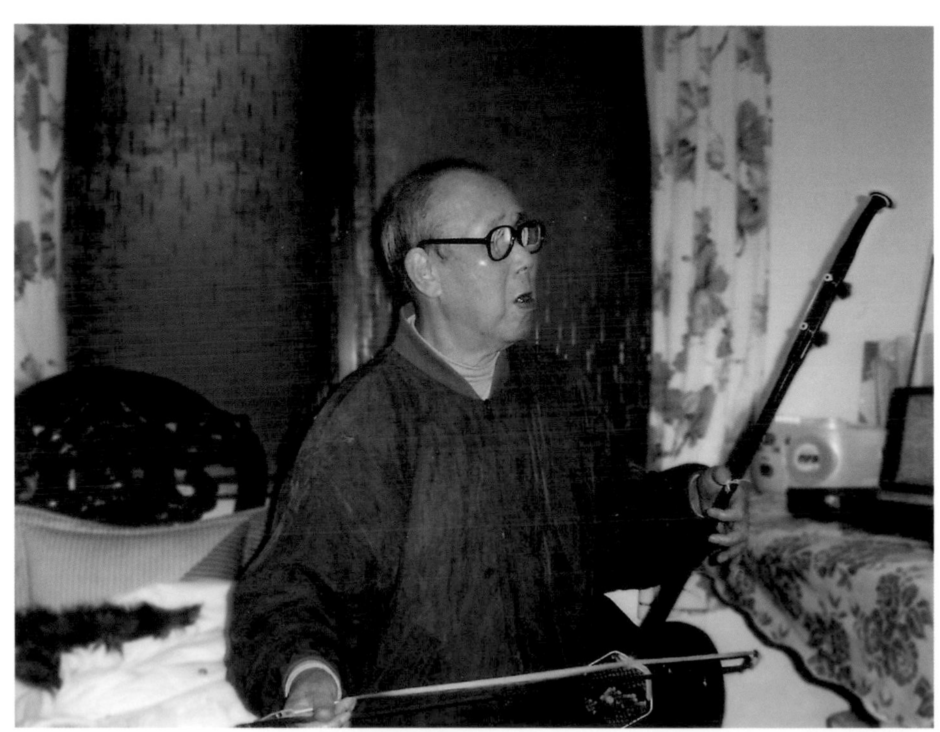

2007年，江漢東於自宅拉胡琴。

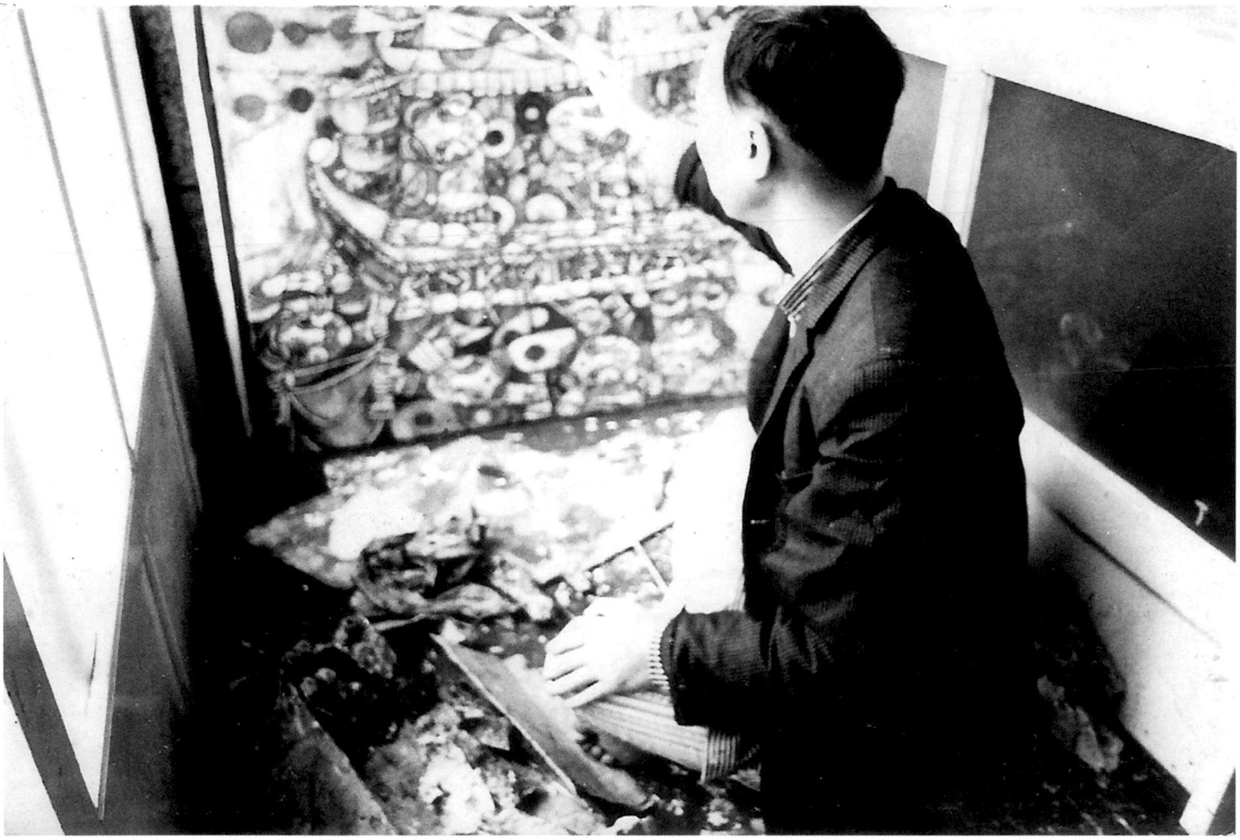

節、每一個局部，卻總是畫得清清楚楚，「畫面上每一部分對我來說都很重要。我想這多少受視力縮小的影響。」每當他湊近畫布作畫，每個局部對他而言，都是完整的造型，許多局部的統合，組織成為更清晰的大造型，每個局部都是主體，形成他作畫的一大特色。而其中最重要的關鍵在於線條，江漢東說：「線條是繪畫的生命，線條所具有的功能不只於輪廓，同時包括物體動勢的質量，以及韻律的動態美。」

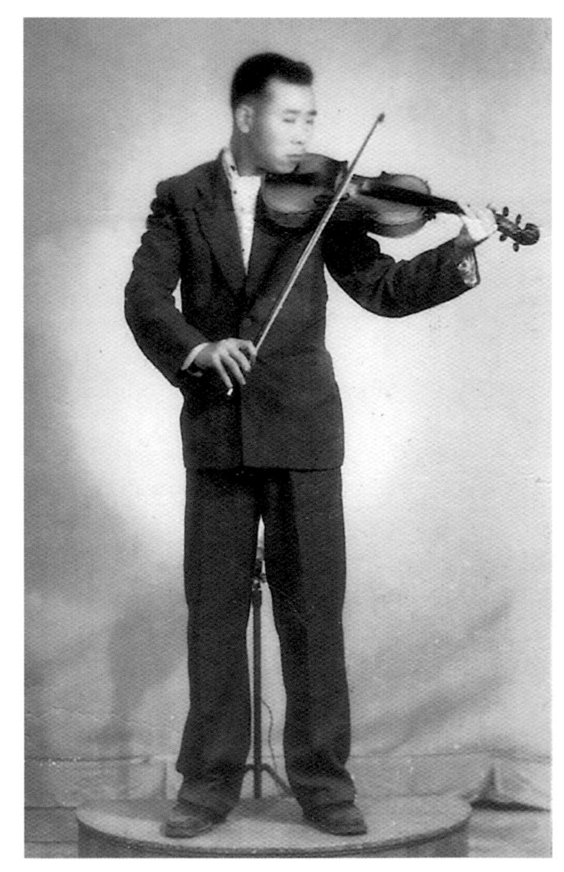

江漢東的視力雖然萎縮，他的畫卻不因此而萎縮，反而線條清晰又穩定。他常自己告訴自己：「貝多芬耳朵聾了，還能繼續完成不朽的第九交響曲；海倫凱勒既瞎且聾，都能貢獻人群。而我，江漢東雖然眼睛瞎了，但我的感受及心靈活動仍在，為什麼不能繼續作畫呢？」

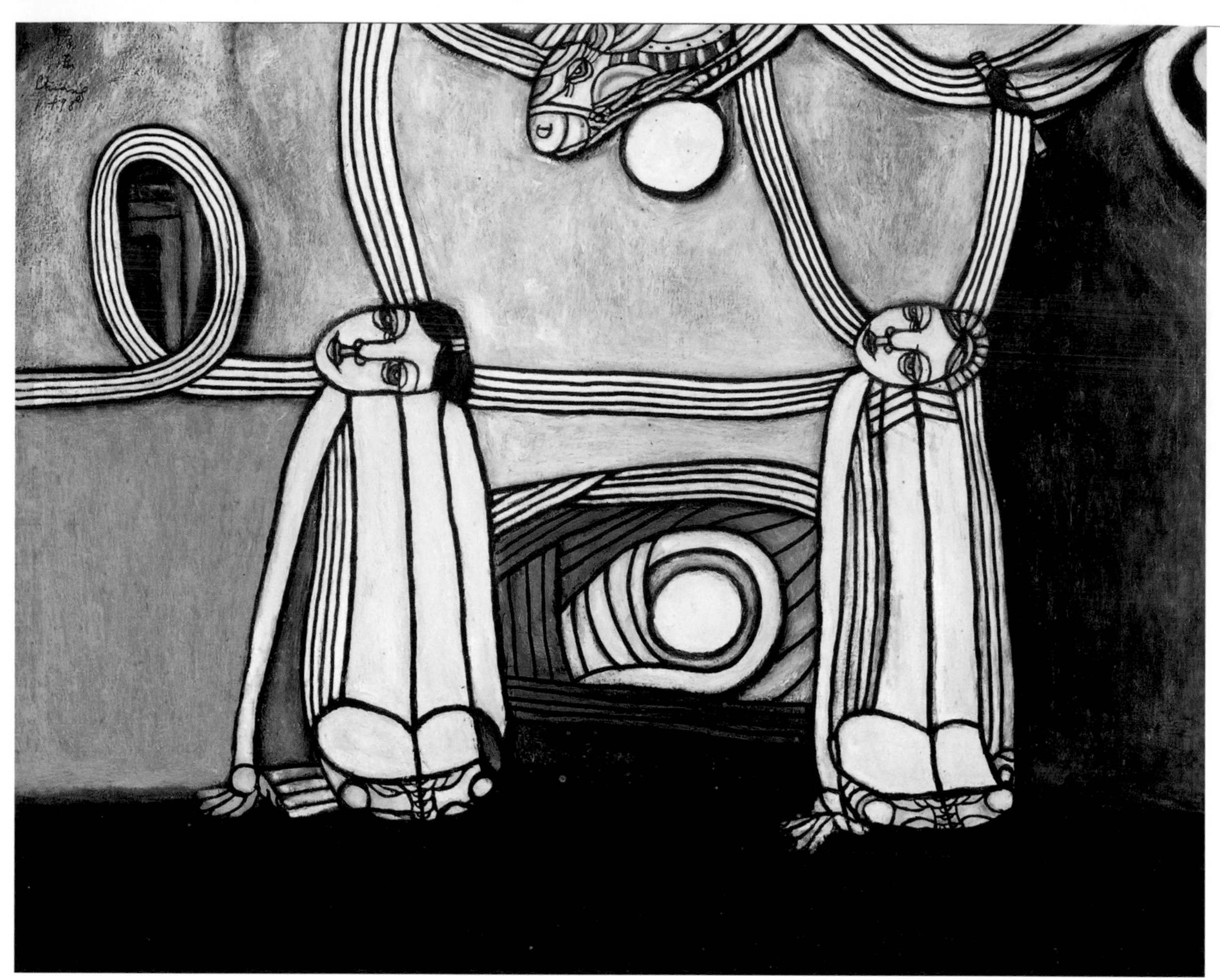

江漢東　月下（傳說）
1978　油彩畫布
80×100cm

這位來自「客家首府」的江漢東，就憑著客家人不妥協的硬頸精神，把他來自客家文化的鄉愁，一一傾吐在畫面上，本來他的藝術生涯已行到水窮處，現在他正坐看雲起時，進入柳暗花明又一村，砌築他的桃花源世界。少年時就能彈三弦、拉小提琴、吹笛的江漢東，形容自己的畫是「歌謠的故事性」，江漢東把蘊含文學傳唱的歌謠故事，化為可見的視覺圖象，他的畫洋溢著浪漫的情調，快樂的節奏與童稚的夢幻。

江漢東在記憶裡翻箱倒篋，編織出如夢似幻的超現實世界，充滿巧思。在〈月下美人〉（P. 96-97）、〈月下〉畫中，他似乎可竊聽月光下少女的心跳。在〈傳說〉中，他可駕馭夢中船，漫遊在無垠的天際，在〈石榴〉（P. 98）畫中，少女頭上戴著綴滿石榴的花冠，顆顆石榴子又將無盡的繁衍生命。〈迎春曲〉（P. 99）一作，他在少女的身體銘刻無限的記憶，年復一年，迎春接福。〈雙姝〉（P. 98）正面飽滿圓潤臉頰的雙胞胎，與背部的露背裝合為一體，江漢東恣意潛游在記憶深處，無數瑰麗的故事、神話被他豐沛的記憶之河幻化為如詩的線條與色彩。

江漢東憑著有如手電筒即將耗盡的一點點昏黃光暈，點點滴滴拼組出他的畫面，他說：「有的人作畫像寫詩，奔流無礙；有的人作畫像寫散文，一瀉千里；我作畫像寫小說，瑣瑣碎碎的慢慢經營。」他「磨」畫的功夫的確比別人深刻，因為他只能一寸一寸地移動畫布作畫，一張畫往往要費盡心血才能完成。他的心眼所構築的世界比視覺之眼更具超現實意境。

江漢東　傳說　1978
油彩畫布　80×100cm

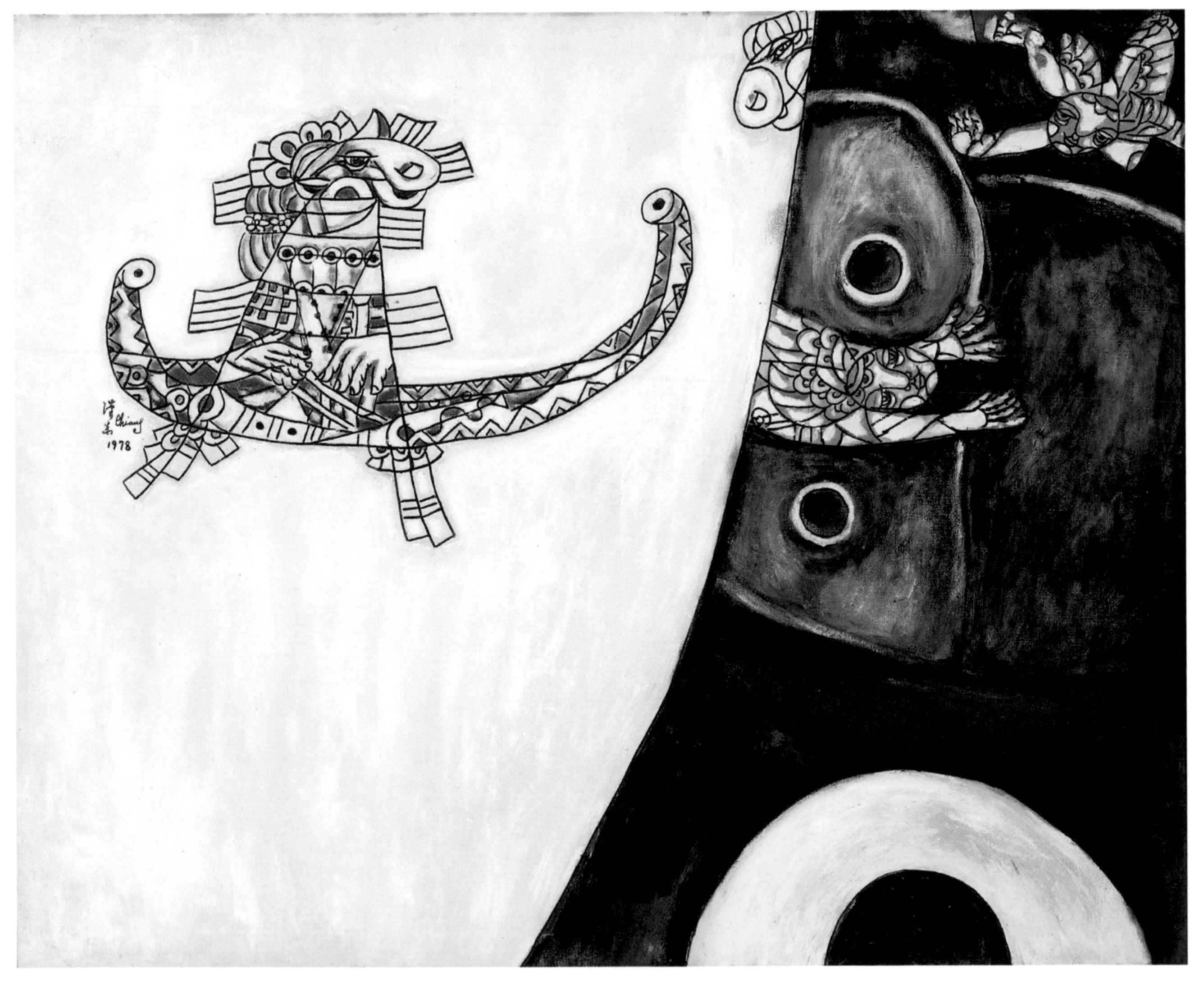

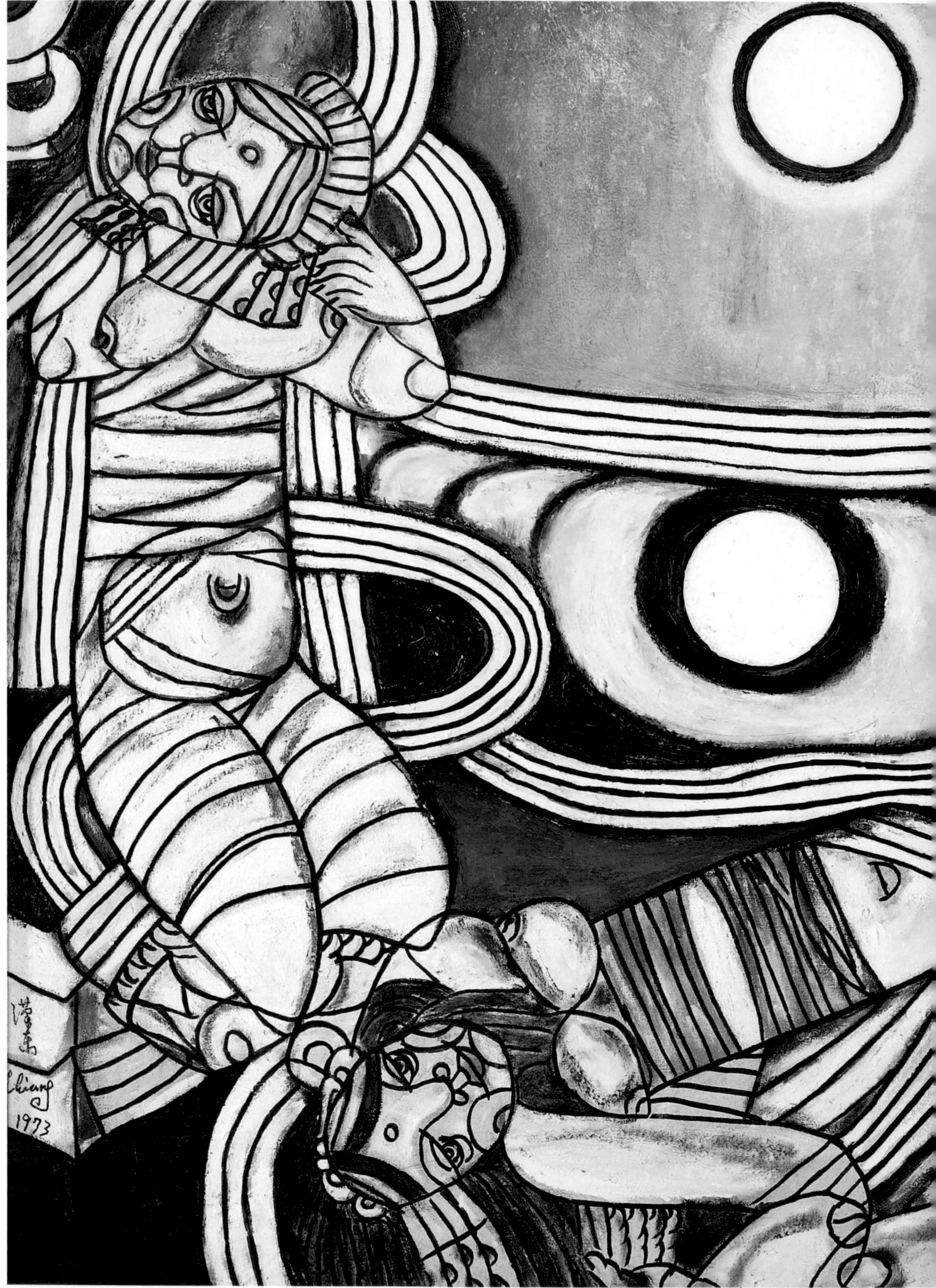
Chiang
1973

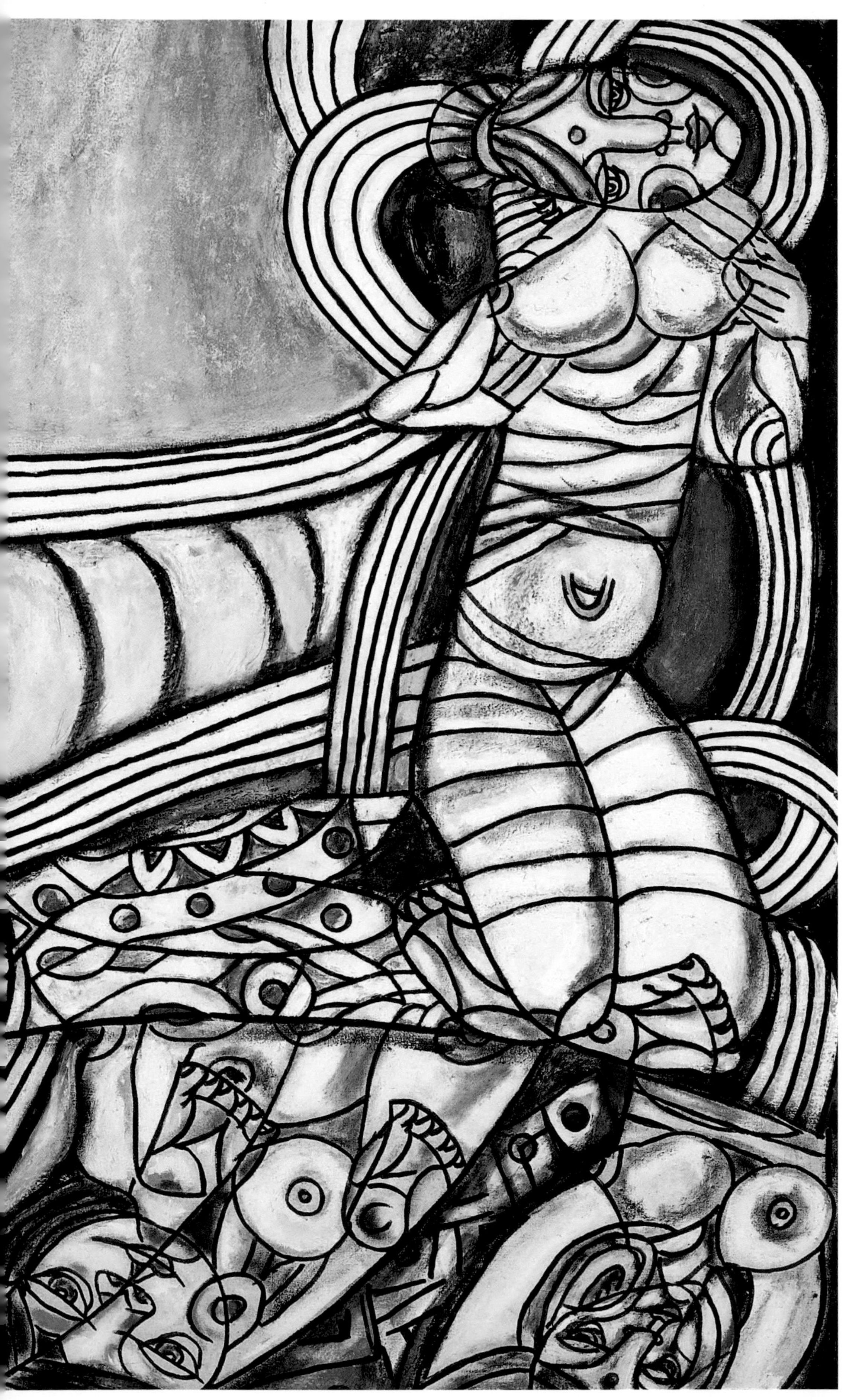

江漢東
月下美人　1973
油彩畫布
73×100cm

[右頁圖]
江漢東　迎春曲
1973　油彩畫布
73×54cm

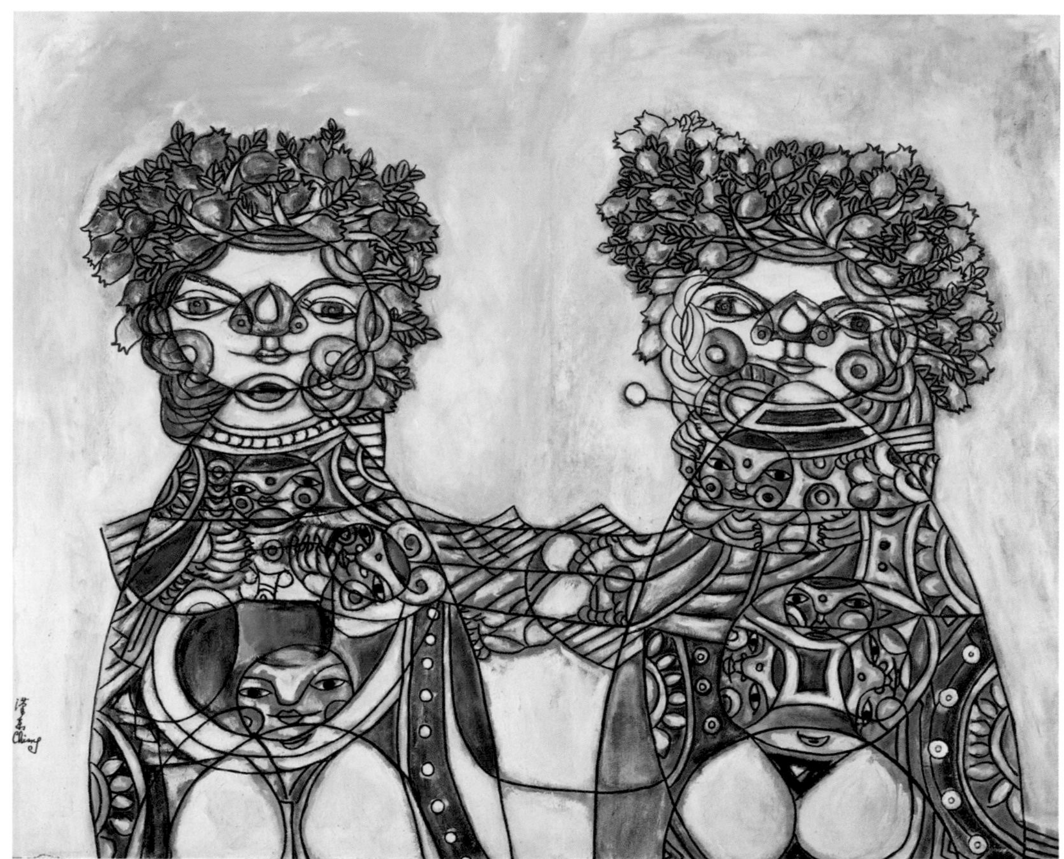

江漢東　石榴
1977　油彩畫布
81×100cm

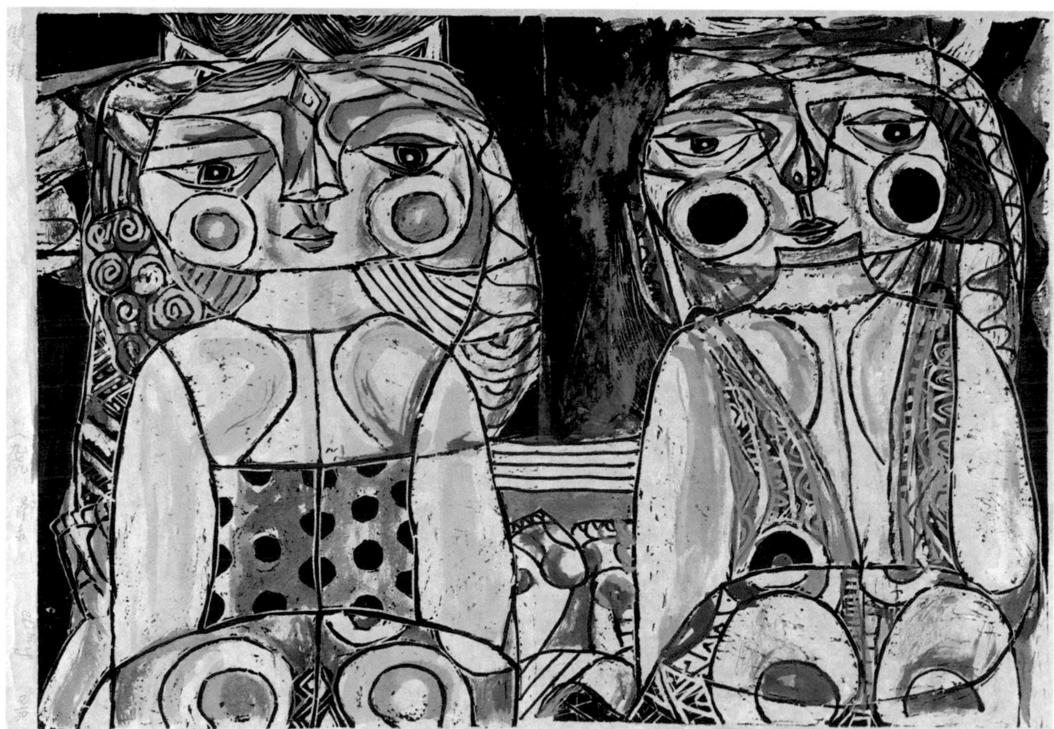

江漢東　雙姝
1979　木刻版畫
39.5×56cm
臺北市立美術館藏

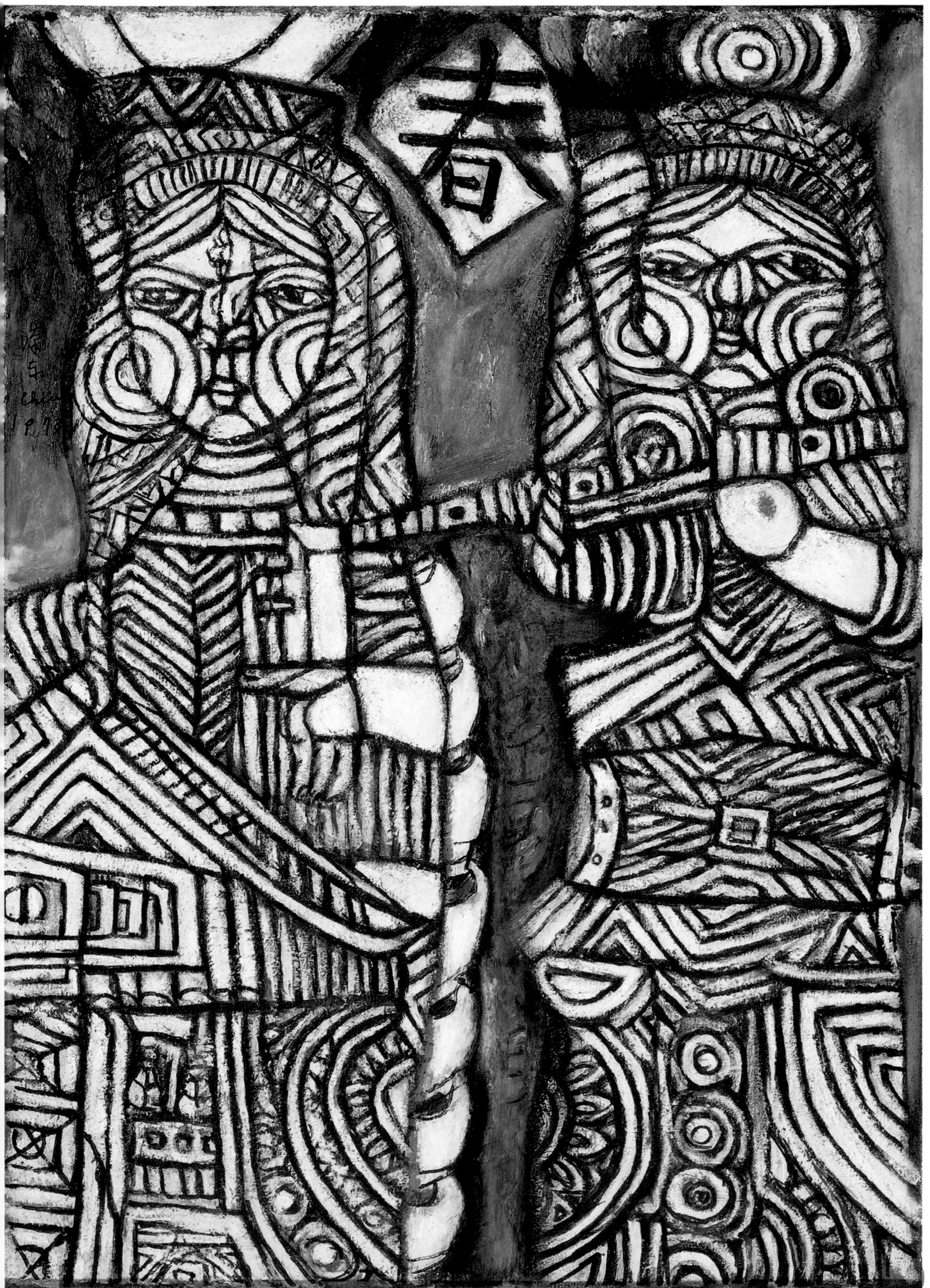
春

五、七十回顧，壯志凌雲

終其一生，江漢東始終全然的、專注的、忘我的，活在他一寸一寸耕耘的畫布裡，他無法「一目了然」，卻筆筆意蘊無窮。觀賞者與他的畫相遇，在共感互振中，滌除人世間的塵慮，像重返素樸、無染的稚真世界，靜享生命的安好，體會「見素抱樸」單純原真的心靈之美。

[下圖] 1997年江漢東夫婦與陳庭詩（右）於「江漢東七十回顧展」上留影。
[右頁圖] 江漢東　少女一（局部）　1995　油彩畫布　74×62cm

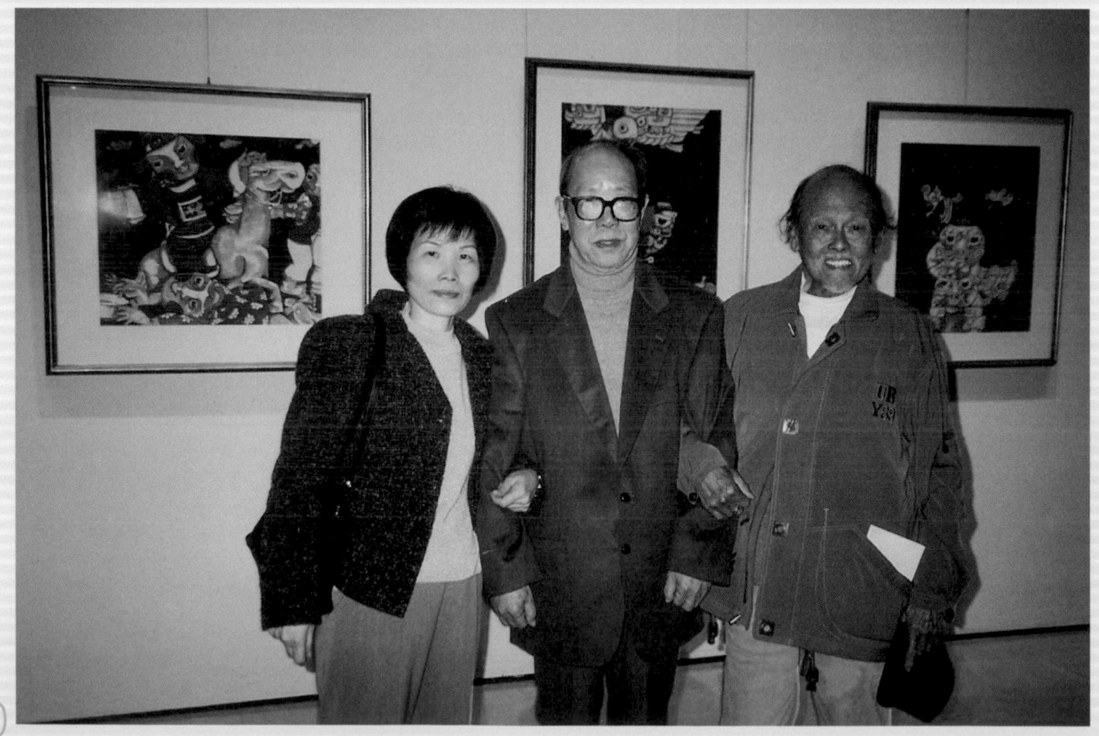

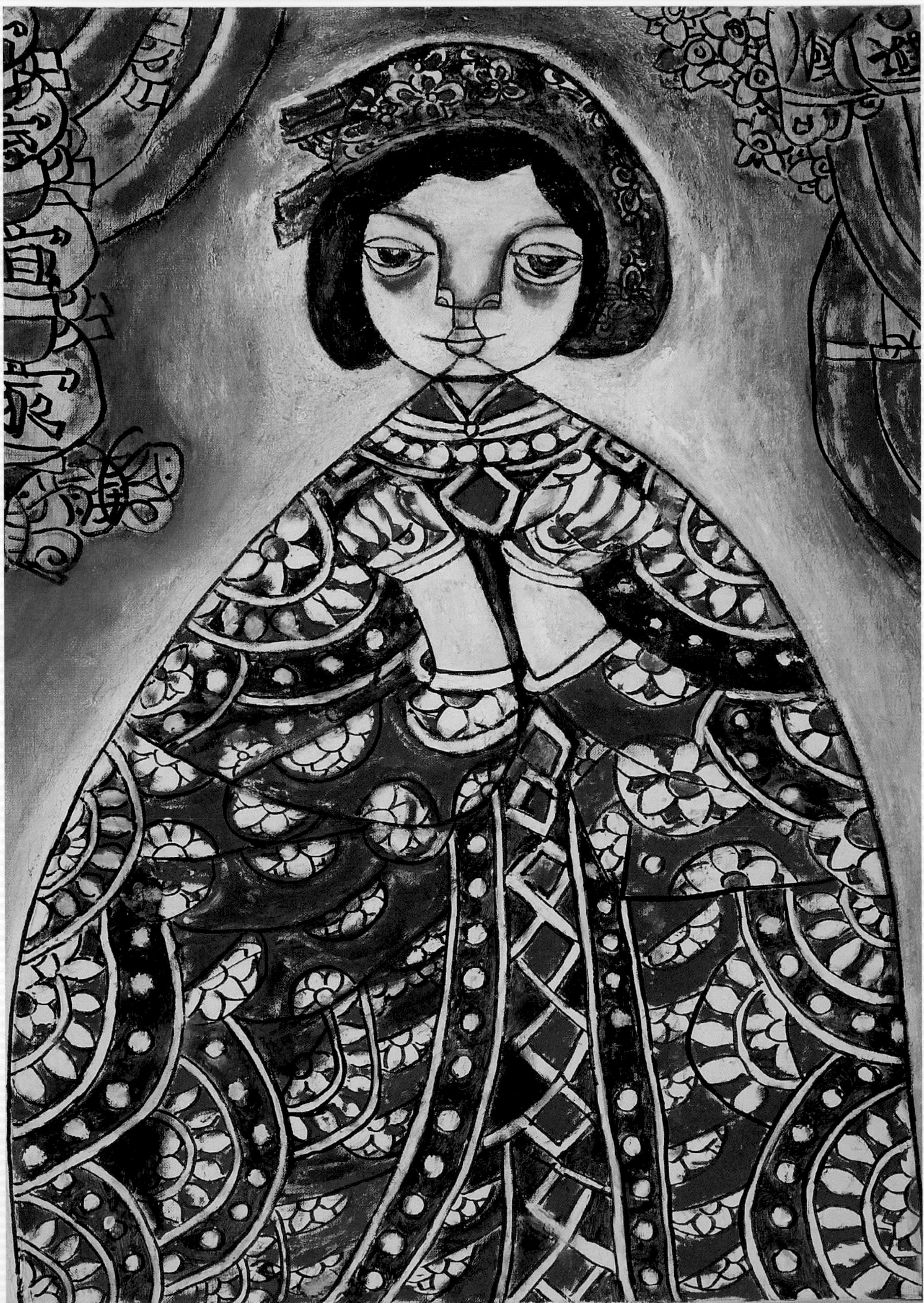

美麗嬌娘，承載宿命

愛情，讓一個小女子甘心彎下腰桿，陳美麗由父母的掌上明珠，褪去千金的光環，蛻變為永遠付出的母親，她彷如一塊方糖，把自己的愛完全溶解在養兒育女，相夫教子的大缸內，她已不是當初連烹煮都不會的粉嫩新嫁娘，雖然才二十五歲，她已是三個孩子的母親，一步步砌築出一個完整的家，在其中品味生命的種種酸甜苦辣。

陳美麗原是大戶人家的千金，祖父在苑裡當地是騎馬從不走別人土地的老富翁，父親也留學日本，從事教職。一場婚姻，讓她深切地體會愛情不是神話，是活生生的現實生活，面對丈夫的致命眼疾，她承擔了原罪的宿命，甘心化為他的眼，成為他的心靈支柱。

70年代當江漢東的畫在華登夫人的推廣下，作品廣為外國人士收藏，陳美麗滿心歡喜，以為從此他們將出頭天了，當時江漢東便告訴她：「不要以為我的畫賣得好，那是大家的好意，如果賣不到畫，豈不是要迫我跳淡水河。」後來江漢東的畫能賣出一張，就如天下紅雨般的不可能，然而他仍舊不改初衷，使勁地作畫。

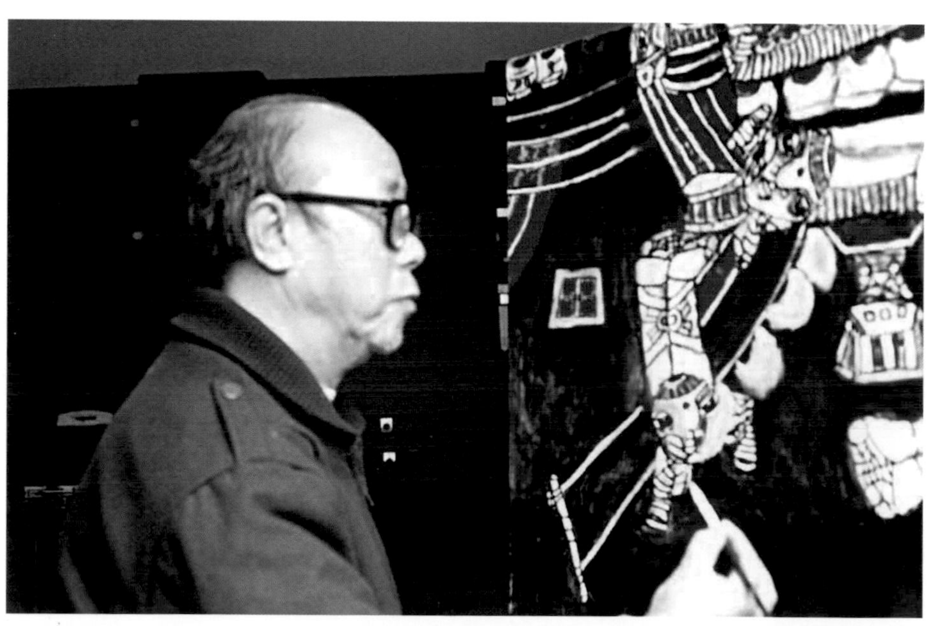

1995年，江漢東創作留影。

面對時好時壞的經濟收入，陳美麗更節衣縮食仍無法敷用，只好在附近的工廠上班以貼補家用。可是，上蒼卻對他們一家五口了無憐憫，他們好不容易在三重才擁有間自己的公寓，1981年年底卻被臺北縣政府劃入北區防洪計畫區，原本以為再清苦仍有窩居的家，可以安心作畫，然而這個家轉眼即將成空，只領回的四十九萬元補償費，令他們不知何去何從？

面對這個迎頭棒喝的重大打擊，江漢東終日惶恐，無法作畫，猶如跌落生命的深淵，他滿腔的熱情逐漸潺潺流失，「四十九萬那能再買到現在的房子呢？尤其是一個我需要光線畫畫的院子呢？」他的奢求不多，那小小的庭院，光線充足，只要有那一方天地，他就心滿意足地擁有全世界。

不管人生多麼千瘡百孔，他們夫婦只得承受認命，無一倖免。難道上蒼的殘忍，是欲置他們死地而後生嗎？

兩個月後，1982年2月臺中名門畫廊聞訊而來，主動為江漢東舉辦個展，不收取任何費用，義務為他籌款購屋，渡過難關，他們終於落腳北投。翌年臺北阿波羅畫廊力邀江漢東個展，個展後江漢東接受朋友建議，決心到高雄嘗試青光眼治療。

眼睛回春，再度刻版

破天荒地，江漢東做夢也不敢想像，十七年來他心力交瘁，遍訪名醫，頻臨破產的眼睛，第一次看見自己孩子可愛的青澀模樣，第一次看清楚腳踩的地磚，他興奮得像小孩子手舞足蹈，往日那種撕肉裂骨的痛一掃而光，迎接他的是破繭而出的重生光明。

江漢東內心有道不盡的感恩，對那一位陳振武眼科名醫的妙手回春。陳振武醫師是臺灣砂眼防治先驅者，也是全臺首座眼庫及《眼角膜移植條例》的催生者，他的青光眼療法更是獨步全球，廣為各國論文教科書所引用。這次手術江漢東對東之畫廊劉煥獻夫婦及時代墊手術費五萬元的燃眉之急，他更是感激無限。十七年來江漢東忍受清寂，只能看見如一小塊豆腐般的視力，飽受暗無天日之苦，如今眼前忽然大放光明，他似乎尋回做為一個人的尊嚴。

手術後的一年，江漢東雖然心急如焚想加快創作的腳步，然而他仍然得壓下這股創作的衝動，謹遵醫生的指示多加休息，以免眼睛過度疲累，舊疾復發。

江漢東終於再度執起雕刻刀，一刀一刀地刻回十餘年前他摯愛的版畫，起筆落筆之間，線條盈滿無盡的感恩，只因命運之神留給他一條縫隙，讓他不但得以讀報也可以再次窺見完整的版面。那幅1985年所作〈天使與燈籠〉的版畫，刻劃三位天使在圓而紅的層層燈籠間，穿梭飛翔，像是江漢東在熊熊烈焰中再次淬鍊自己的鋒芒。滿版的構圖，樸

江漢東　天使　1982　油彩畫布
73×100cm

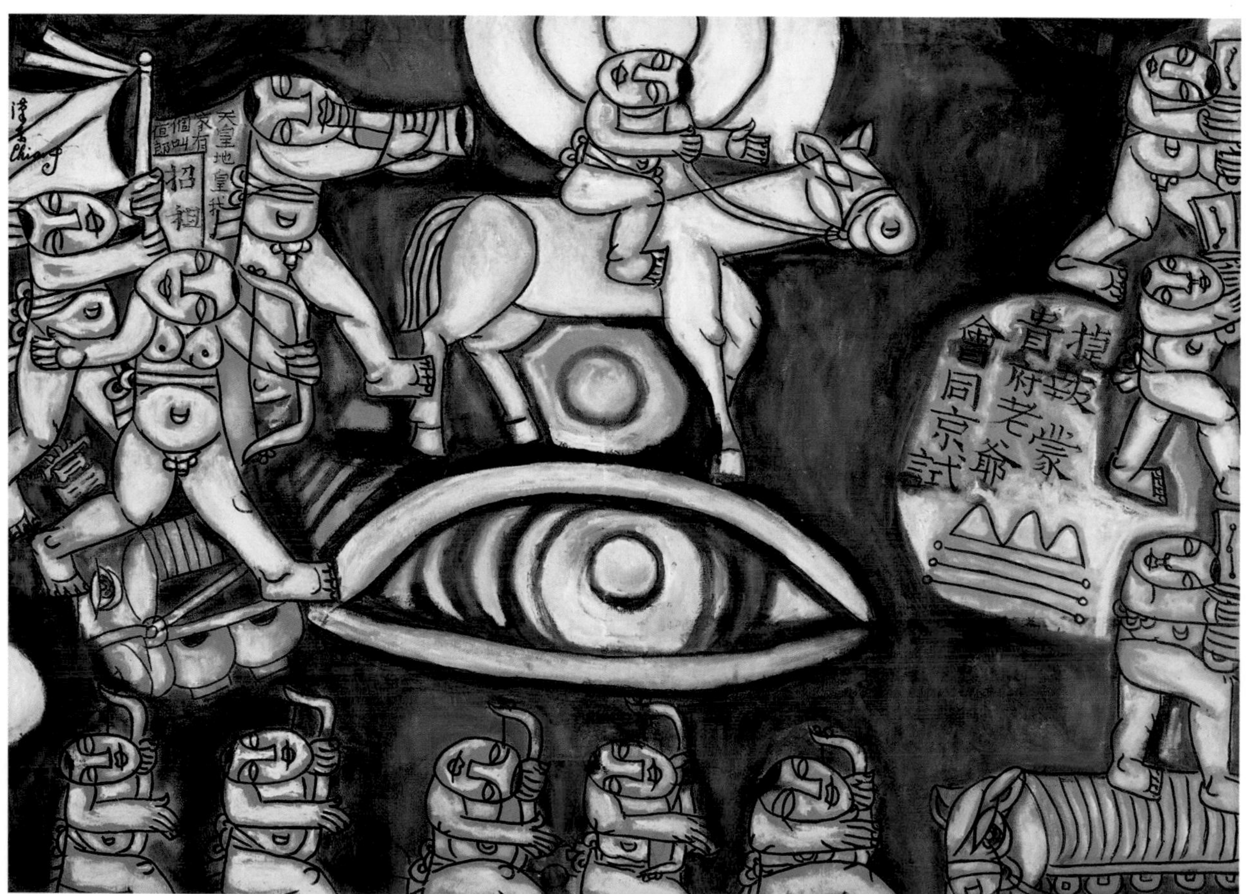

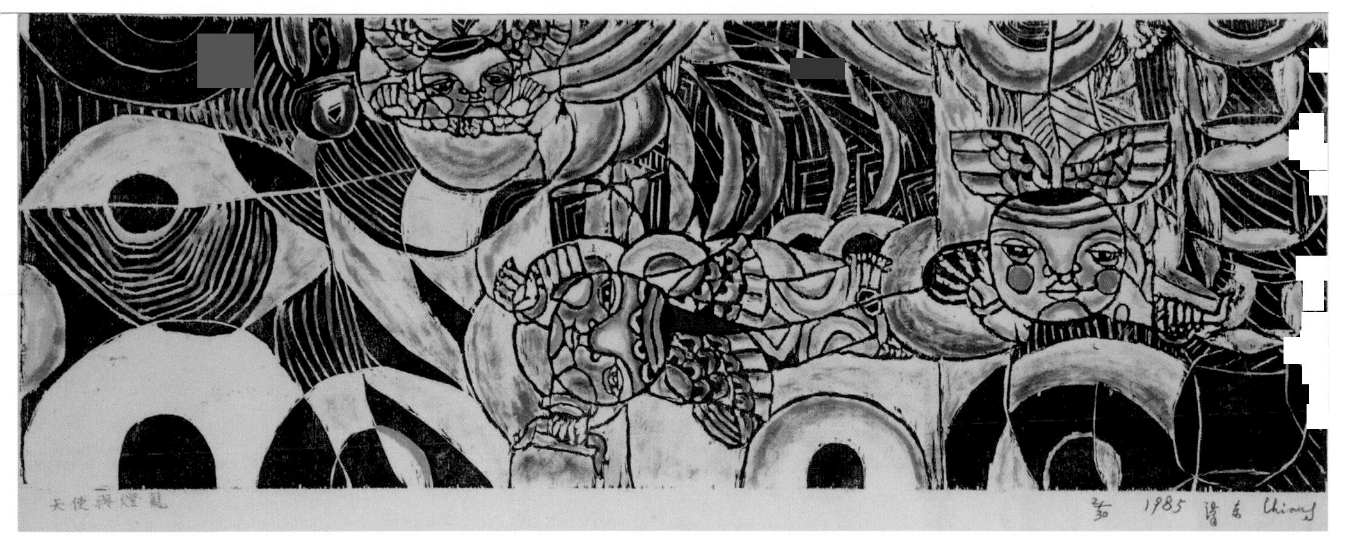

江漢東　天使與燈籠　1985
木刻版畫　28×75cm

拙的線條，夢幻的空間，充溢浪漫的情思，這幅在抽象與具象之間的版畫新作，入選第二屆「中華民國第二屆國際版畫雙年展」，獲得美國紐約大都會美術館版畫部主任的推崇與讚賞。

〈月光〉（P.107）中的兩位女孩，在月空中跪坐，似有心事，上方之月，月印瞳孔，兩雙眼睛盤據畫面中央，灑落滿地清輝，充滿神祕的美感。1986年的〈美人魚〉（P.106）版畫，以細緻圓轉的線條，刻劃佳人，斜臥床褥，圓潤的臉、豐滿的雙乳、纖細的腰、修長的腿、雙手交叉在頭，杏眼圓睜，臉上微蕩笑靨，全畫薄塗粉紅色，裸女與裝飾性的背景融為一體，十分抒情唯美，畫面極為賞心悅目，感性溫馨的畫面，也傾洩出畫家愉悅的心境。野獸派畫家馬諦斯說：「只有思想和形式返璞歸真，我們才能達到恬適靜謐的境界。」又說：「畫家通過繪畫所表現出來的形象，就是他自己內心世界的體現。」在一片粉紅色的色調中，凹凸有致的裸女，散發誘人的青春氣息，在在顯示江漢東內在的青春活力，更不可思議的是畫面的完整性、一致性與統一感，一如他早年未失明前的版畫。

1985年，江漢東於臺北阿波羅畫廊舉行個展時，與畫廊負責人張金星（右）合影。

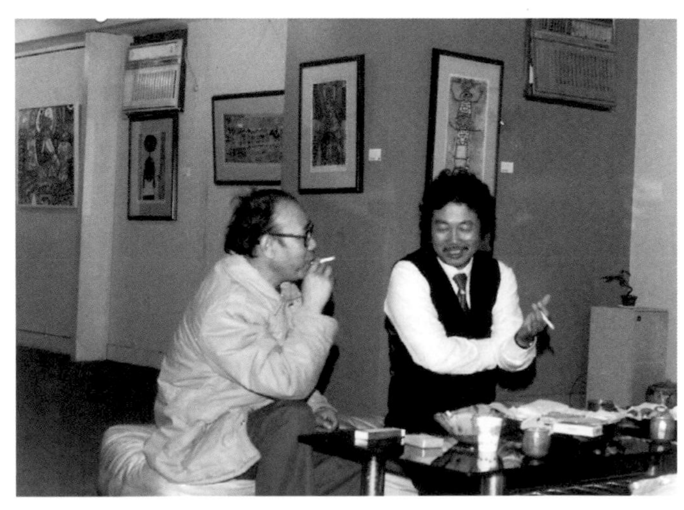

〈新春〉（P.106）、〈鄉情〉（P.121）、〈親情〉（P.88），誇張、變形的裸女身體與屋舍磚牆、元宵燈籠，種種意象，連為一體。這兩三年江漢東連續推出版畫個展，再度厚植他的版畫實力與威望。

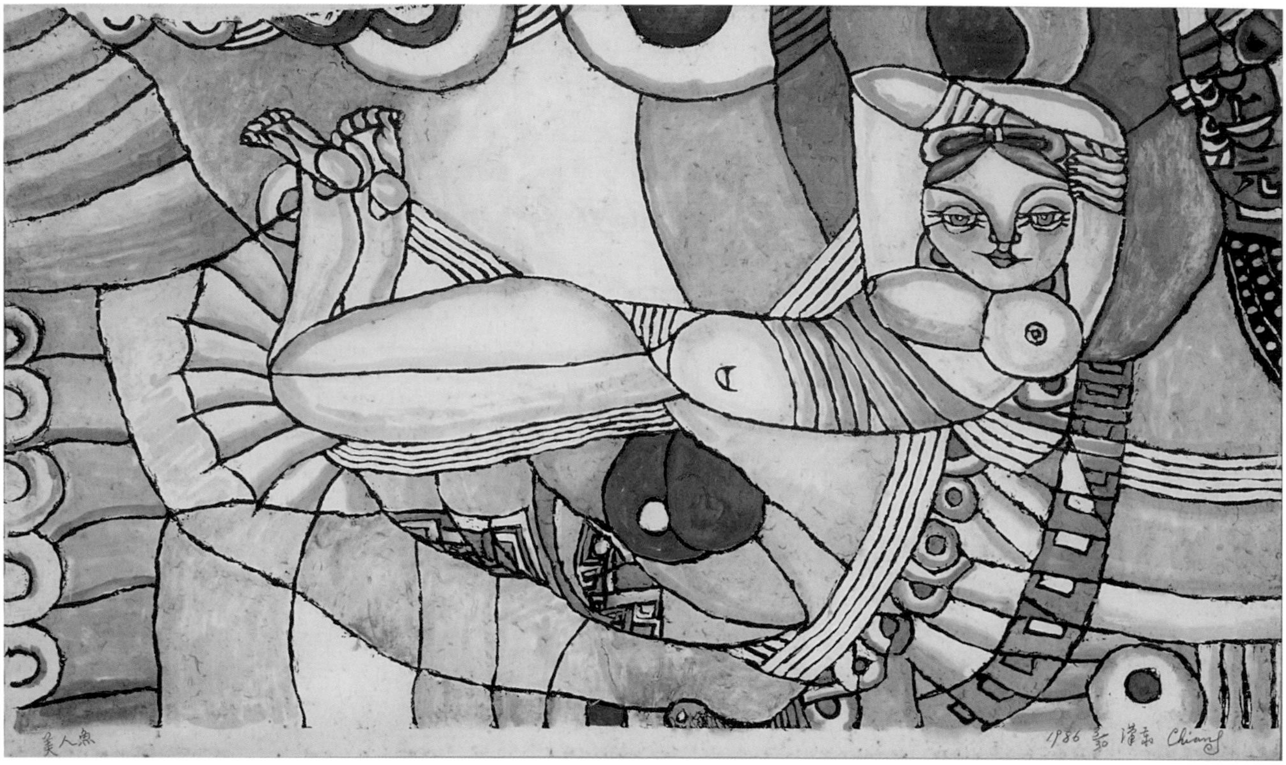
美人魚
1986
Chiang

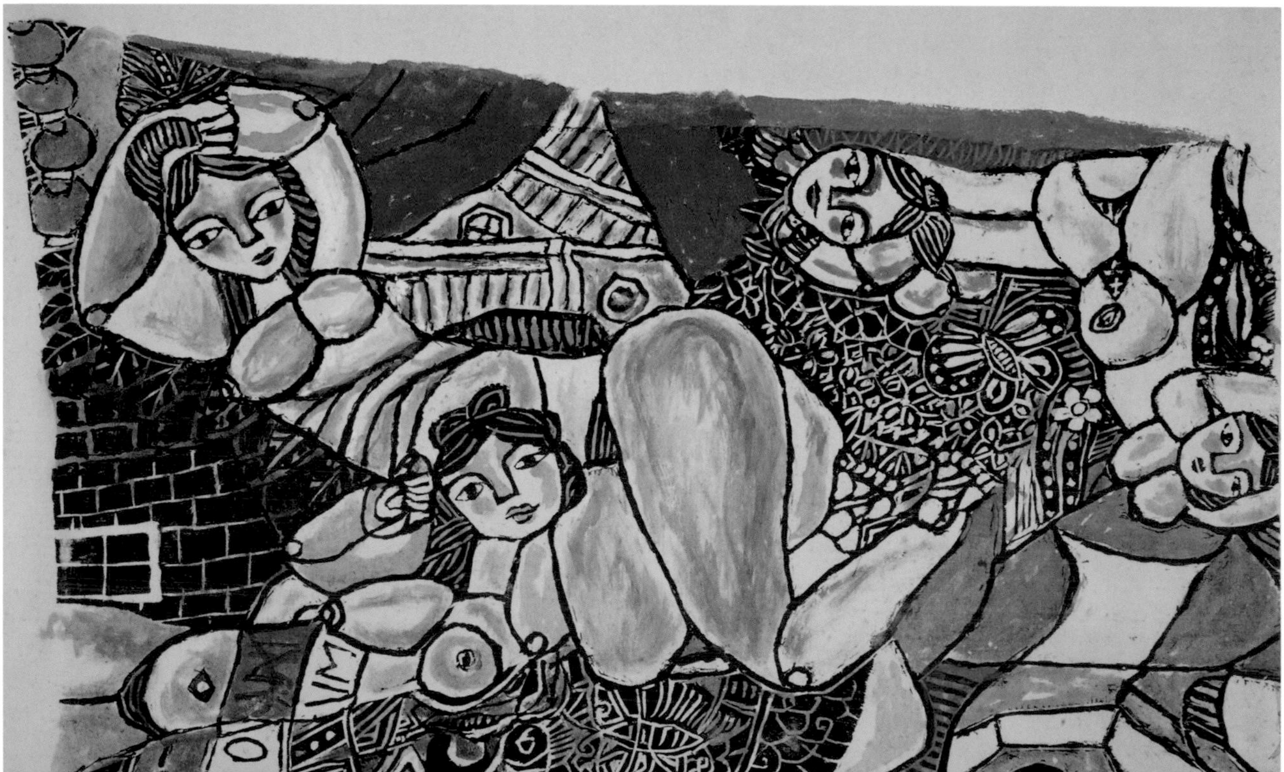
新春
Chiang

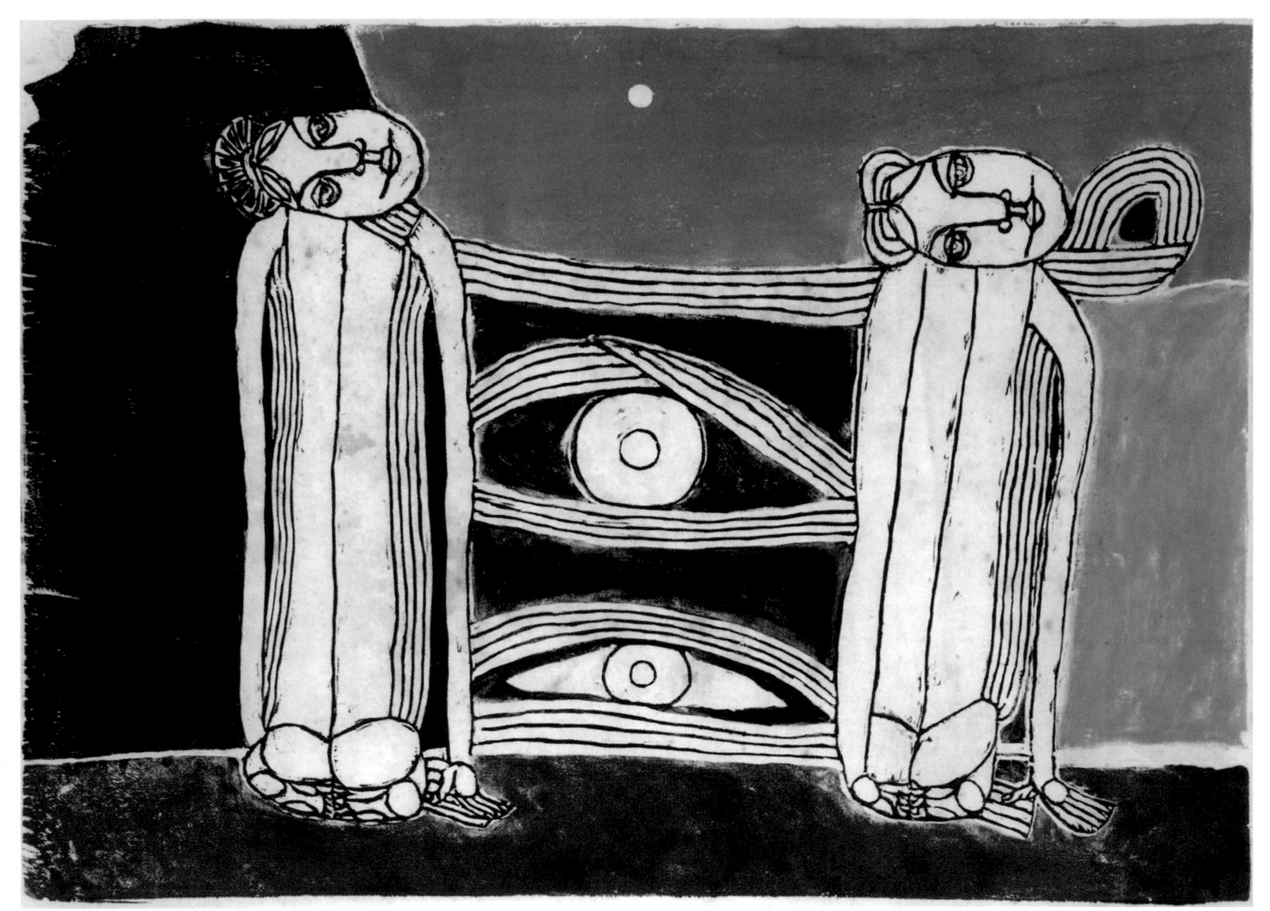

江漢東　月光　1985
木刻版畫　41×54cm

奧地利展，否極泰來

正當江漢東為稍微恢復的視力，又開始嶄露頭角時，1989年5月，他卻又遭逢另一個突如其來的打擊。老天爺似乎總喜歡在他的才賦上套著手銬腳鐐，帶給他一些不順遂。這無以捉摸的命運，有時給他發一點小慈悲，偶爾又戲弄他。

這回江漢東靈活的手腳，卻忽而右半邊癱瘓，幸好及時送院，只是需要長期復健，由於妻子在工廠上班謀生，只能早晚陪他在附近的公園運動，並教他練習唱歌，修護受損的語言神經。而原本開刀後情況稍好的右眼，因中風又開始惡化，江漢東又進入生命的「鎖國時代」，心情

[左頁上圖]
江漢東　美人魚　1986
木刻版畫　42×70cm
國立台灣美術館藏

[左頁下圖]
江漢東　新春　1987
木刻版畫　48×73cm

鬱悶，原本個性耿介，不善交際的他，與畫壇就更疏離了。

江漢東被迫放下畫筆，只能繼續他的復健功課，有時躺在床上雙腳騰空踩腳踏車，有時雙手擦拭玻璃，又擦地板，活絡四肢，白天孩子們上學後，他一個人在家，雙眼又模糊，只能靠著聽聽收音機裡的戲曲消遣消遣，他內心仍不服輸，不時吶喊「我才只有六十多歲，還有二、三十年好奮鬥！」只是常被上蒼磨得遍體鱗傷的江漢東，有時想起自己的境遇，不免激動澎湃：「我為國家爭了不少面子，但國家似乎並不重視我。有一天，說不定我也會像洪通一樣，死了都沒人知道！」日前全國文化會議上，藝術界建議政府應對年老藝術家的生活加以照顧，具有切身之痛的江漢東也只能無奈的感慨。尤其他先前位居三重的房屋，因二重疏洪道工程被徵收，他心猶有餘悸，更遑論其他了。曾經為人師表的他，對於臺灣政府只知發展政治、經濟，漠視文化，造成病態的社會，也不免自責：「臺灣社會的富而無知，是教育界很難抹掉的一個污點。」臺灣的教育讓他內心隱隱作痛，而更大的痛楚是他得面對當下身體的不聽指揮，只能專心復健，讓身體逐步復元，再伺機而動。一身硬骨的他，面對接二連三的惡運，雖曾困頓一時，但他對藝術追求的旅程永遠沒有終點，他仍要醒著笑看命運的擺弄到幾時方休。

江漢東仍繼續孤獨的幹活，在他那狹窄而侷促的小陽臺，靠著陽光作畫，以藝術療癒深受重創的身心，將大苦大痛化為心靈的一帖良藥。

好人應該有人疼惜，上蒼雖然粗暴地踩躪江漢東的靈魂，卻不忘在他身旁佈施一位賢慧的妻子。一路走來她不離不棄，雖然有時不免滿腹辛酸，外要工作，內要持家，忙裡忙外，備極艱辛。一到假日又得牽著行動不便的丈夫看畫展，紓解他的藝術飢渴，而訂畫布、購顏料也全由她一手包辦，她全然奉獻。有時半夜醒來，她驚覺丈夫不在，原來他靈感一來已經摸黑在他的畫布前作畫。

從結婚當天丈夫昏倒那一刻起，披白紗的陳美麗就從未離開過江漢東，甚至貼近他的生命，成為他的眼、他的杖，用心護持一個遮風蔽雨的家，即使他被現實攻擊得傷痕累累，她仍聯手護他，共同迎戰生命的

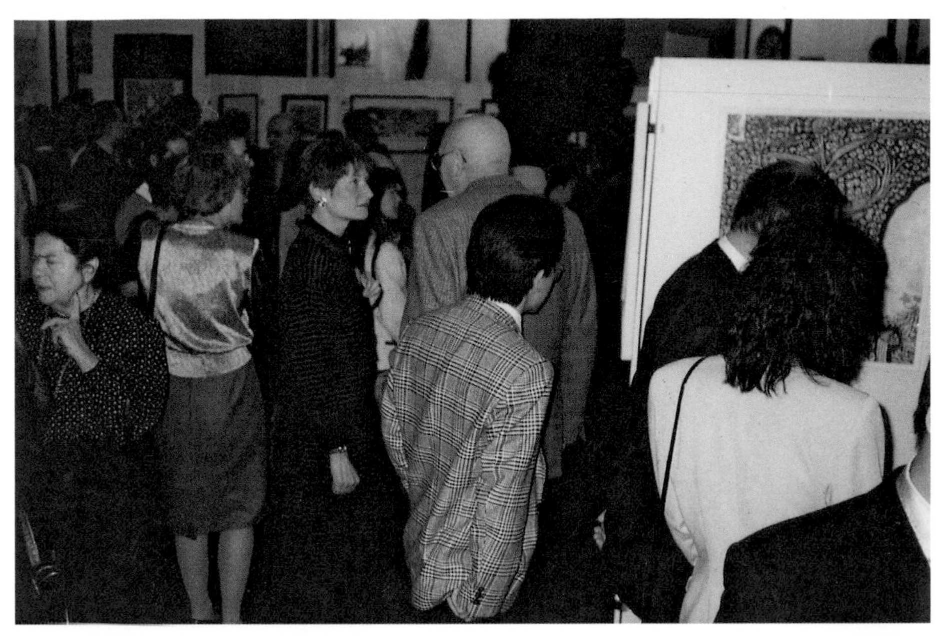

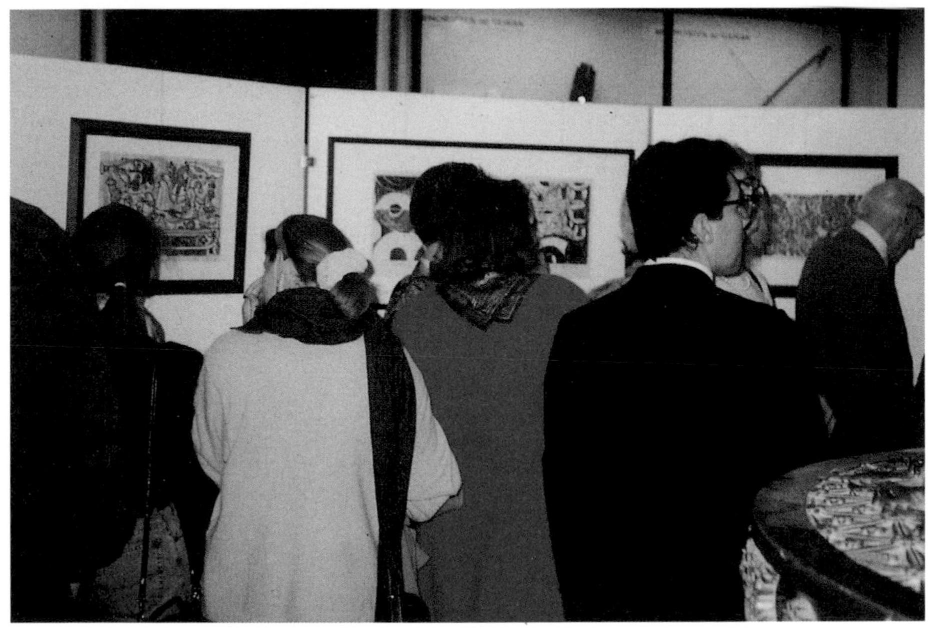

[上、下圖]
1992年由阿波羅畫廊舉辦，文建會贊助的「江漢東海外個展」展於奧地利國家人文博物館，觀眾踴躍之現場盛況。

苦役。婚姻猶如兩人共乘一條破船，在人生的風浪裡，即使身陷漩渦也要用力拼搏，浮出水面。災難已淬鍊她成為生命戰場上的勇士，化為同命共體，終身守護他的天使。難道江漢東在畫中所描繪的天使，是他把對妻子的感恩悄悄融入畫裡嗎？天使是為人間捎來祝福與喜樂、平安，他恒常以天使的自由、喜樂，征服生命的悲苦？

90年代初，國立台灣美術館與臺北市立美術館先後典藏江漢東的版畫與油畫兩次。較為特殊的是，1992年江漢東的作品第一次在奧地利維也納的國家人文博物館（Museum für Völkerkunde, Wien）展出，開幕時江漢東雖無法蒞臨現場，但冒著大風雪趕來參與盛會的中外佳賓約四百餘位，由館長曼道夫博士主持，他們對於江漢東充滿中國節慶的異彩繽紛，又深富人文意涵的東方風味，深受感動。透過主辦單位阿波羅畫廊的引介與文化建設委員會的贊助，江漢東萃取傳統中國民間藝術結合西方超現實主義且以線條為主體的現代繪畫，在異邦獲得熱烈的回響，也許西方的觀眾會感覺充滿了東方神祕的異國情調，同時也對中國的民俗、戲曲充滿好奇感，不過如果再用心體會，一股詩意的氣氛或韻味也含藏在歡欣的畫面裡。

現任教於臺北藝術大學的廖仁義教授在2002年接受《Taipei Review》英文報紙訪問時，曾評論江漢東的作品說：「江漢東的美學對國外觀眾來說，顯示他超越僅僅的異國情調。他創作的態度與觀點，不論外國觀眾他們出身的背景如何，都具有一種普世性。」言下之意，那種普世性是放諸四海皆準的美感經驗。廖仁義也讚許江漢東：「他能轉換他的生命經驗成為不同的形式與象徵符號，他讓觀眾一眼便認出他的文化認同。」又說：「藝術已是他生命的核心，助他度過困境。」最後廖仁義鄭重地指出：「江漢東的作品令人重溫現代社會已經急遽失去的優雅之美。」的確，江漢東不是為異國情調而異國情調，他只是忠於自己的感覺，畫出他內在的想像而已，適巧他的題材十分具有東方風味。廖仁義獲法國巴黎第十大學美學博士，任巴黎臺北文化中心主任時，成功的將臺灣的藝術團隊推上國際舞臺，美學素養深厚，是國內知名藝術評論家與策展人，他談江漢東的美學，十分中肯與貼切。

六十九歲的江漢東逐漸否極泰來，1994年年底他終於不必再屈居陽臺的小畫室作畫，他擁有一間他自己的寬敞畫室，江漢東夫妻一生辛苦的打拼加上美術館的蒐藏購畫，他們終於買下住宅的頂樓，江漢東十分興奮。

比起先前住在三重時，江漢東曾經兩度向建商借用隔壁空屋作畫，建商也慨然應允，他一畫就是兩、三年直到房屋出售。如今終於美夢成真有屬於自己的畫室，他竟一畫畫出100號作品〈船家樂〉（P.147），十分具指標性意義，表示天無絕人之路，他可以再好好拼搏一場。雖是五樓，他爬爬樓梯也算復健。中午時往往太太催他吃飯，他畫到忘我時，竟充耳不聞，有時直到二、三點才吃中餐。他真是為藝術獻身，老天何苦再折磨他。興奮之餘江漢東卻也有痛失知音的噓唏，一位曹姓收藏家特別喜歡江漢東十分珍愛的〈深夜〉，抱病三度造訪他，禁不起對方真

江漢東　布袋戲　2001
油彩畫布　46×54cm

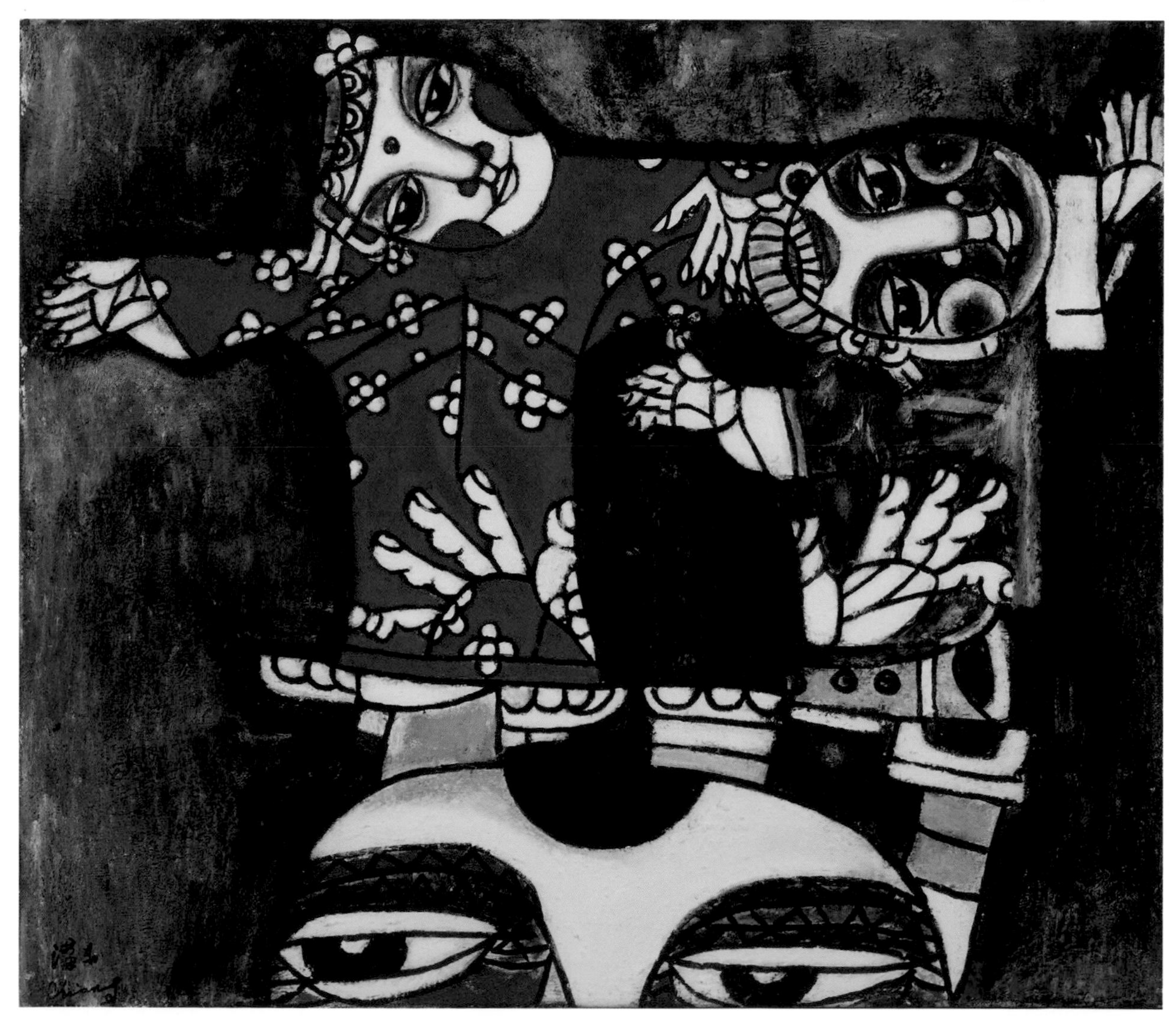

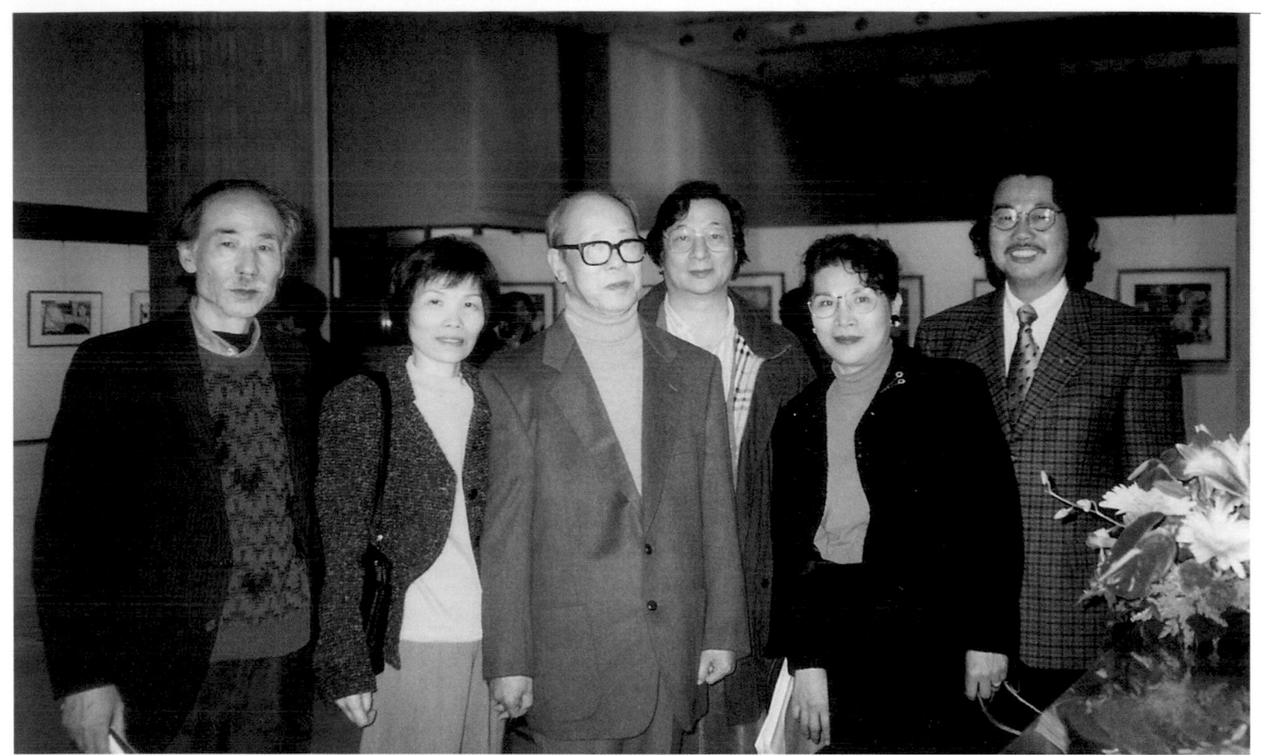

1997年「江漢東七十回顧展」留影。左起：秦松、陳美麗、江漢東、謝里法、張金星夫婦。

性情的請託，江漢東終於允諾出讓，並答應他以分期付款支付，詎料三個月後曹先生竟因病去世，江漢東夫婦為減輕曹先生遺孀的負擔，想連同利息退還已支付的畫款，但曹太太竟婉拒江漢東夫婦尾款免收的美意，堅持繼續分期付款，她說：「我先生臨終前還惦念著江老師的那幅畫，特別吩咐一定要完成他的心願繼續付清畫款，將作品留給小孩。」知音遽逝，人間至情對江漢東來說十分心疼與不捨。

夢幻組曲，時光交錯

江漢東與他那雙幾近全盲的眼睛，一起奮鬥到七十歲，逐漸苦盡甘來，盛放的果實也紛紛然來，1997年12月臺中的國立台灣美術館為他舉辦「江漢東七十回顧展」，這次盛大的邀請展囊括油畫、版畫及綜合媒材（多媒材）作品，共七十餘件，創作年代從1963年至1997年，可謂一生精彩的各個階段，不同媒材的畫作皆一一羅列。

距離三十年前（1968）江漢東在國立藝術館的告別畫展，他不但突

[右頁上圖]
1997年，「江漢東七十回顧展」於臺中國立台灣美術館舉辦。

[右頁下圖]
江漢東　擠牛奶的女孩
1974　油彩畫布　65×80cm

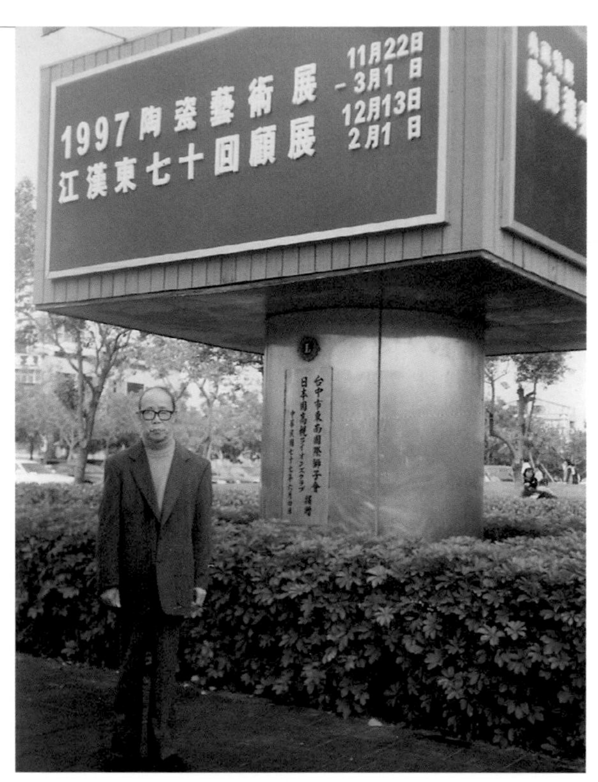

破眼疾的障礙，且又多創作了綜合媒材和油畫，生命充滿了不可思議的奇蹟。原本以為只能將餘生丟給悲涼，誰知他又活了三十年，因為有畫陪伴，所有生命的災厄化為妝點生命的華彩。

行到七十歲，江漢東內心湧現的沒有任何抱怨，只有點滴在心的感恩，他感謝上蒼、感謝祖先、感謝親友，讓他不因眼睛蒙了翳而墜入恐懼的深淵，甚至崩潰。他的藝術生涯雖有

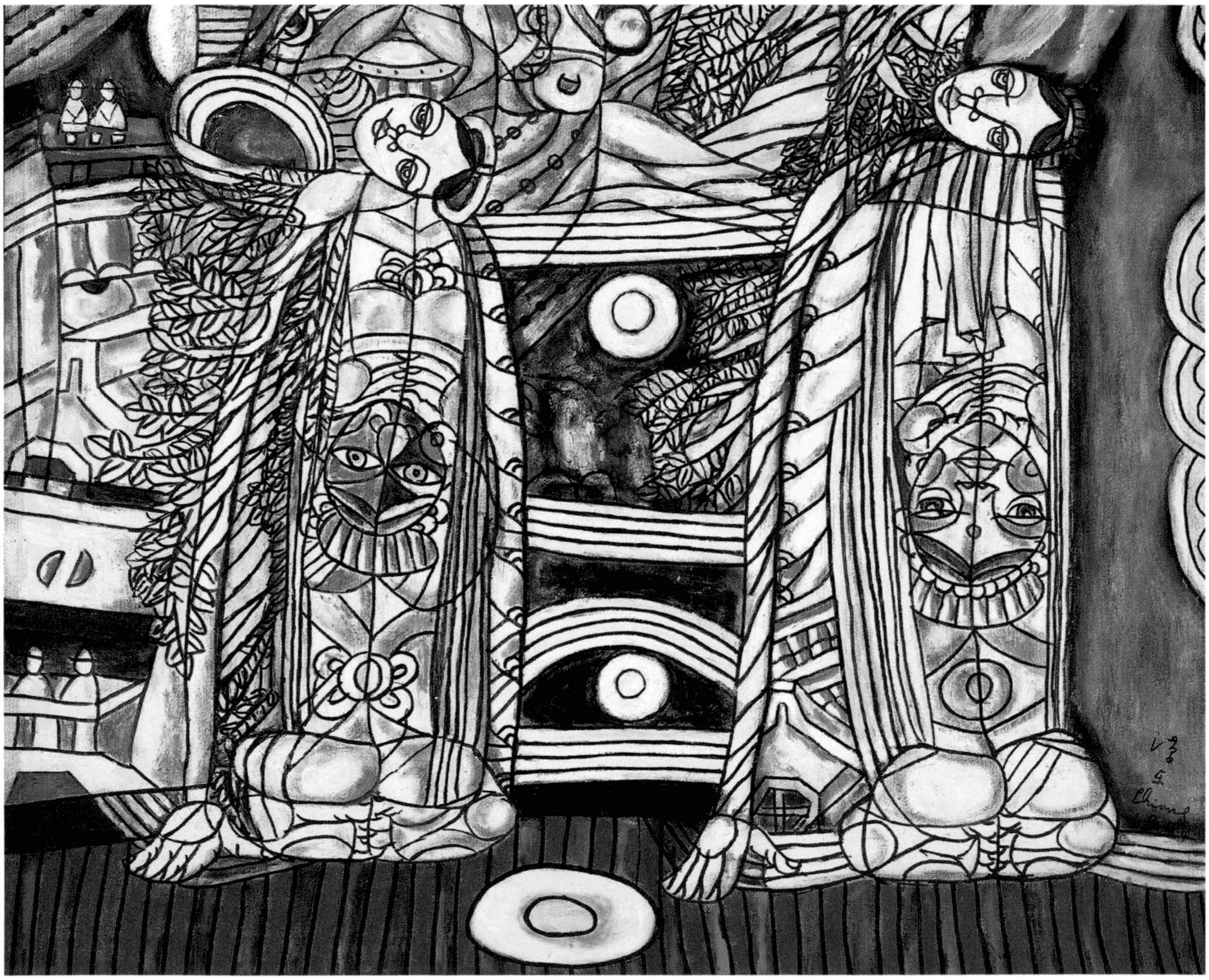

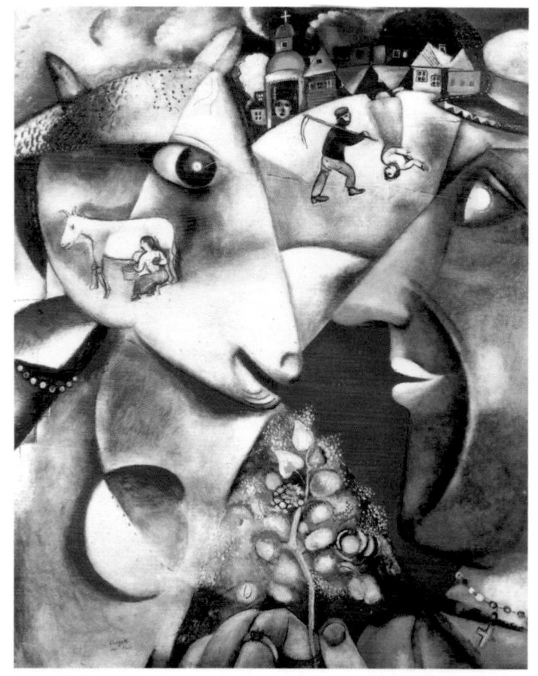

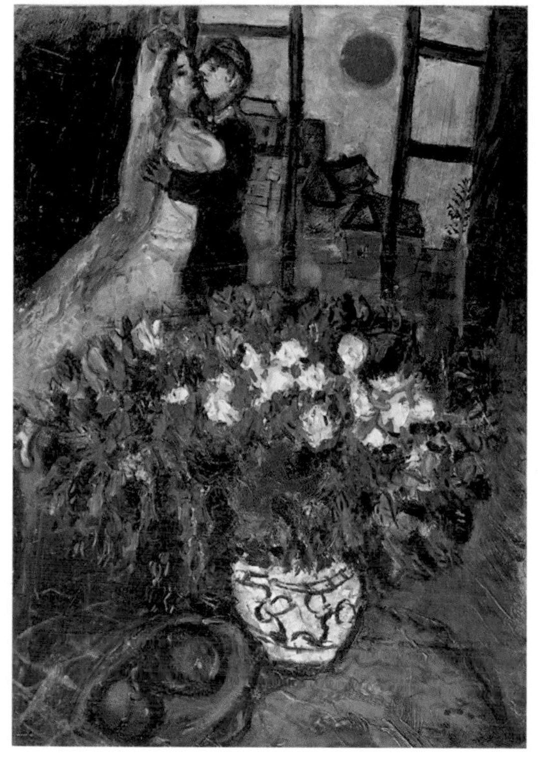

[上圖]
夏卡爾　我與村莊　1911　油彩畫布　192×151.4cm
紐約現代美術館藏
[下圖]
夏卡爾　夫婦　約1945　油彩畫布　65×46cm

缺憾，卻能在缺憾中提煉生命的價值，他仍護持著生命的尊嚴，護持他矢志不移的藝術信仰。

人生七十才開始，江漢東的七十感言仍是壯志凌雲，他說：「我是多麼希望能到巴黎走一趟，帶著我的作品去和世界畫壇的朋友們見面，看看有沒有一席位置容得下我去和他們一起奮鬥。」的確，如果以他早在1959年，就以版畫入選聖保羅國際雙年展，三十四歲的他確實已與國際藝壇接軌，而今他仍相信他「唱著中國的老歌調」，含蘊藝術學理的作品，拿到紐約、倫敦、巴黎也會有人賞識。

江漢東雖視力微弱，作起畫來卻「明目張膽」，只因他早已不是以視眼去畫，他說：「記憶激發想像力。」他一生的創作終歸於想像力，看不清真實的景象，霧裡看花的朦朧之美，反而刺激他無垠的想像力，開發內心的真實世界。他認為想像力是人類才能中最極致的一部分。

正如夏卡爾（Marc Chagall）離開俄國後，總是畫出揮之不去的鄉愁，那幅〈我與村莊〉夏卡爾通過記憶，用自己的心靈而不是用眼睛觀察現實，使世界重新分解和組合，畫面籠罩一股夢幻的氛圍。尤其他1910年一到巴黎，便意識到立體派對形象的分解，能使互相遠離的時間和空間融合或並列一起。且這種分解法使他能通過想像再現現實，又通過現實再現回憶。

展覽場中那幅〈眼睛的造型〉（P.116）正是總結江漢東心眼世界的代表作之一，濃濃的鄉愁舖陳出記憶的角落，由中央的心眼向四面八方輻射而出，有家鄉的石橋，節慶年年有餘，迎春納福的圖騰或天

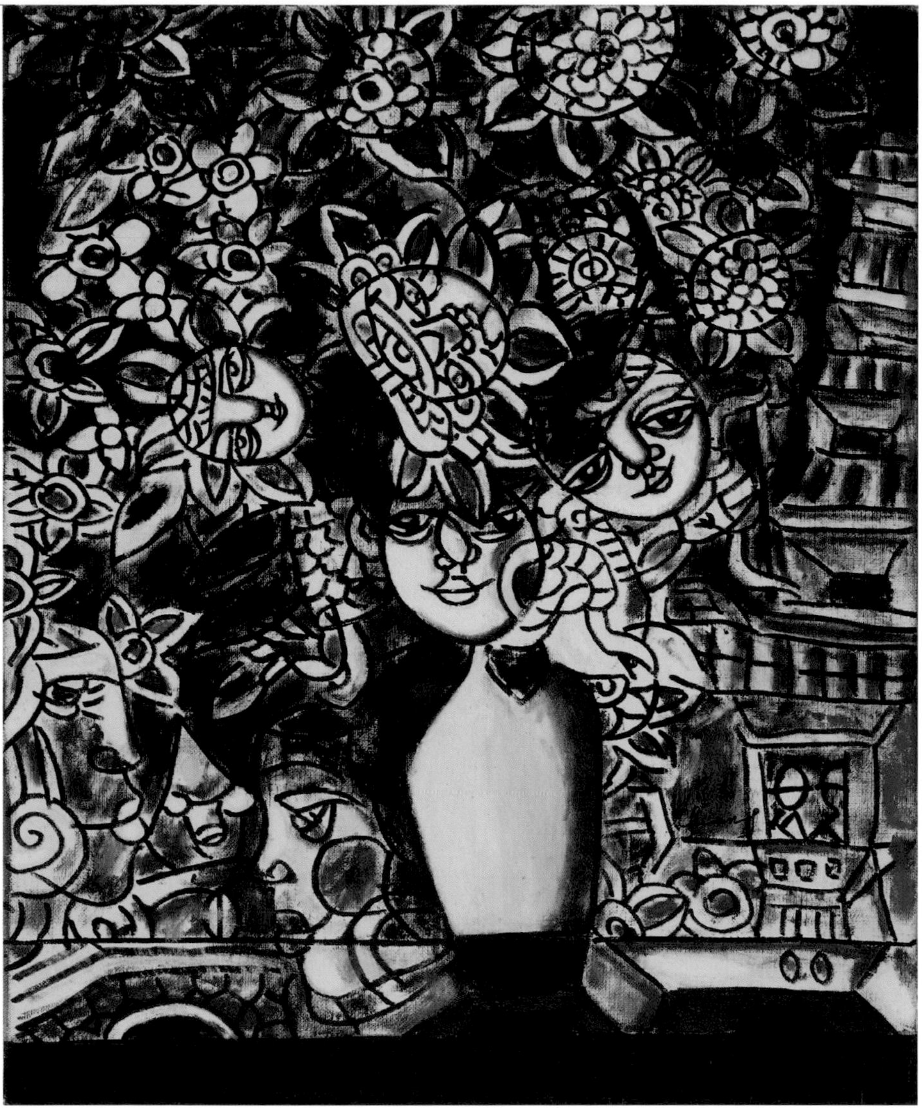

江漢東　花語　2001　油彩畫布　46×39cm

官賜福的燈籠，也有舞龍的遊行陣仗，以及母親抱子或花鼓姑娘的種種圖像組合。江漢東也通過想像建構現實，又通過現實再現回憶，在雙重的往返運動中，回憶隨著時間的推移早已變成幻覺，幻覺又引發他在回溯的記憶中所激起的情感，而決定色彩的塗抹，誕生對根深柢固的鄉情的眷戀情愫。1974年的〈眼睛〉是眼睛系列的最原始思維。

歐洲超現實主義畫家馬格利特（René Magritte）也有一幅1929年畫的〈謬誤之鏡〉，眼球映現出天空的雲彩，中央的瞳孔頓成黑色，猶如黑日，眼睛彷彿變成鏡子，鏡的反射是真？是偽？是實境？是幻境？這種「似是而非」的辯證哲學是馬格利特的超現實主義繪畫之特色。而江漢東的「眼睛」系列是畫出他獨有

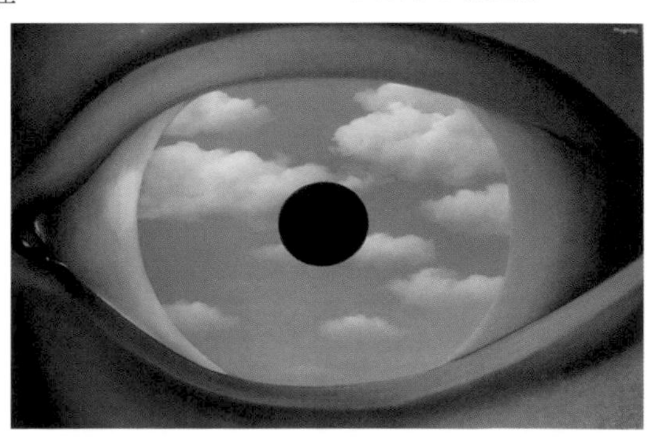
馬格利特　謬誤之鏡　1929　油彩畫布　54×81cm　紐約現代美術館藏

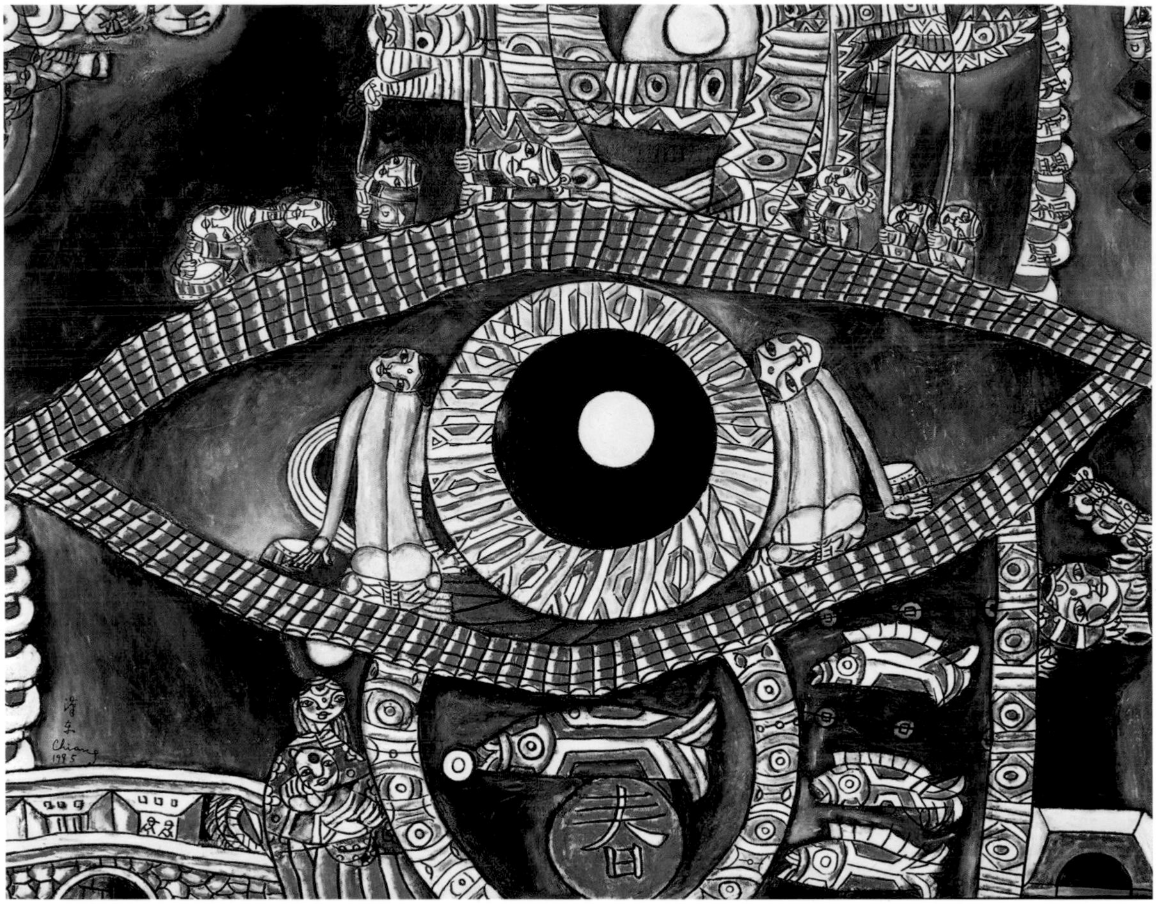

江漢東
眼睛的造型
1995
油彩畫布
110.5×144.5cm
臺北市立
美術館藏

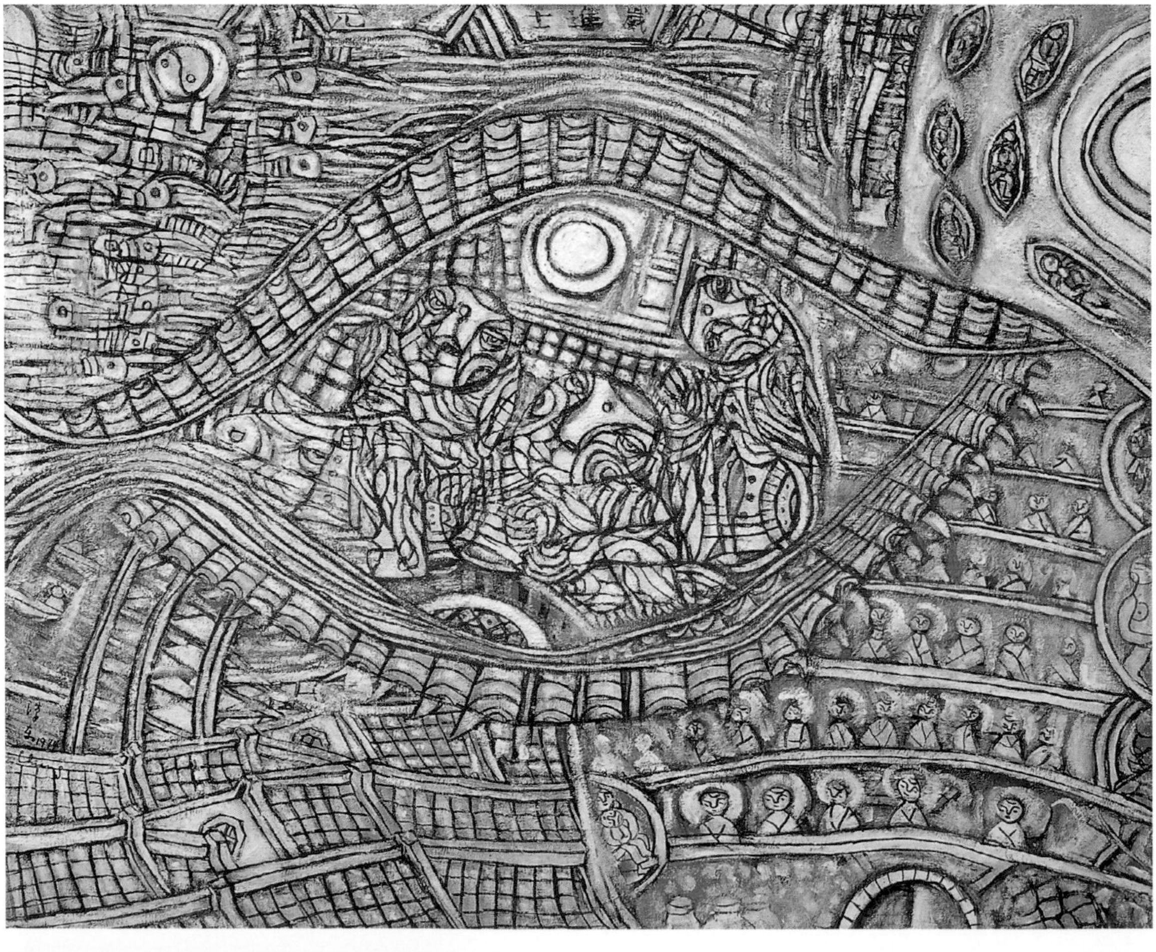

江漢東
眼睛
1974
油彩畫布
80×100cm

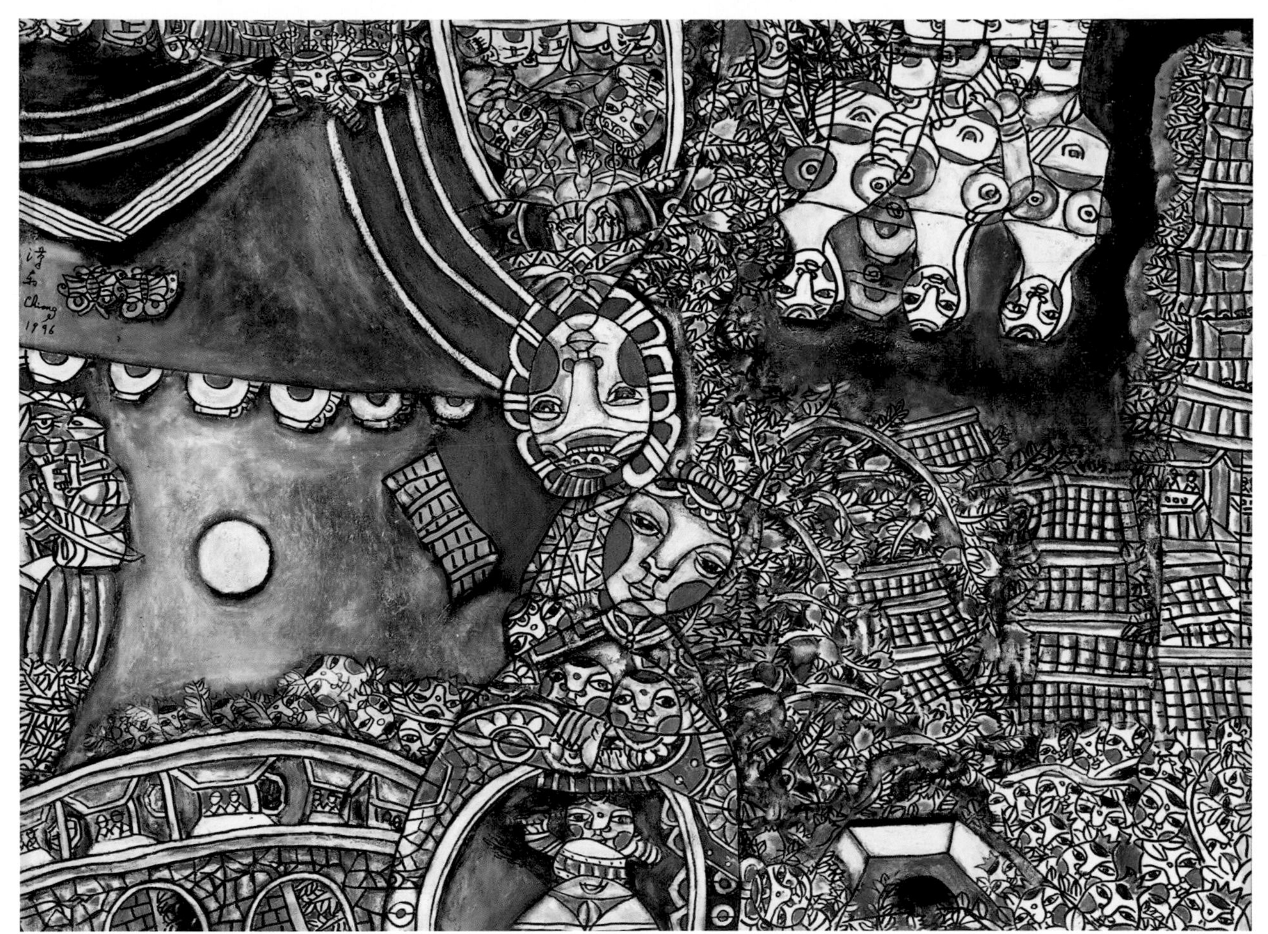

江漢東　石榴的幻想　1996
油彩畫布　97×130cm

的抒情式的內在心象，是一種回憶式的夢境。

江漢東就是以這種夢幻式的分解畫面再組合成形，形塑他內在心象的創作風格。〈石榴的幻想〉畫面正中央，正正倒倒的兩位母親雙手懷抱小孩，腹中又蘊育子嗣，石榴花枝葉繁茂，翻飛交纏，家鄉的古厝、磚橋，大小相連，民間藝陣，熱鬧喧天，場景一幕又一幕圍繞在主景周圍。江漢東把記憶化為如真如幻的圖像，在水中月裡幽浮，虛虛實實的空間演繹著東方女子結婚、生子，子孫繁衍的生命信仰，是中國人傳統的生命觀。

再看他的〈親情〉(P.88)、〈石榴樹下〉(P.118)、〈石榴〉(P.98)，可以想見單純的母題，在二十多年後化為繁複的意象組合，也透顯著江漢東愈到晚年思鄉的情真意切，又如1993年及1994年的兩幅〈多子娘娘〉，也是同樣母題的延伸。以女人為中心主軸也顯示江漢東生命裡重要的兩個女人，一為祖母，一為妻子。在他生命中的角色，祖母的養育之恩，妻子的扶持之恩，接續中國人傳統的傳宗接代思想，一一統合在畫面。

[右頁上圖]
江漢東　多子娘娘（二）
1994　油彩畫布
62×81cm

[右頁下圖]
江漢東　多子娘娘（三）
1997　油彩畫布
72×90cm
臺北市立美術館藏

慶典藝陣，太平盛世

中國的民間美術多元多樣，有年畫、剪紙、彩燈、風箏、刺繡、竹雕、泥塑、磚刻及民俗遊藝，如：木偶、皮影、龍燈、獅舞、高蹺、旱船等等民俗表演技藝。民間美術反映廣大民間百姓對生命綿延的生之禮讚，也象徵中國民間社會知足常樂、安貧樂道的處世情懷。民間美術大都祈福迎祥，而以繁衍、圓滿為表現。熱愛民俗曲藝的江漢東，他的繪畫構圖繁複，造型圖案化，色彩鮮亮且具裝飾性，與民間美術造型的內蘊與形式，均有相應的內在聯繫，尤其民間美術那種天真、質樸的精神底蘊及繁榮、豐足的樣態，都一一內化為江漢東作品的神采，煥發獨具的魅力。

此外，江漢東畫作中最常出現的主要主題是年節慶典的民俗遊藝，如〈跑馬燈過元宵〉（P.120）騎著馬頭走、跑、停、跳的跑馬炮，民間遊藝陣仗，在正月

江漢東　石榴樹下
1971　數位輸出
97×130cm

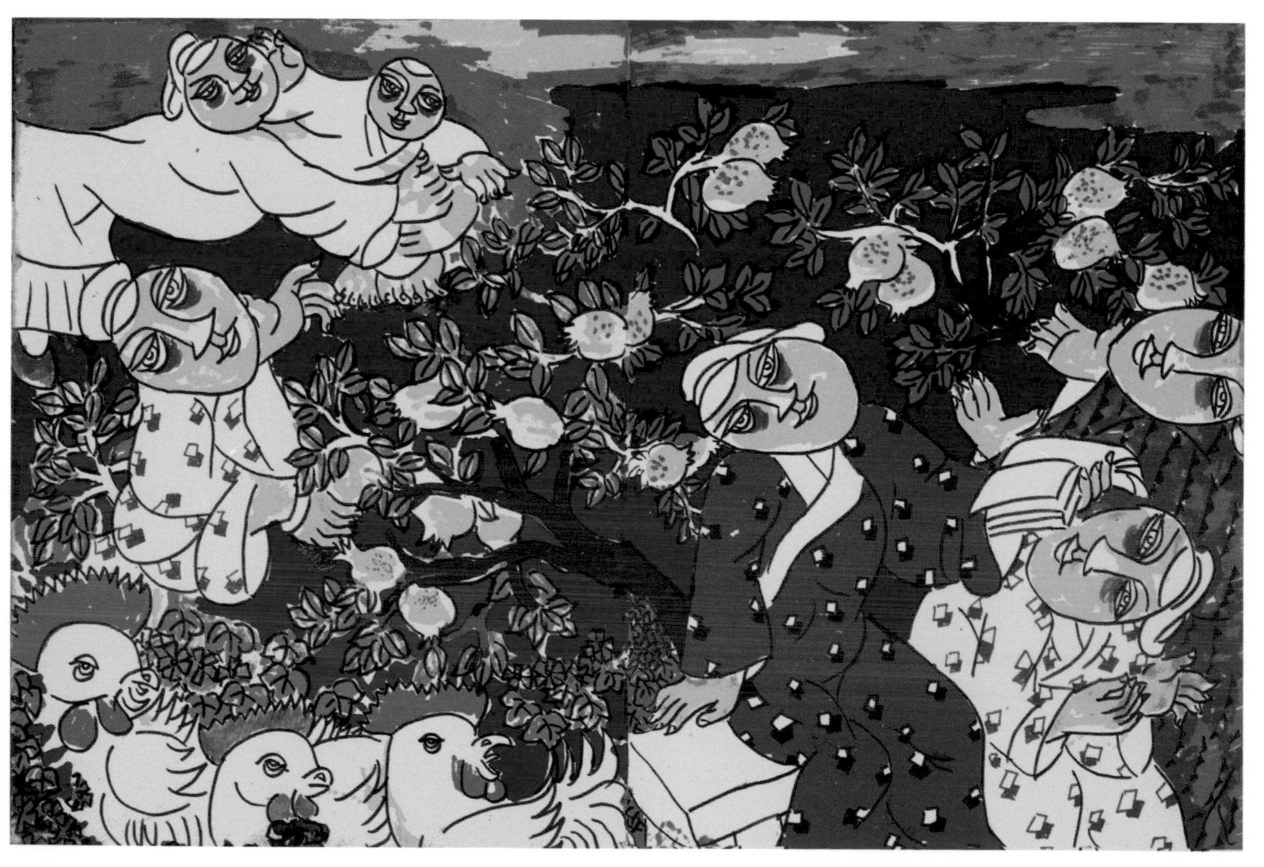

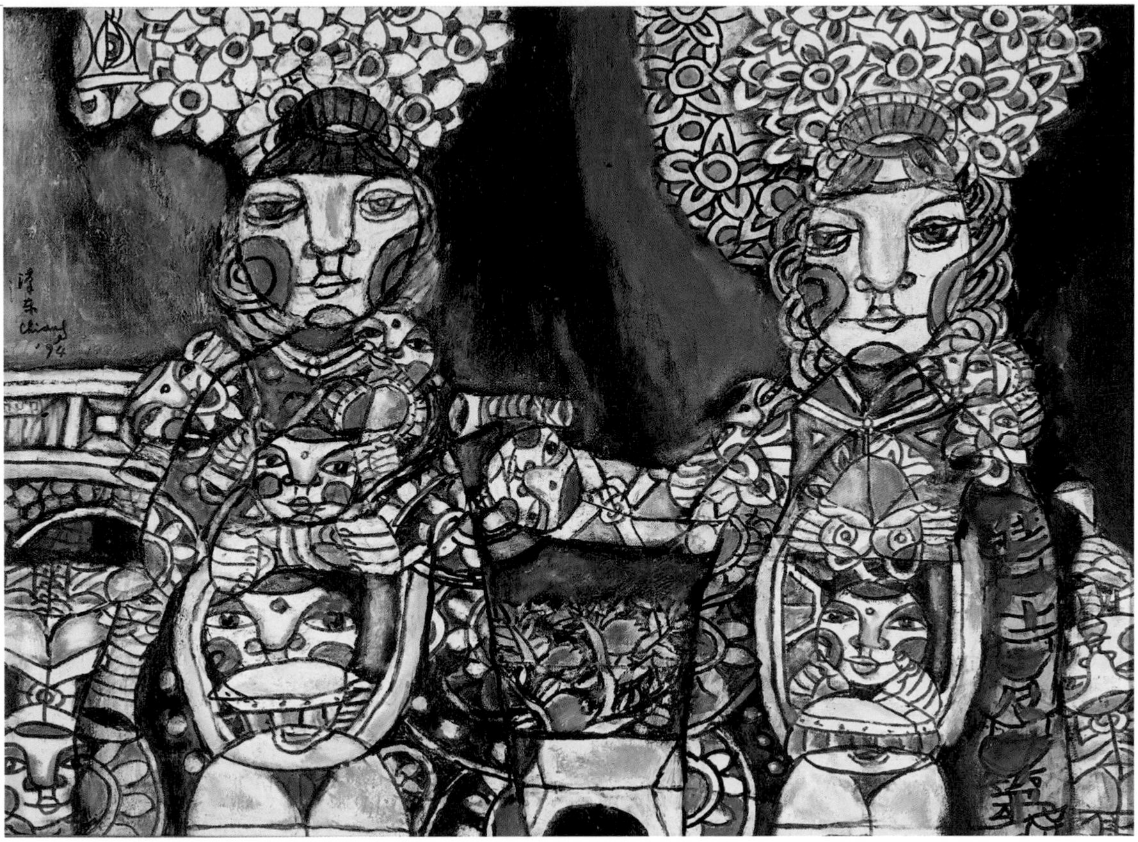

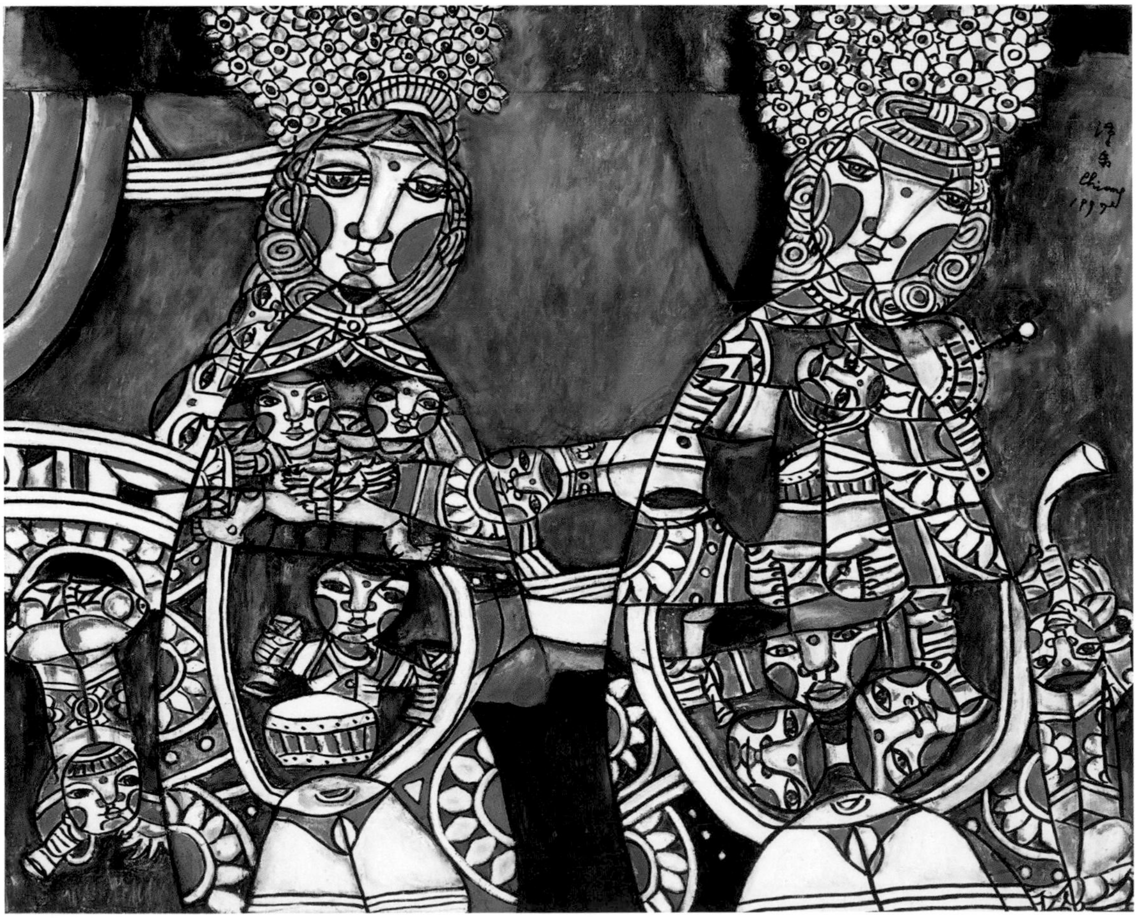

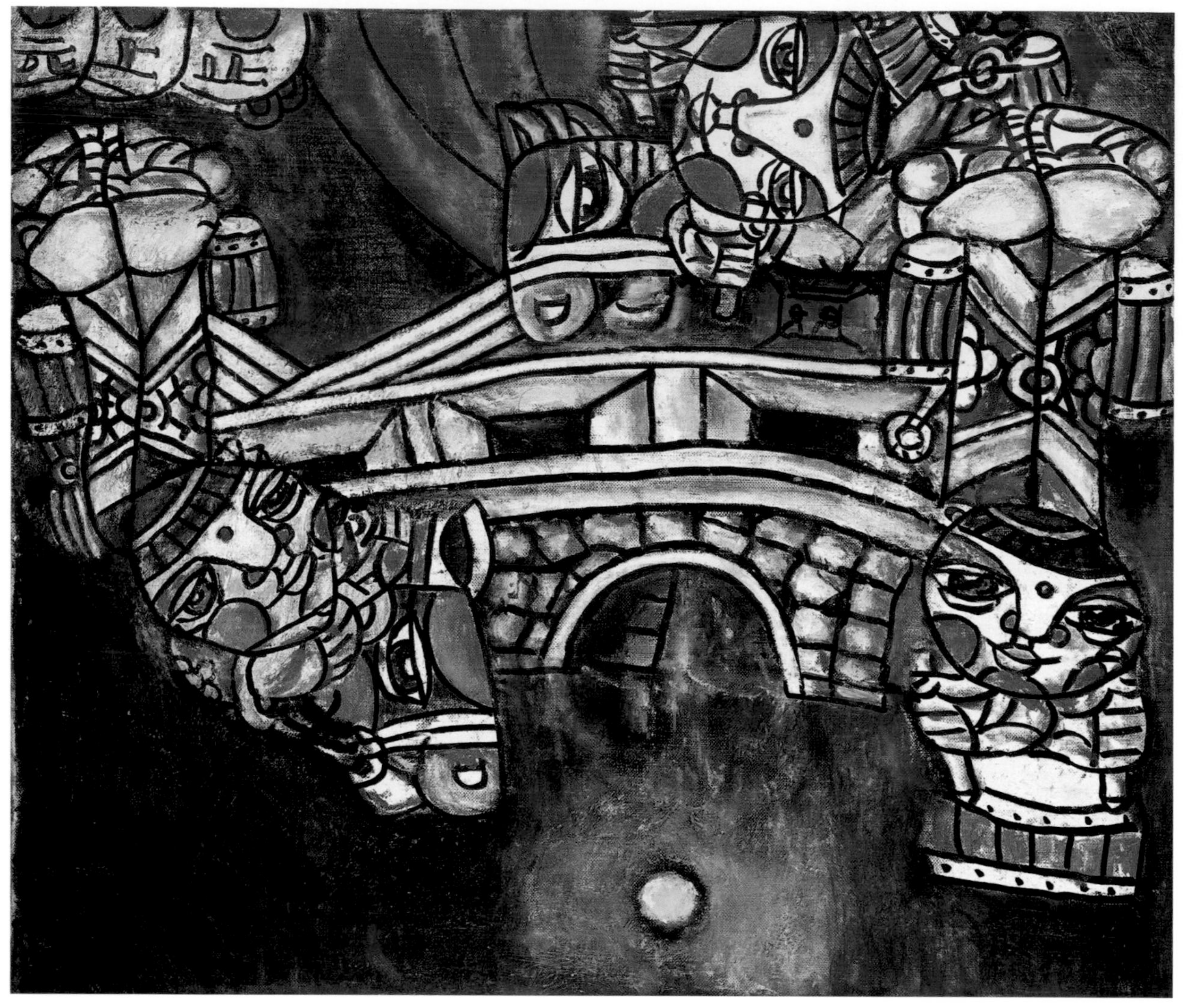

江漢東　跑馬燈過元宵
1997　油彩畫布　46×53cm

十五月兒圓的上元節，闔家歡聚，江漢東的思鄉情，躍然畫上。〈鄉情〉在長橋映月的家鄉景致中，民俗藝陣正一路吹打，江漢東勾勒出太平盛世家家張燈結綵，錢幣掛滿搖錢樹，富足康樂的歡欣慶典。〈慶典〉三位打花鼓姑娘，三位一體，在彩燈的烘托下，已成為年節慶典的主要標幟，〈船歌〉(P.122)是來自「跑旱船」的民間遊藝，船姑娘打鼓、撐船演出陸地行船的民俗表演，以紅、黑、白的對比，強化慶典的歡樂氣氛。

〈遊行〉(P.123)描寫青山宮廟會節慶，在敲鑼打鼓的喧鬧中，七爺、八爺出巡陣仗一路迤邐。民間藝陣讓江漢東記憶猶新，無法抹

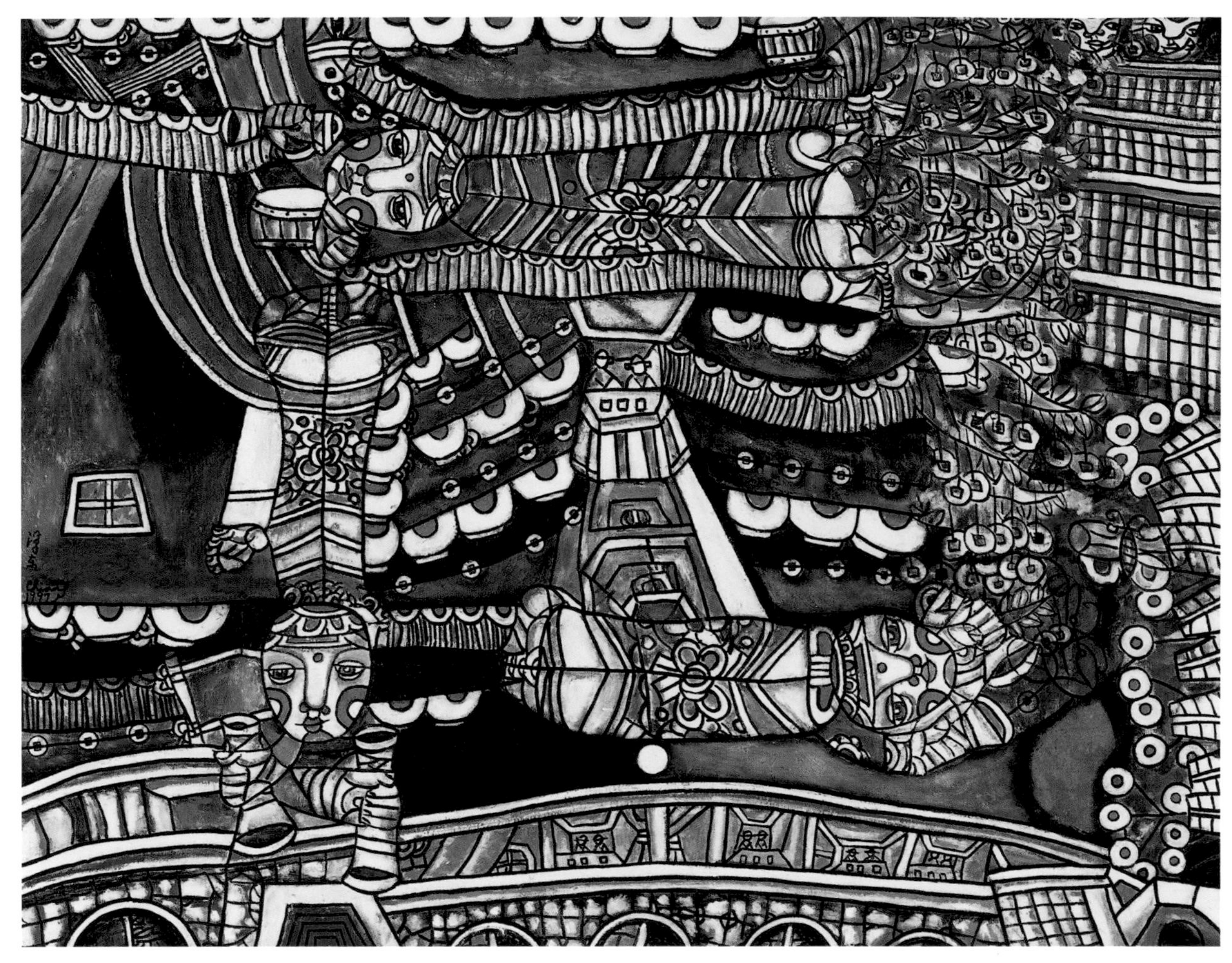

江漢東　鄉情　1997
油彩畫布　91×117cm

滅。又有〈踩高蹺之一〉(P.123)、〈舞獅〉或〈狀元及第〉的布馬陣狀元遊街等等民俗藝陣。其餘如〈同樂圖〉(P.157)、〈熱鬧〉、〈船歌〉、〈琵琶行〉(P.122)、〈廟會〉(P.124-125)、〈迎春接福〉(P.144)、〈花鼓歌〉、〈打花鼓〉、〈划龍舟〉、〈樂〉、〈馬戲〉(P.125-126)、〈迎春〉、〈船家樂〉(P.147-148)等等，都是江漢東從小陪同祖母看戲、看熱鬧，記憶深處一幕幕好戲輪番上演的畫面。

亦有如天使般的童子扛旗、吹奏，浩浩蕩蕩遊戲人間的〈遊戲天使〉(P.127)，畫中又藏匿著若干窺視的眼，背景的暗色調充滿原始的神祕感。

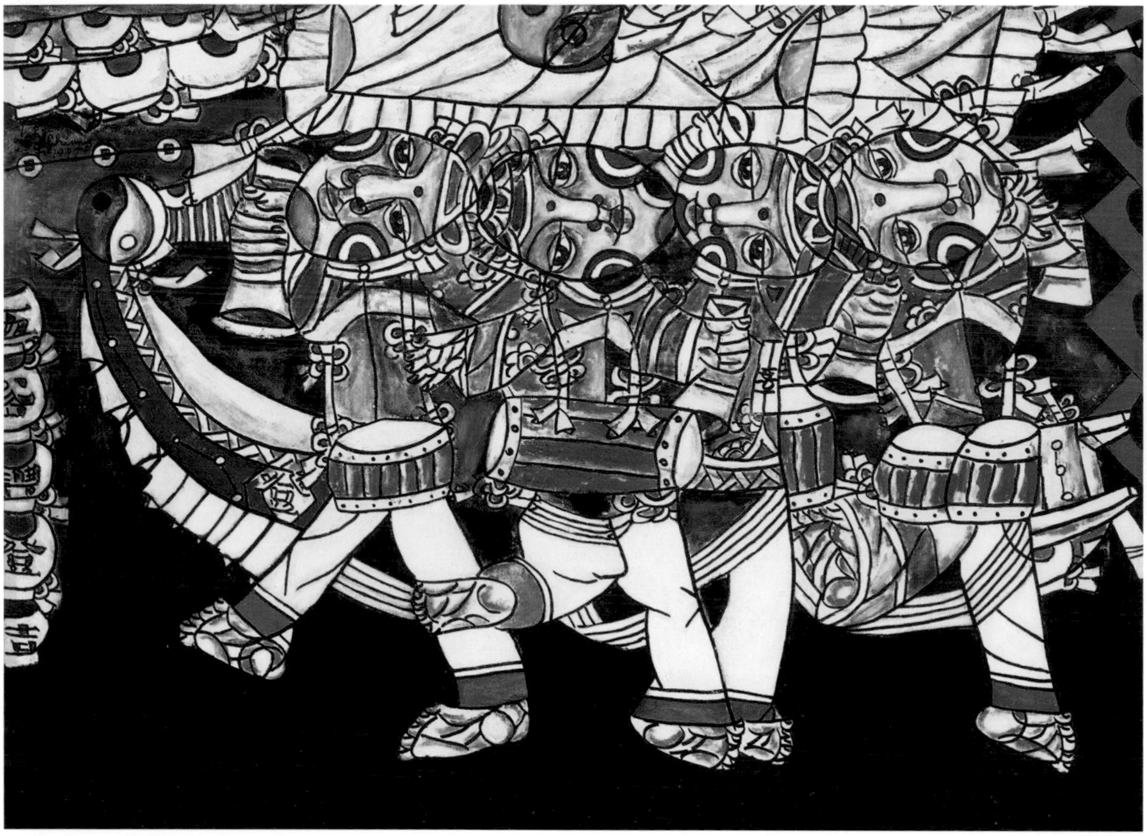

江漢東　船歌（太湖船）　1997　油彩畫布　73×100cm

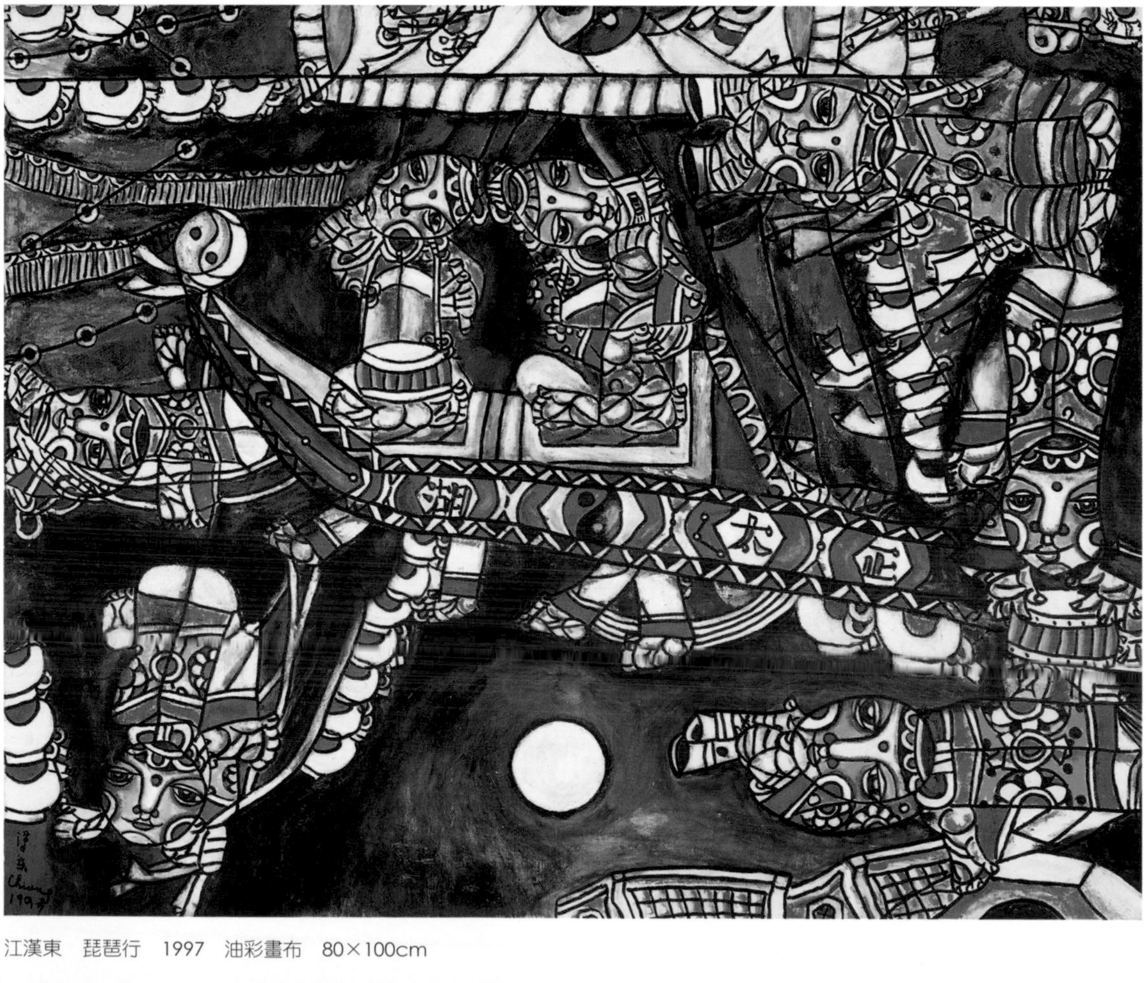

江漢東　琵琶行　1997　油彩畫布　80×100cm

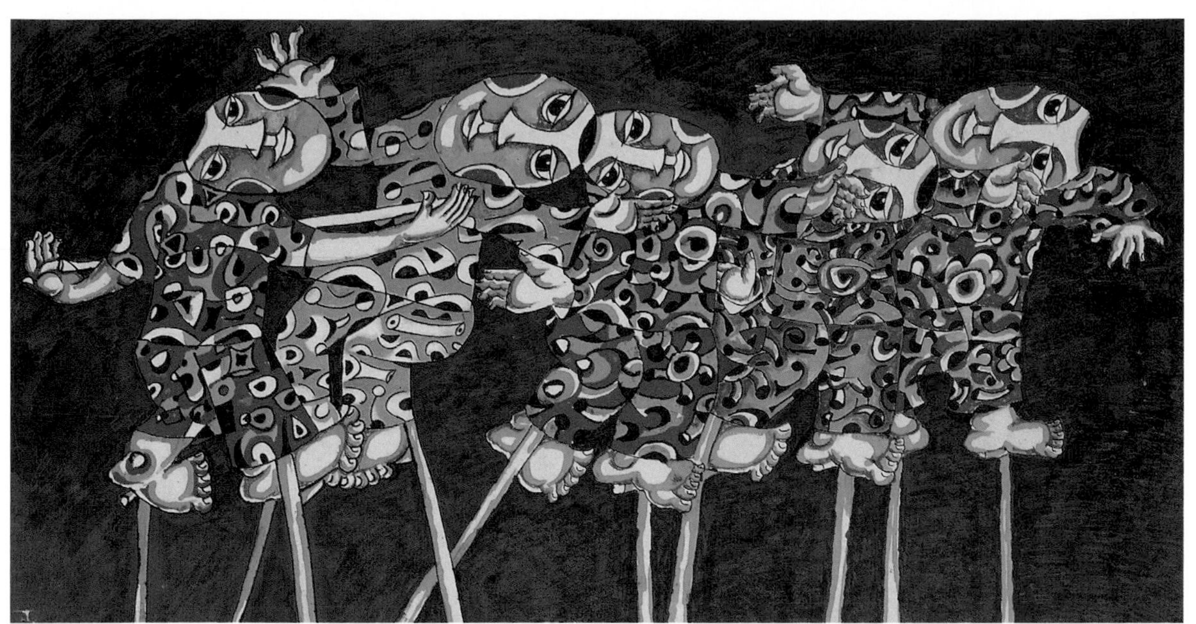

江漢東　踩高蹺之一　1972　綜合媒材　67×119cm

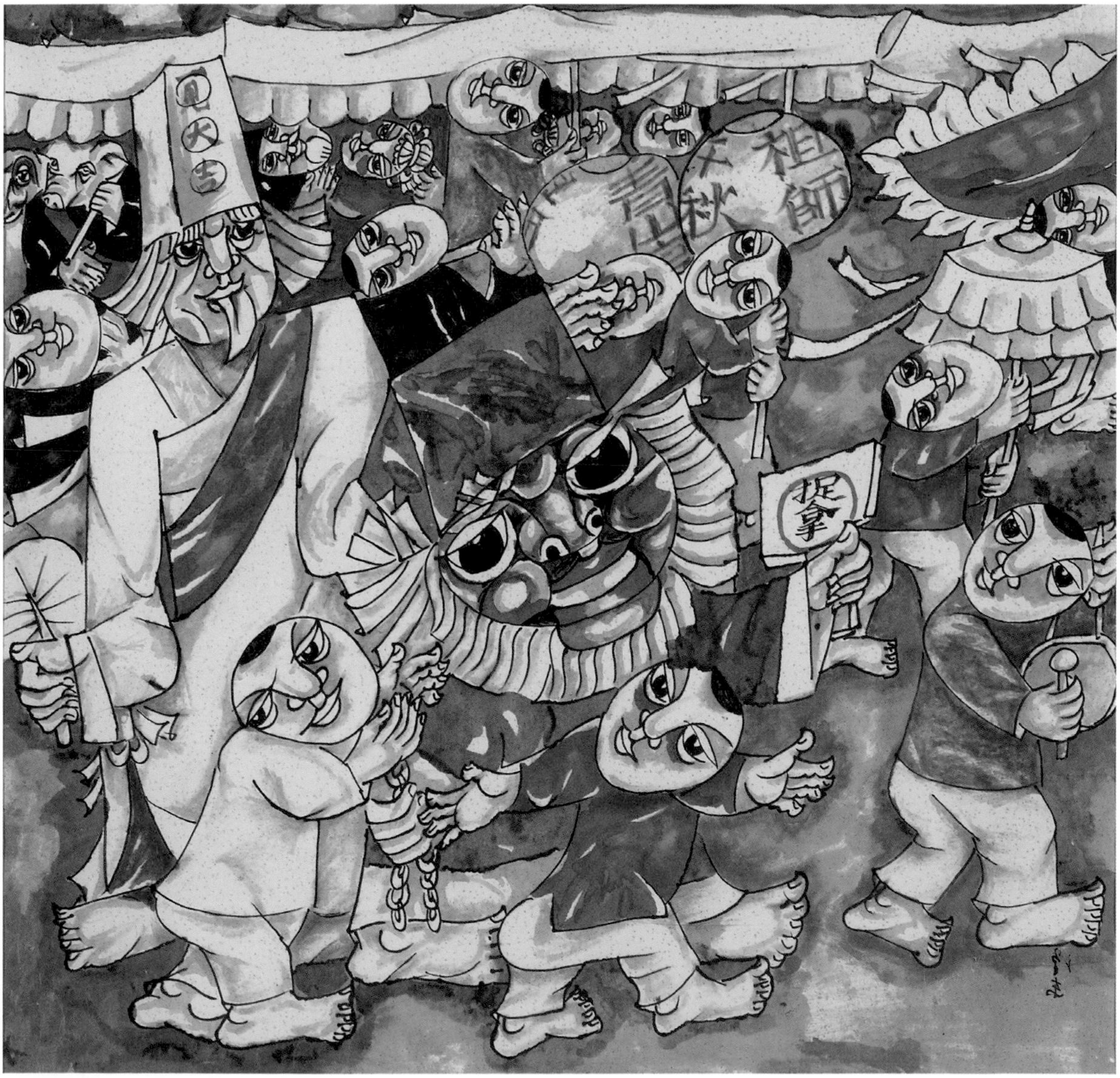

江漢東　遊行　1971　綜合媒材　58×61cm

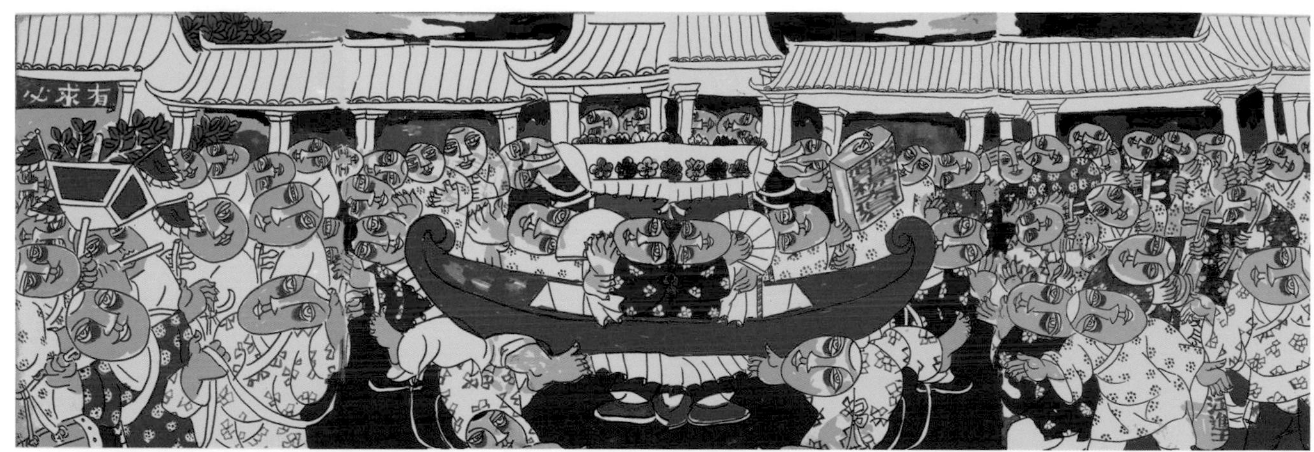

江漢東　廟會（一）　1971　數位輸出　91×116cm

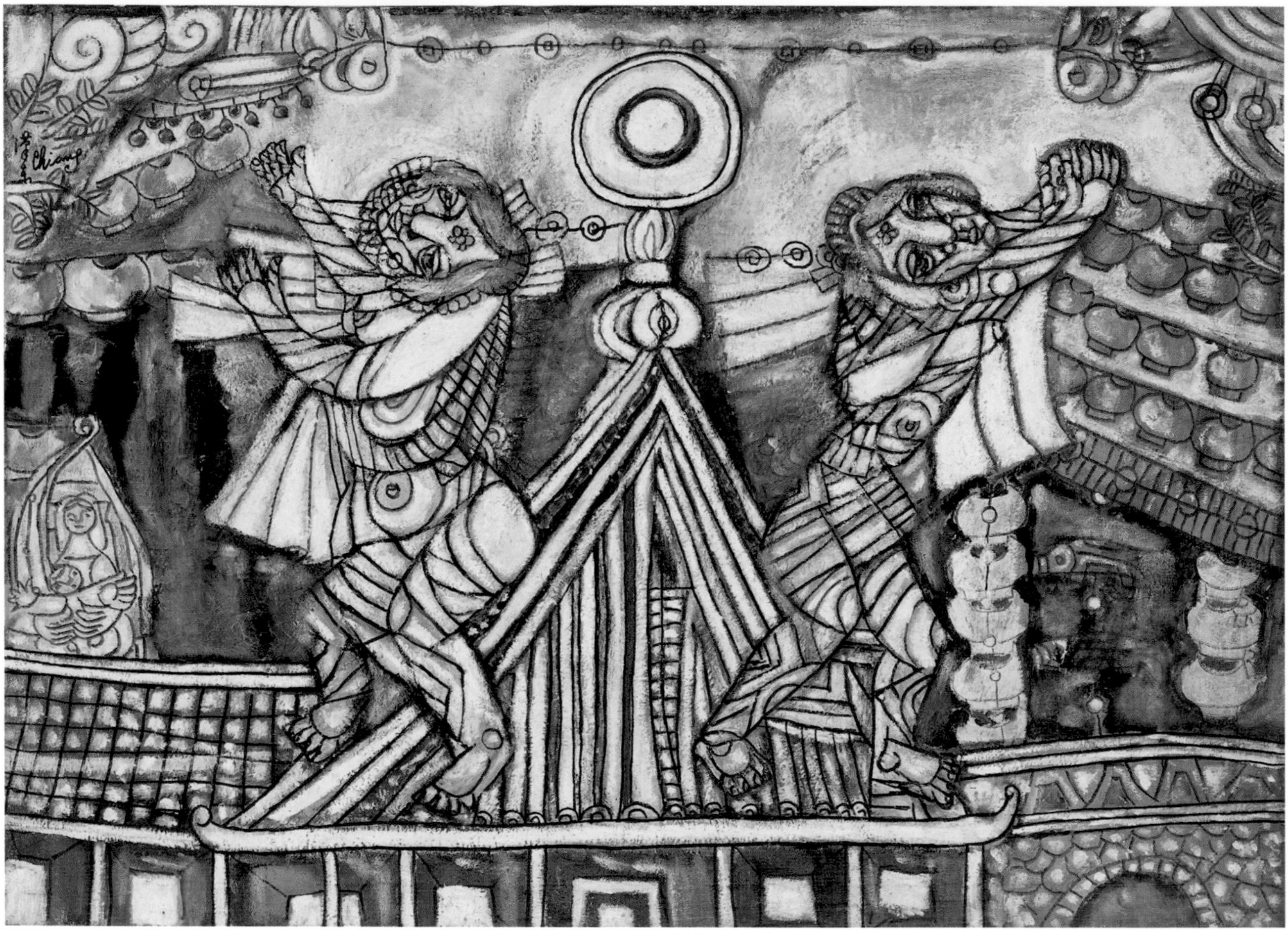

江漢東　廟會　1974
油彩畫布　66×92cm

[右頁下圖]
江漢東　馬戲　1972
綜合媒材　61×61cm

另有1997年的「夢幻組曲」的〈夢〉（P.127），旋天轉地的人物與搖錢樹都在夢境中如實呈現。幽暗的靛藍與些微黃暈，襯托出飄飄然在空中飛舞的人物，那抹因夢想而持續飄浮的靛藍更增添夢幻的氛圍。另一張1973年的〈夢〉（P.89）描繪女孩總是編織金錢美夢。似乎也投射出畫家清苦的家境，只能在夢中得到滿足。畫面上一個個團塊，恰似飄移不定的

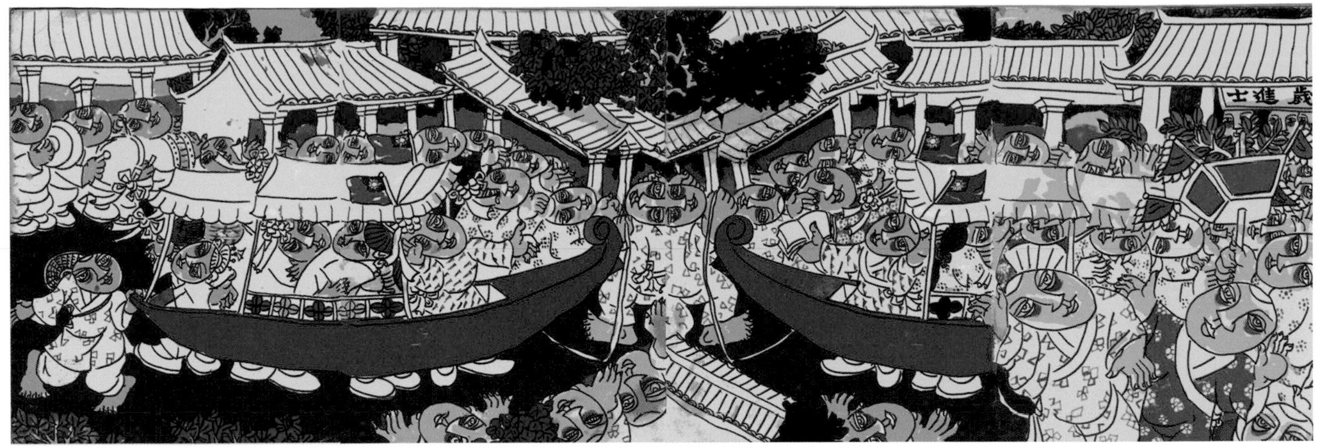

江漢東　廟會（二）　1971　數位輸出　91×116cm

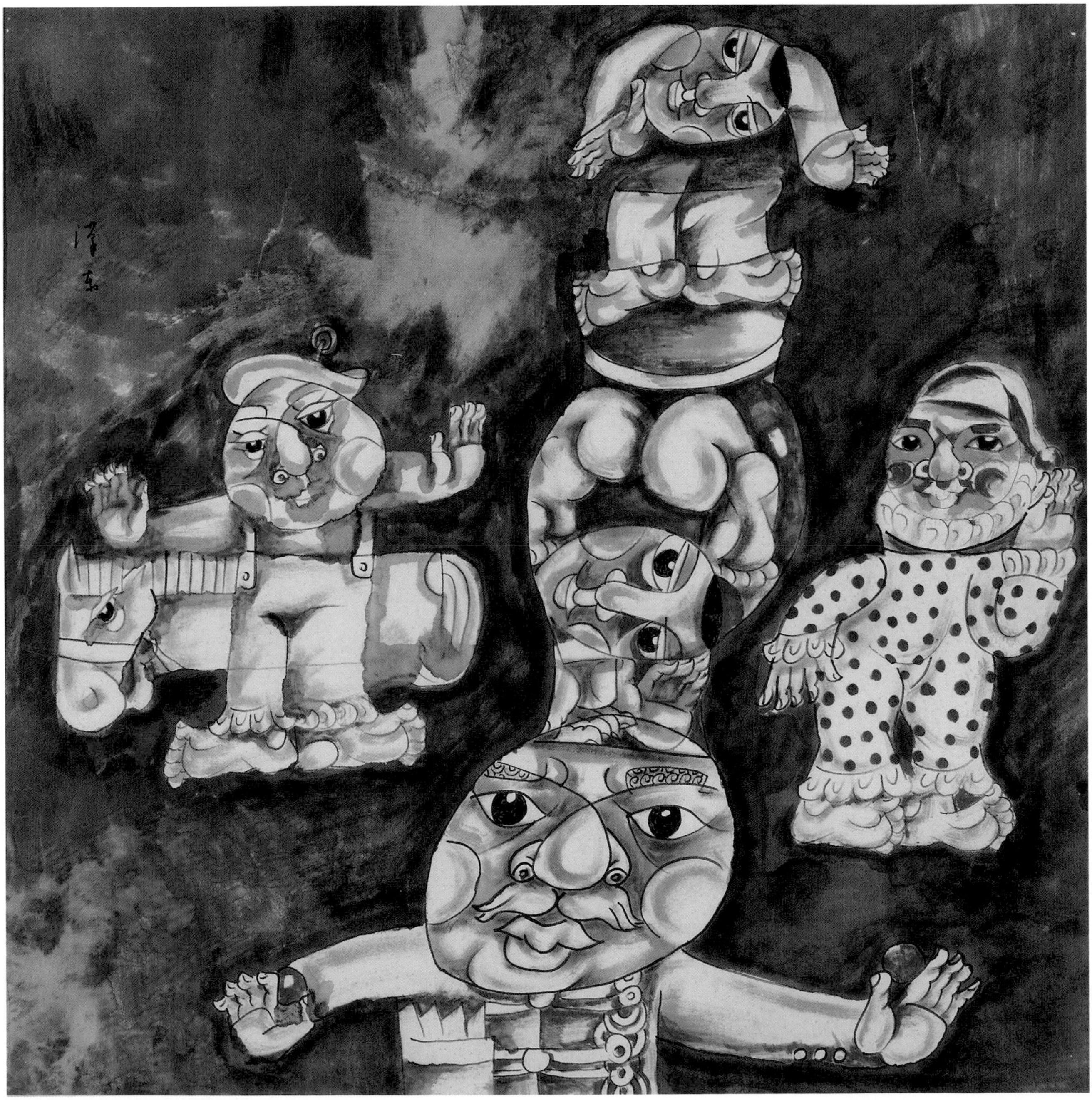

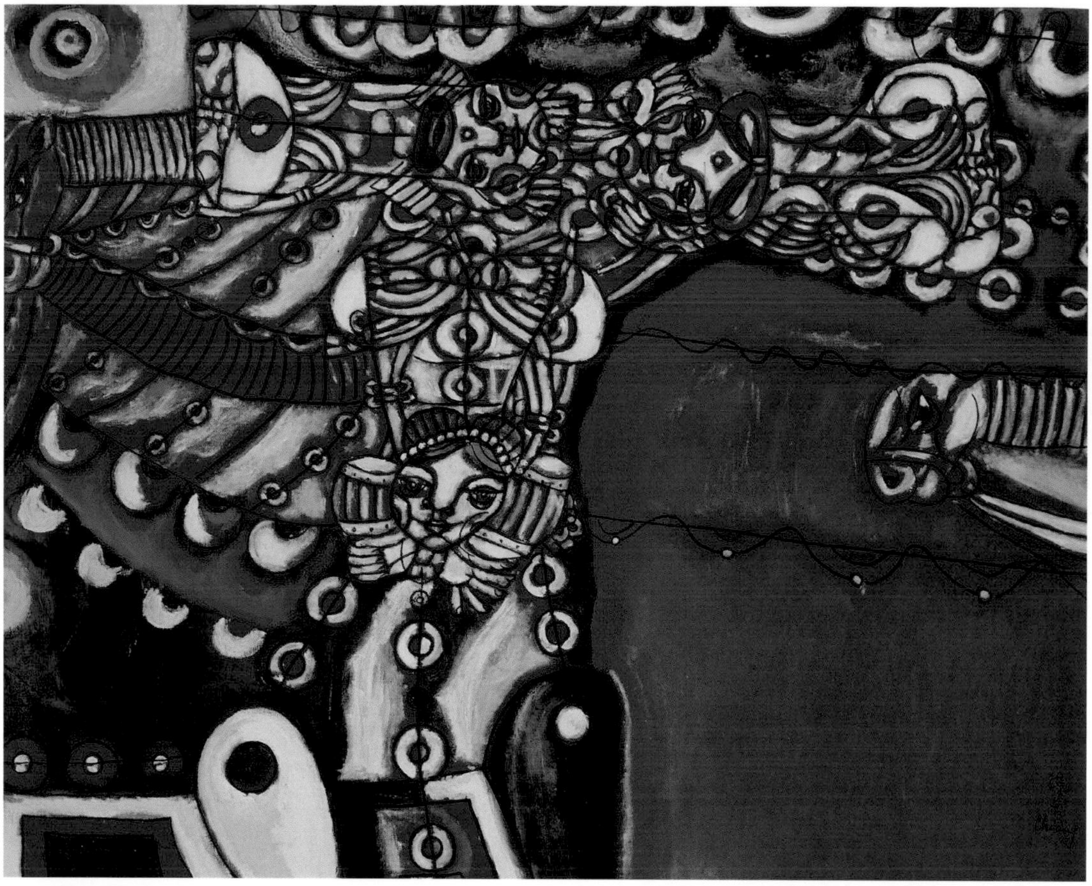

江漢東
馬戲
1985
油彩畫布
71×89cm
臺北市立
美術館藏

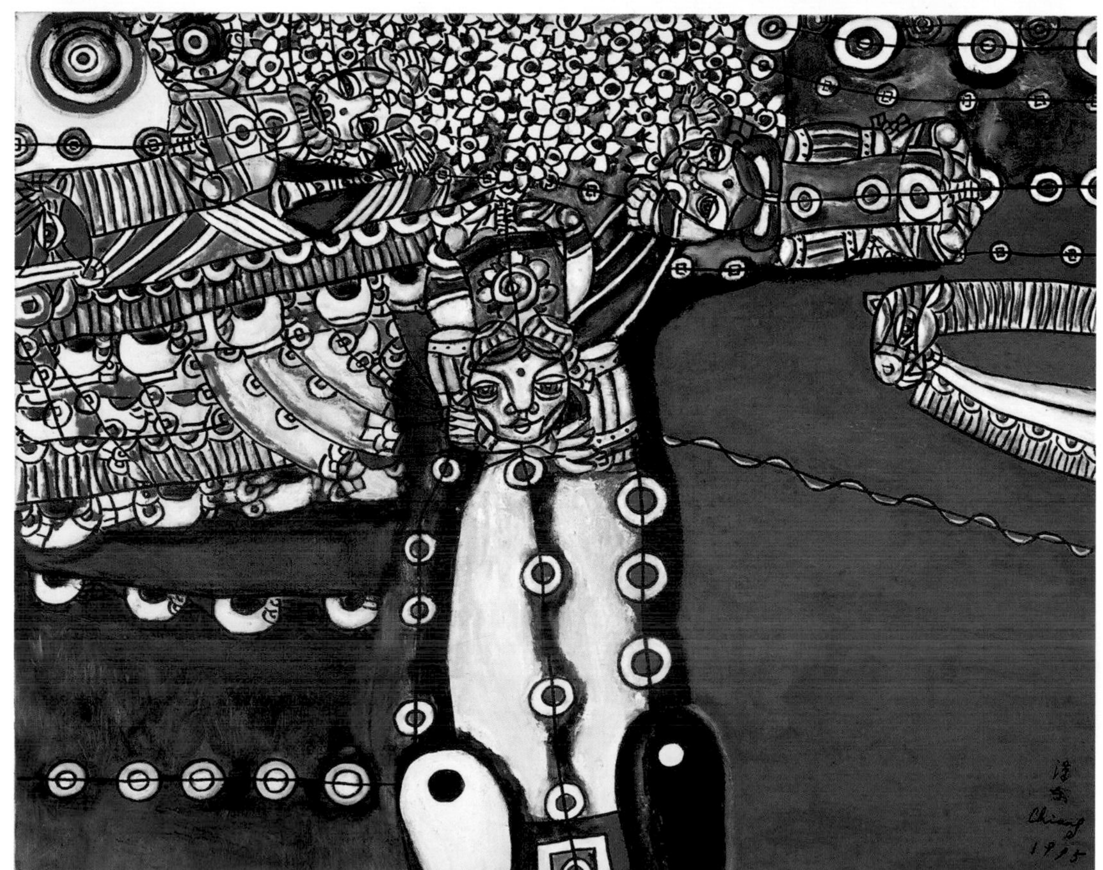

江漢東
馬戲（三）
1995
油彩畫布
73×91cm

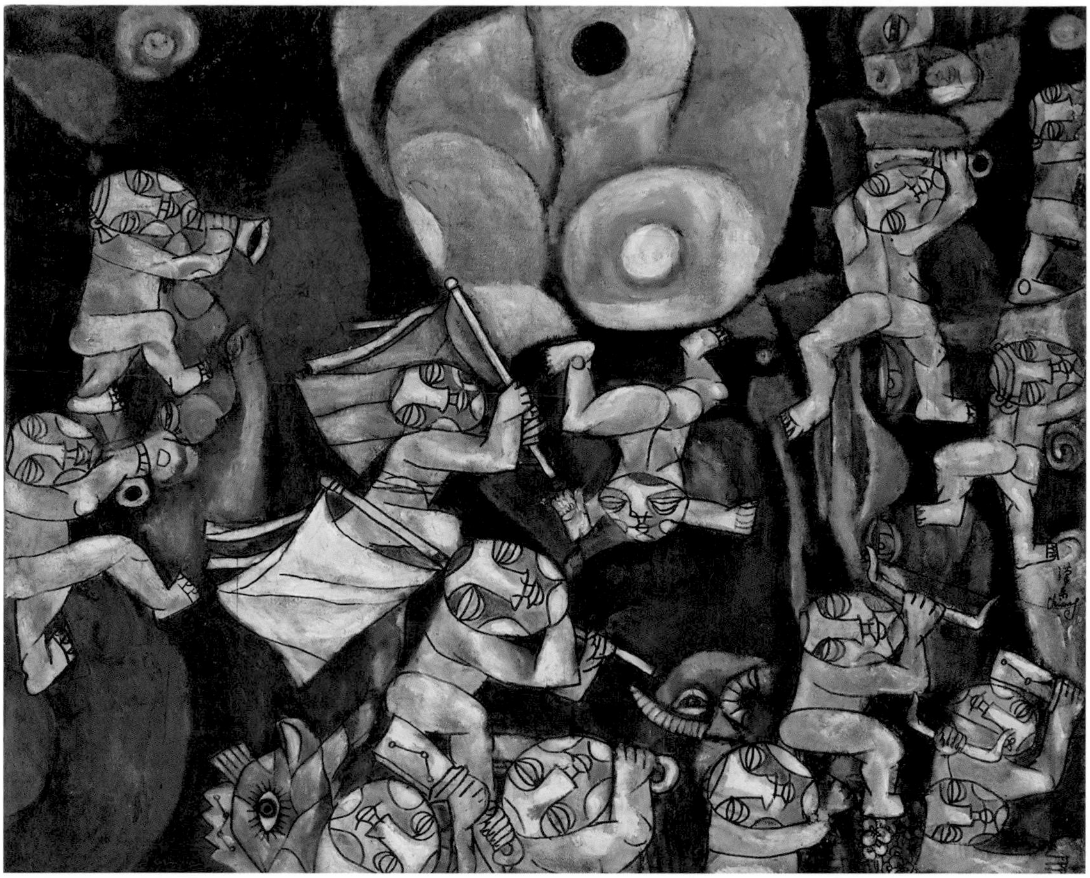

江漢東
遊戲天使
1973
油彩畫布
80×100cm

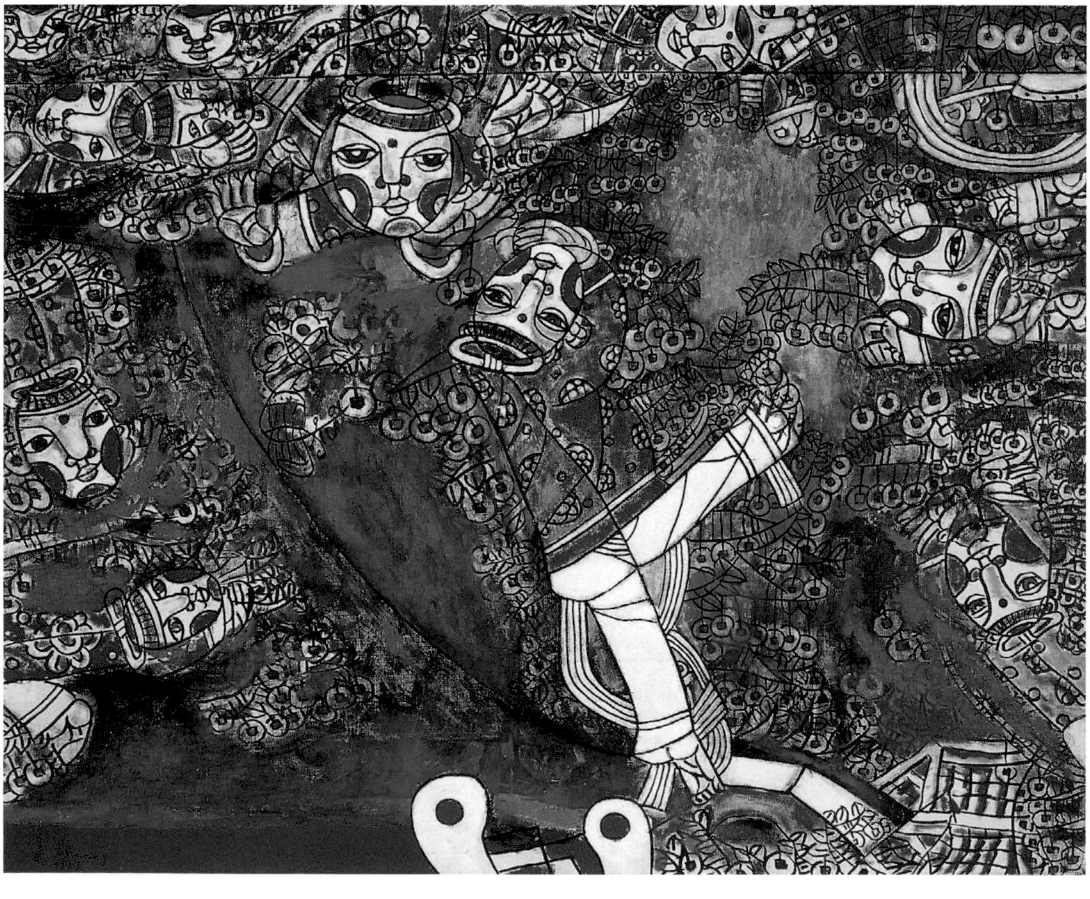

江漢東
夢
（搖錢樹）
1997
油彩畫布
65×91cm

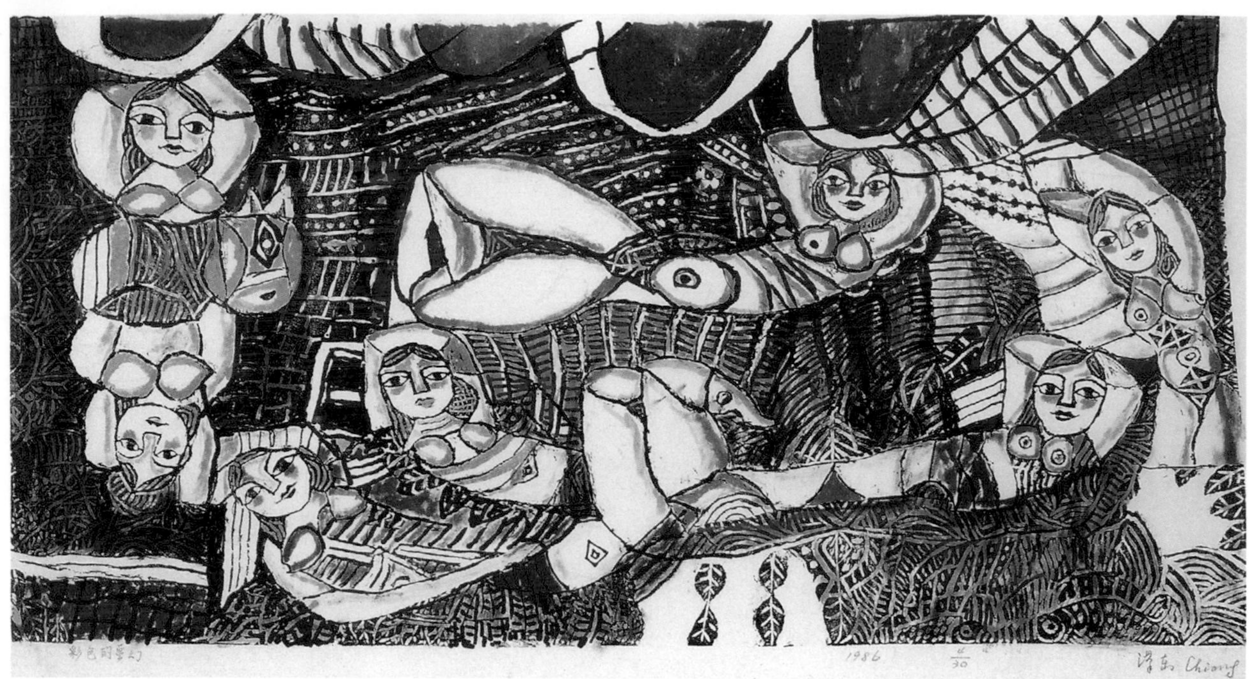

江漢東　彩色的夢幻　1986
木刻版畫　45×84.5cm

[右頁上圖]
江漢東　臥　1985
木刻版畫　28×42cm

[右頁中圖]
江漢東　裸女（一）
1980　油彩畫布　46×54cm

[右頁下圖]
江漢東　裸女（二）　1975
油彩畫布　42×54cm

[左圖]
莫迪利亞尼
斜靠在白枕上的裸女
1917-18　60×92cm
德國斯圖加特國家美術館藏

[右圖]
哥雅　裸體的瑪哈
1797-1800　油彩畫布
97×190cm

夢，只有在夢中才能擺脱現實的不堪。畫面看似隨興的塗抹，其實是江漢東精心的布局。又有花衣女孩採摘串串搖錢樹枝葉，笑顏逐開的1972年的〈夢〉，而〈彩色的夢幻〉版畫是以纖細的線條刻繪出多情少女的風華萬千，生命猶如一個夢幻大舞臺。

強國強種，愛鄉愛土

有夢最美，江漢東在畫中也不時描繪他熱中的主題裸身女人，例如〈臥〉江漢東描述：「女人躺下來就跟大自然的形狀一樣，到處高高低低，起伏不平，如果我們把自己想得像螞蟻一般細小，在人體上爬來

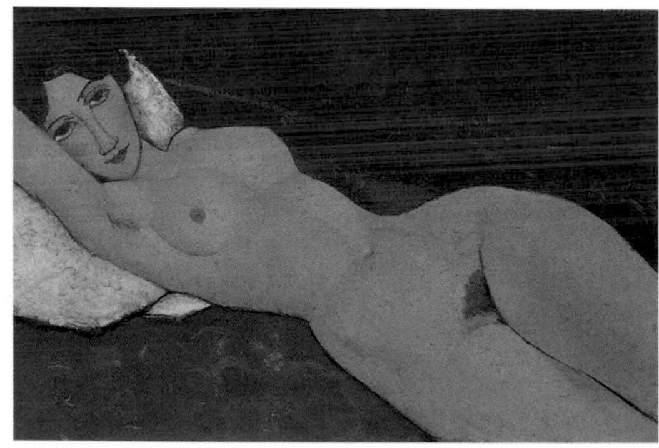

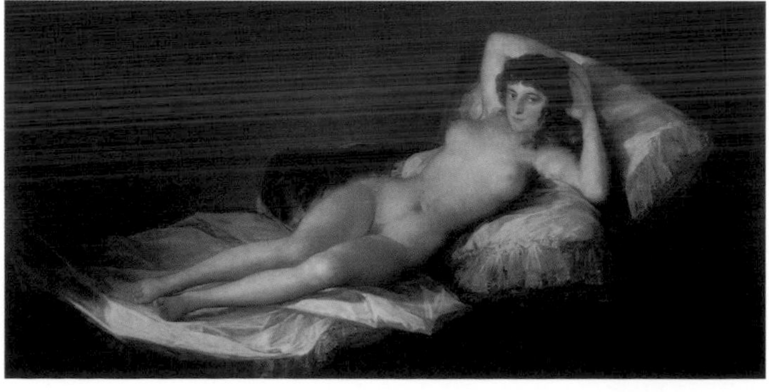

爬去，就像周遊列國一樣，一輩子也遊不完。」雖患眼疾，江漢東仍樂此不疲地描繪他幻想中的裸女新造型，如〈裸女〉、〈少女〉(P.101)、〈楊貴妃〉(P.133)拉長的身體，似裸又不全裸，以披巾為裝飾，姿態撩人，有莫迪利亞尼(Amedeo Modigliani)的裸女畫或哥雅(Francisco José de Goya Lucientes)〈裸體的瑪哈〉的味道，〈吹錫角的女孩〉(P.131)，身體曲線凝斂，以俯臥姿態吹奏錫角，優雅動人，是一種不重立體感的線描式油畫。〈少婦〉(P.133)是刻繪體態豐盈結實的女體，正面臉側面身，江漢東以多視點組合人體各部位，結構女體新造型。誇張的臀部如豐碩的果實，象徵女性的繁衍能力。又如〈月下美人〉(P.97)幾位裸體佳麗或跪或躺，盡展風姿，各現妍美。

同時江漢東也不忘描繪人間至親的濃厚親情，如〈兄弟〉(P.132)，樹下弟弟騎在哥哥肩上，哥倆好一起戲耍的濃密兄弟情。〈親情〉(P.67)中，江漢東描繪健康寶寶來自健康媽媽的賜與，值得感恩再三，是否因為他

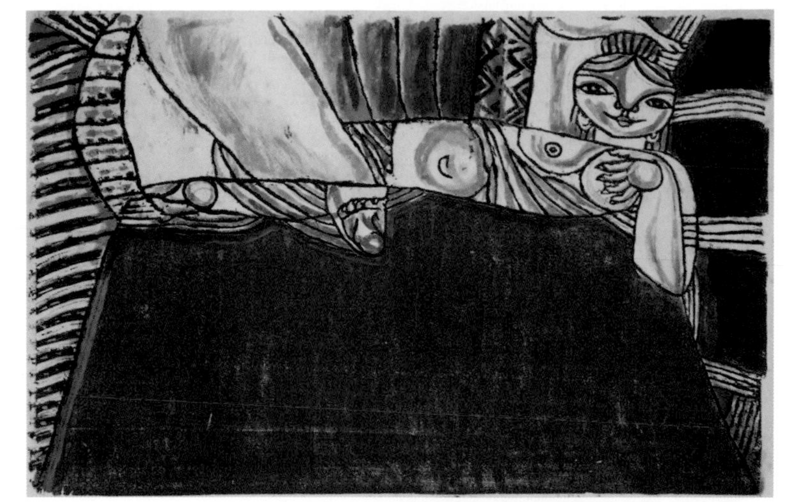

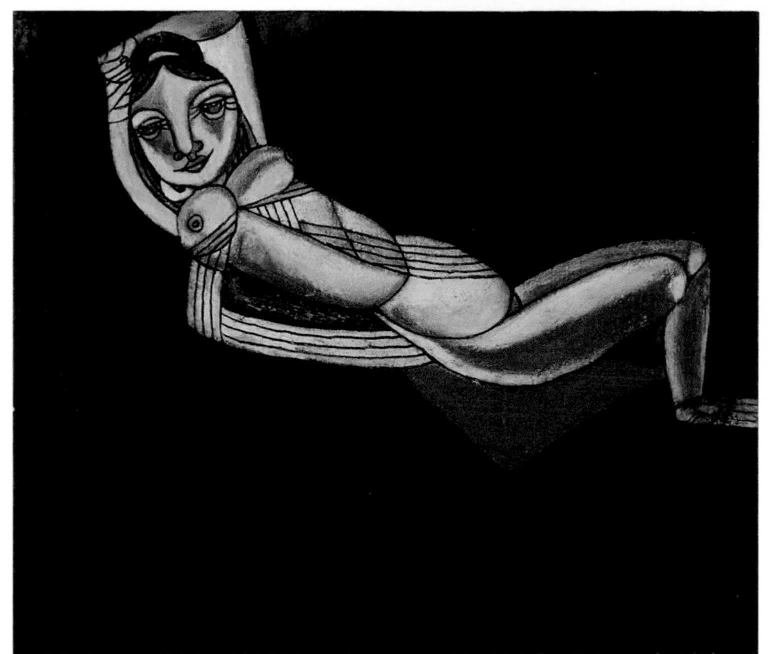

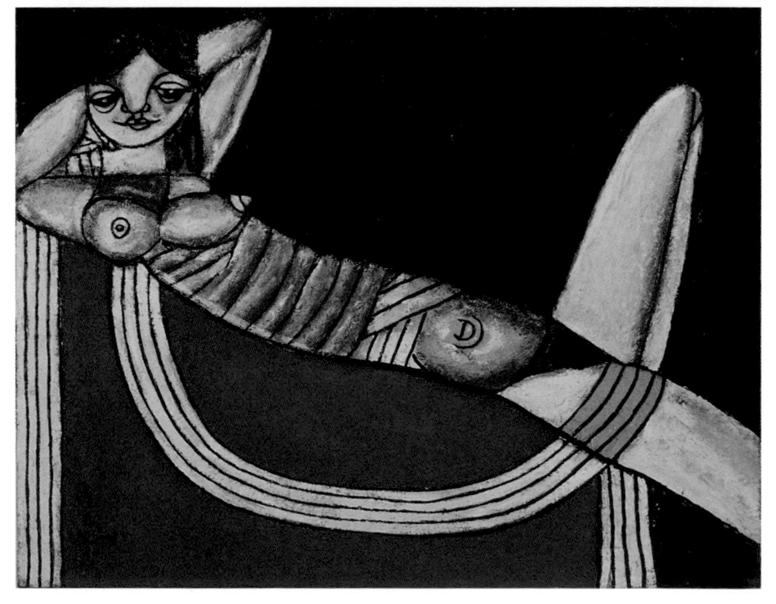

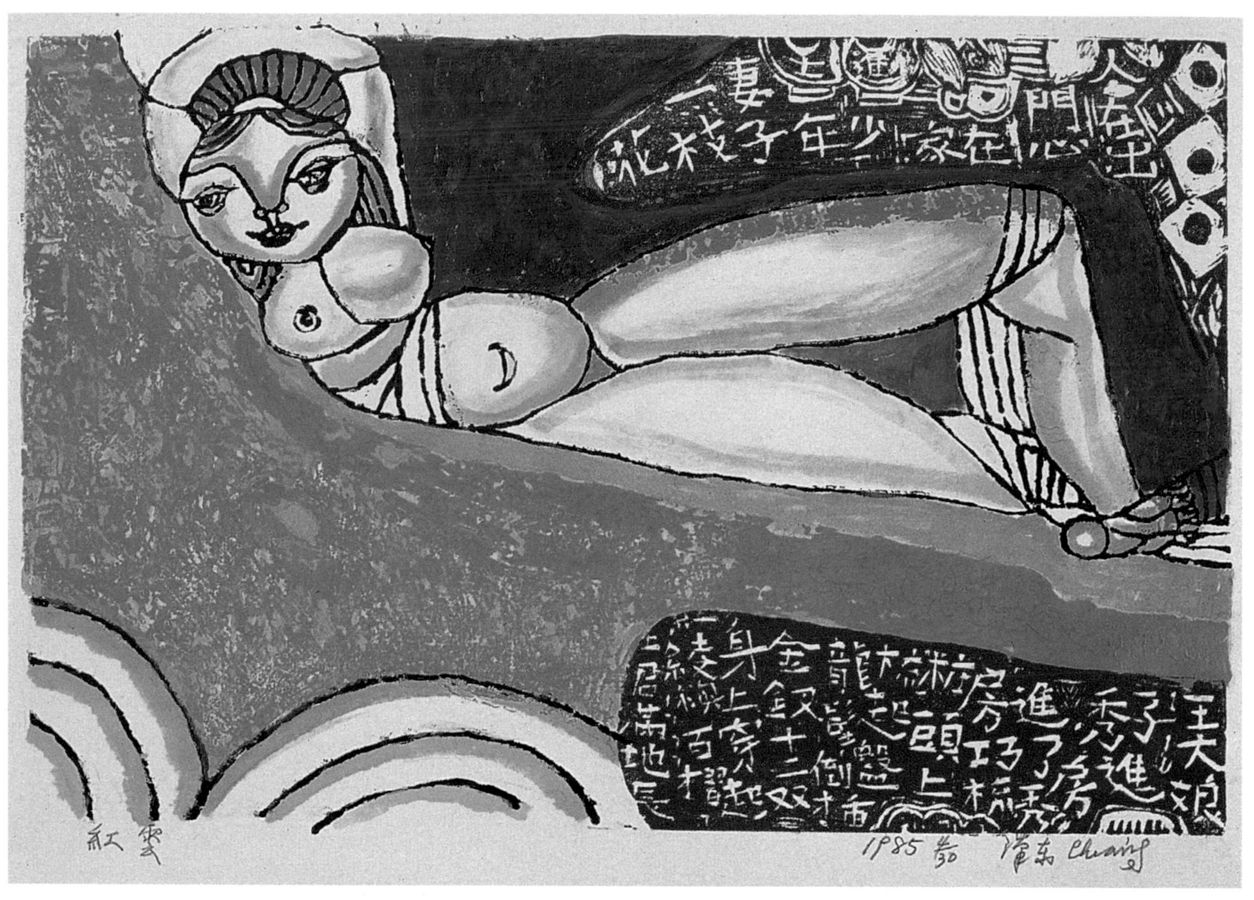

江漢東　紅雲　1985
木刻版畫　27.3×41cm
國立台灣美術館藏

週歲母親即去世，他特別有感而發，為一幅思念母親之作？江漢東寫道：「健康的媽媽有一對豐滿的乳房，充足的乳水，是孩子的恩物，是國家的國防，本圖有強國強種的意義。」由於江漢東兩歲即沒有奶水吃，由奶媽餵奶，體弱多病，三歲又向伯母討吃奶水，自小永遠喝不足奶水的他，似乎是他心中恆久的痛，因而他畫的許多裸女，永遠有著豐滿的乳房，只因那是強國強種的另一種國防，是孩子愛的恩物。

在江漢東懷鄉憶舊中，也有一個主題是描繪他記憶中熟悉的故鄉風土，例如他不斷描繪的〈七里橋〉有1964年的版畫，也有1970、1974年的油畫。或1971年的綜合媒材（P.31）。七里橋是江漢東少年時在家鄉外的縣城唸書留下的鮮明記憶，橋上有亭，亭上有人觀看，亭下有人游泳，每一段的七里橋，景致各不相同，例如1970年的〈七里橋〉（P.134）是有著

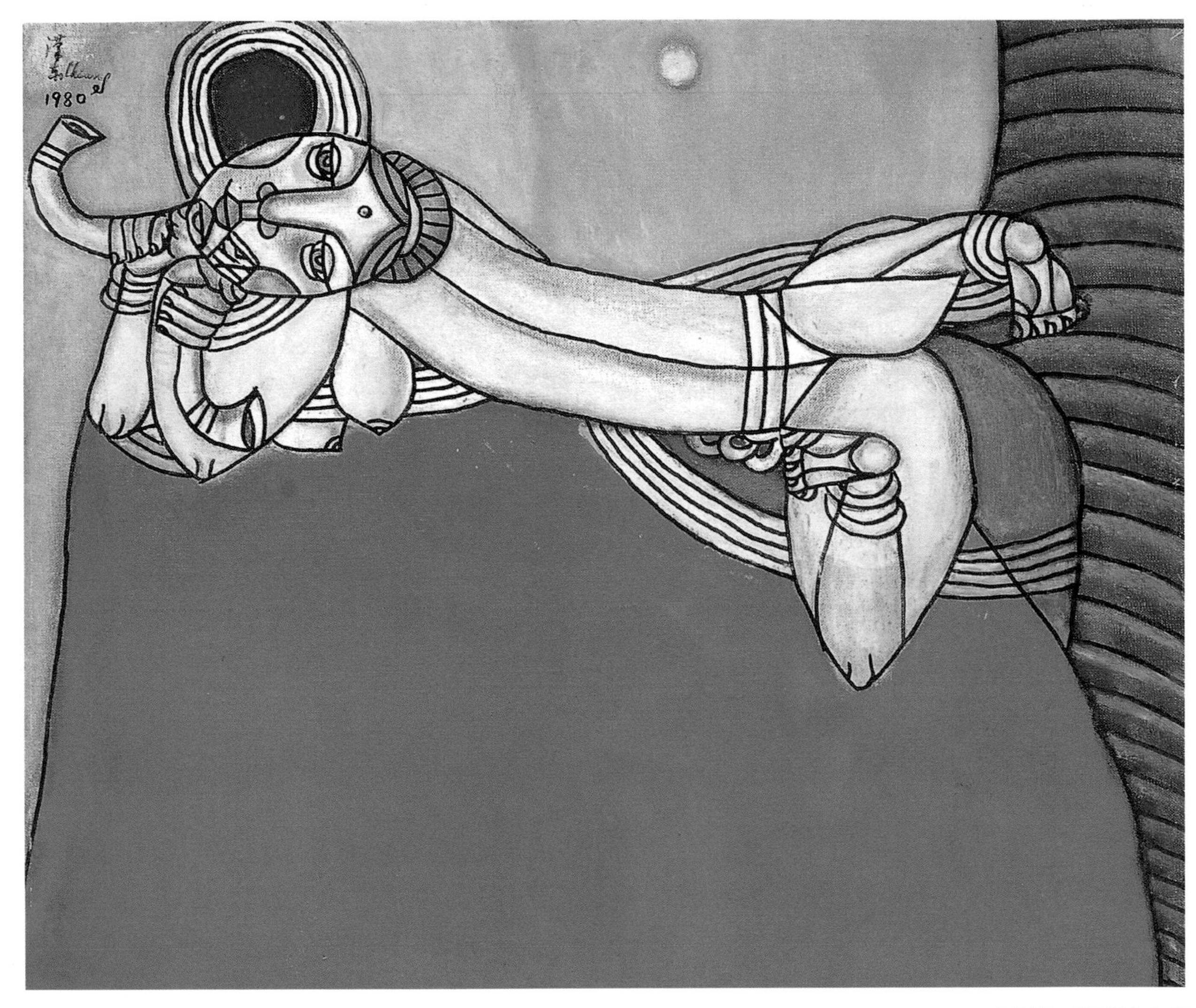

江漢東　吹錫角的女孩
1980　油彩畫布
45.5×53cm

半圓形橋墩的石橋或磚橋，既有亭子又有間土地公廟。而1974年的〈七里橋〉這一段似乎是木架構。最早的1964年的〈七里橋〉(P.134) 版畫，有如兒童畫般的稚樸，尚有人騎驢過橋或挑擔過橋，童趣十足。〈家祠〉(P.135) 是宗祠祭祀的地方，中央偏右屋簷下刻有「濟陽堂」宗姓堂號，左右間刻有貢元。歲進士等官祿，顯示宗族族人官位顯赫，有中進士，也有中貢元，足以為後人表徵。堂號是家族門戶的代稱，是中國宗法社會中對血緣關係的重視。客家人十分重視祭祖，更重詩禮傳家，家祠對後代族人的傳承意義重大。因而也是江漢東自幼印象深刻的重要祭祀場所。另一景是〈三角

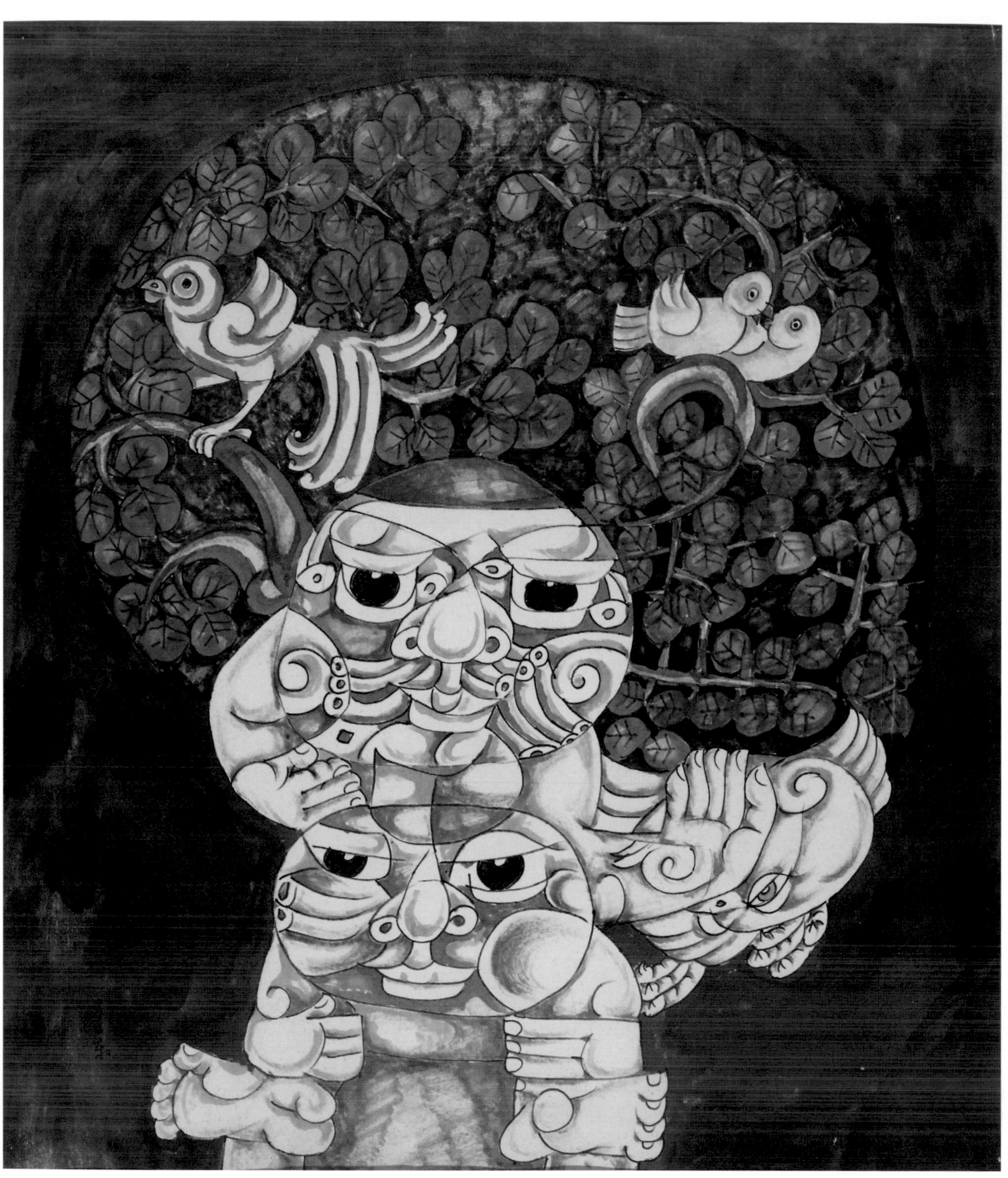

江漢東　兄弟　1972　數位輸出　70×61cm

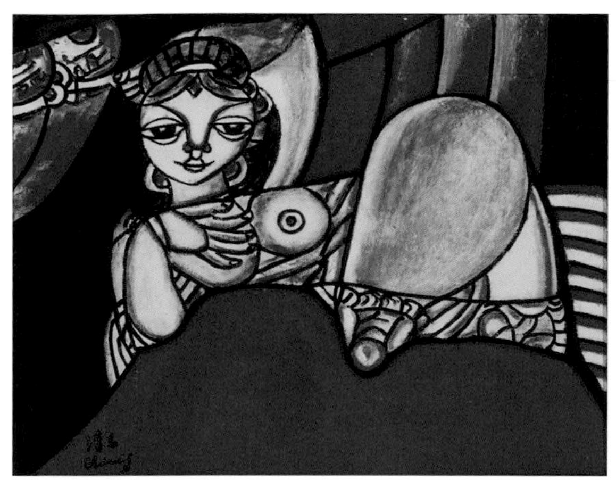

江漢東　少婦　1999　油彩畫布　33×42cm

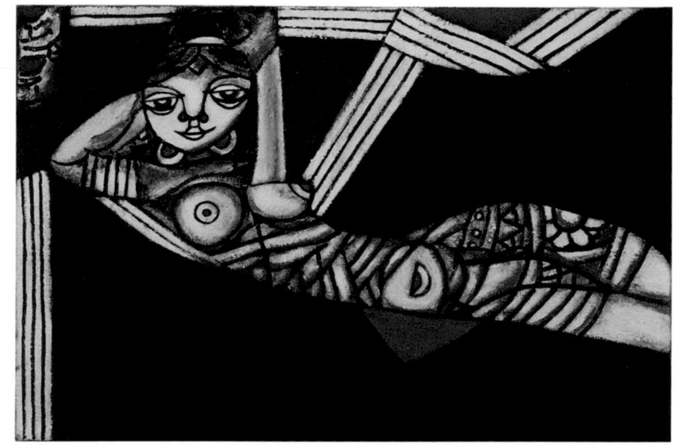

江漢東　裸女（四）　2001　油彩畫布　28×42cm

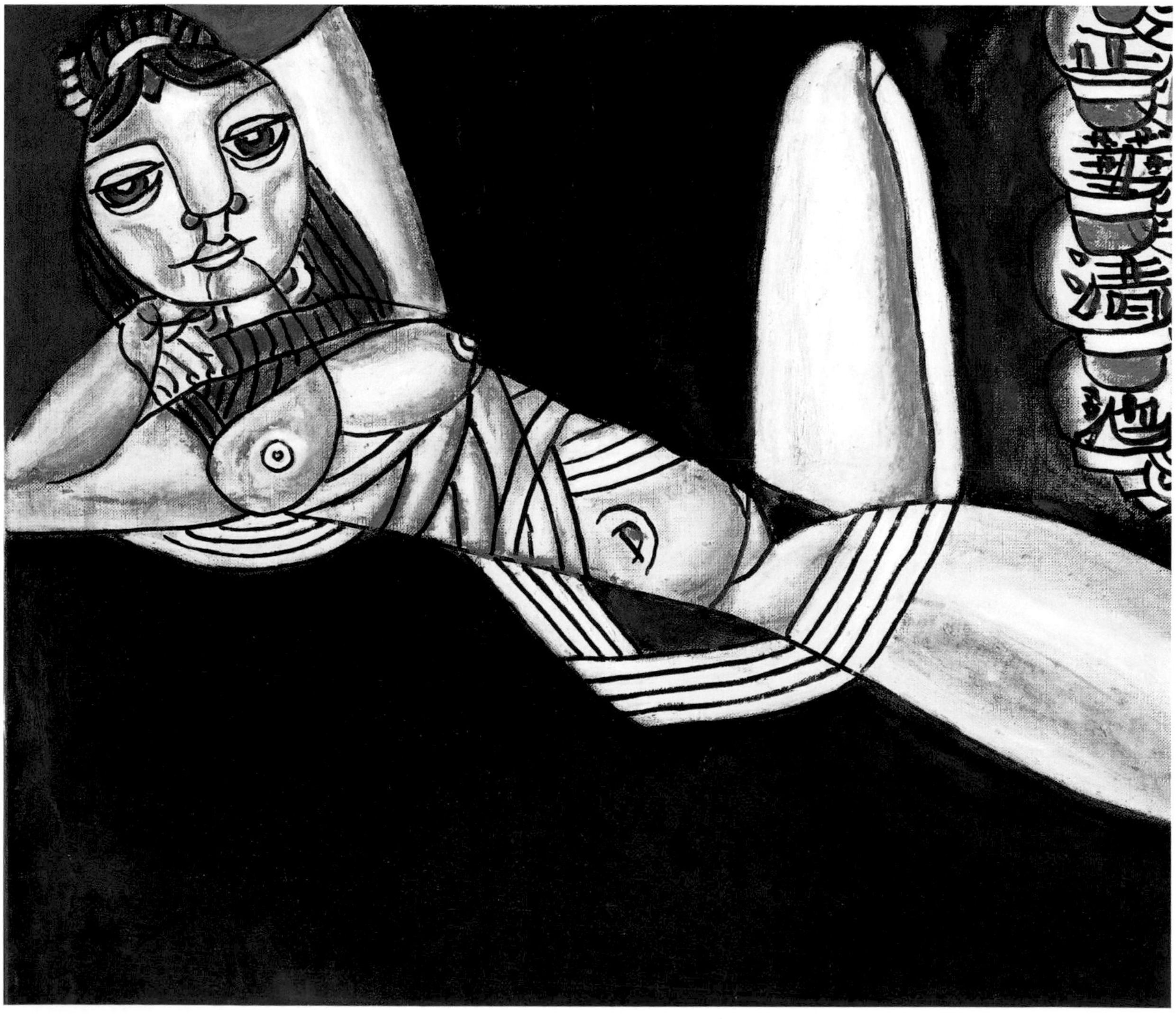

江漢東　楊貴妃　2001　油彩畫布　46×53cm

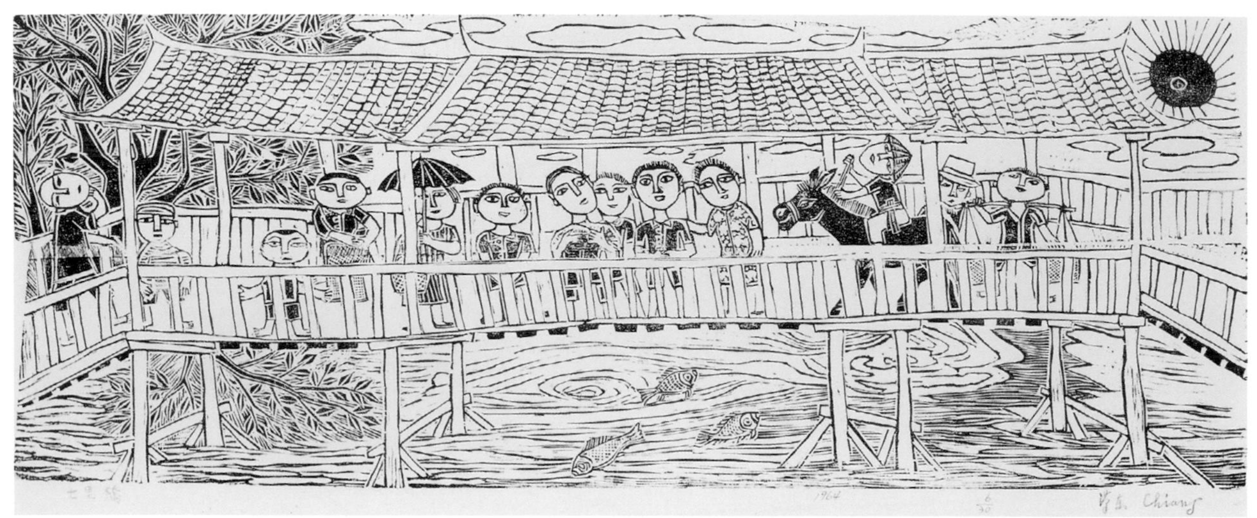

江漢東　七里橋　1964　木刻版畫　29×78cm

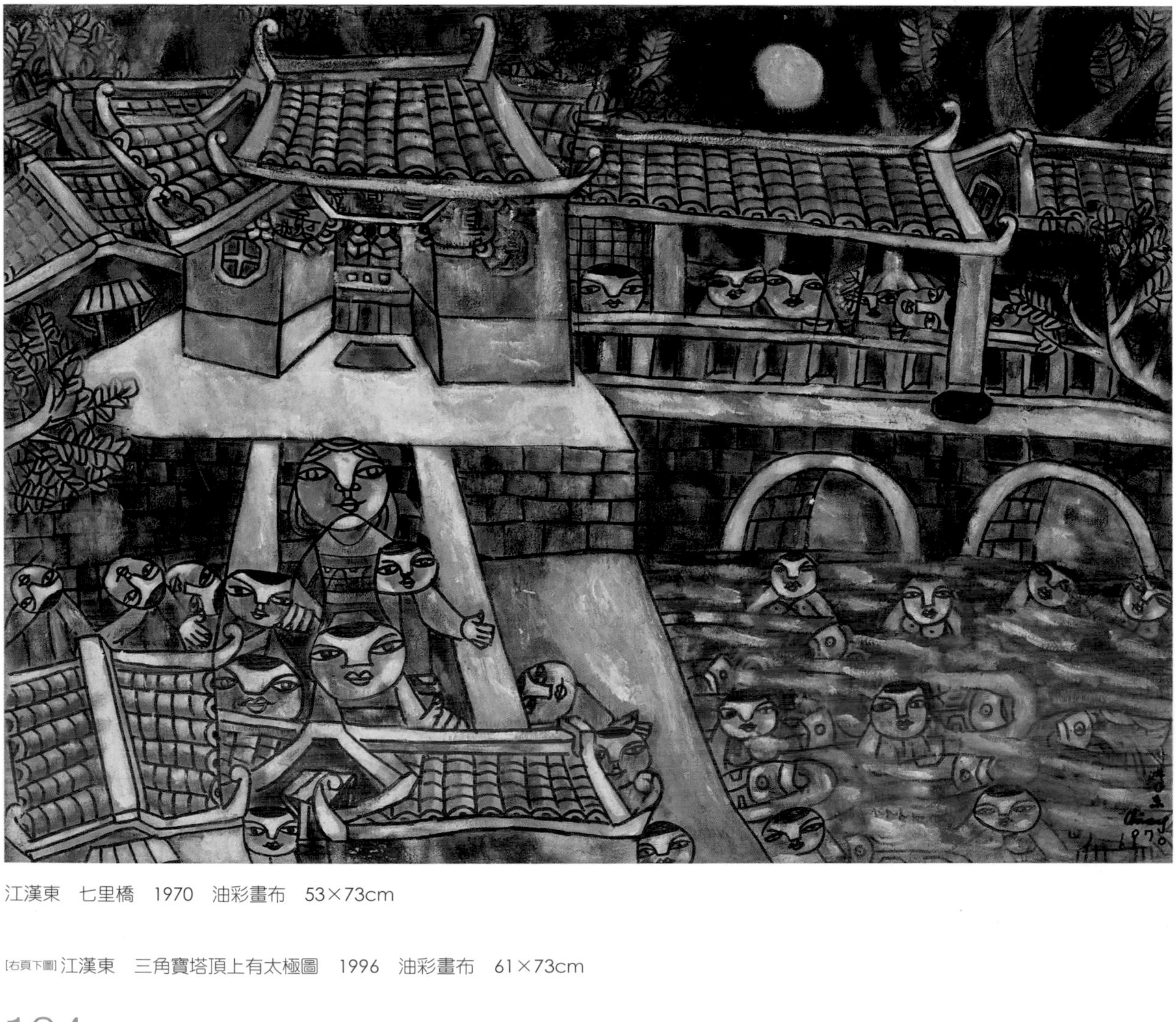

江漢東　七里橋　1970　油彩畫布　53×73cm

[右頁下圖] 江漢東　三角寶塔頂上有太極圖　1996　油彩畫布　61×73cm

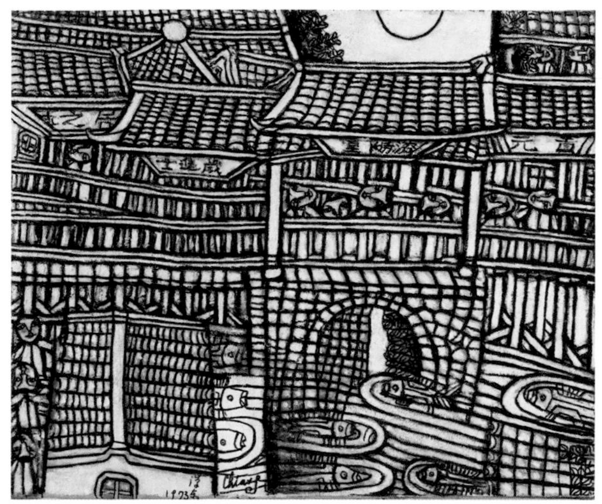

江漢東　家祠（七里橋）　1973　油彩畫布　61×73cm

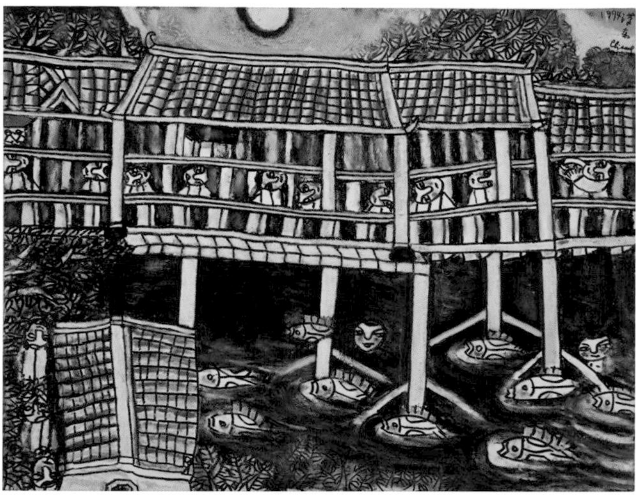

江漢東　七里橋　1996　油彩畫布　62×82cm

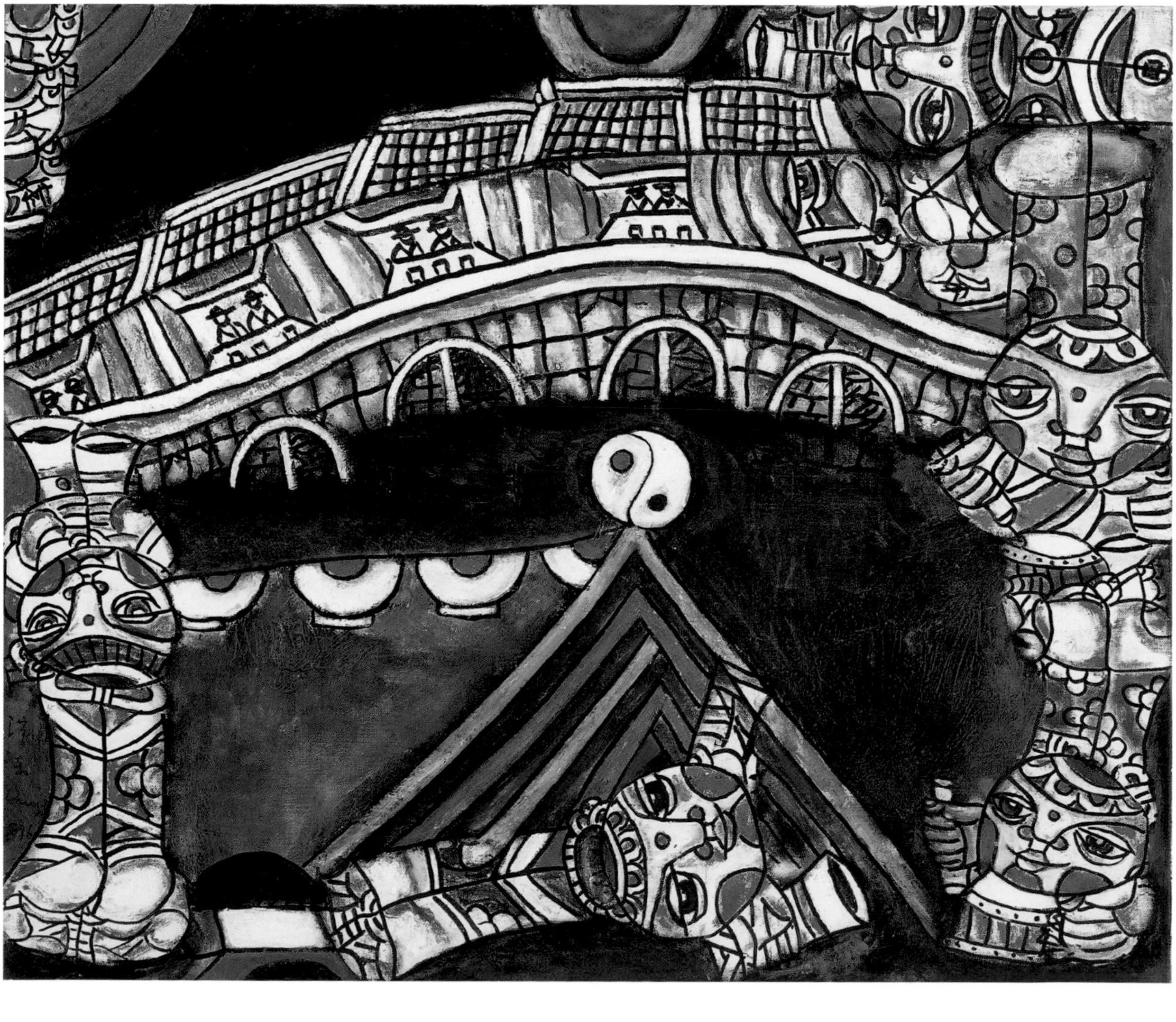

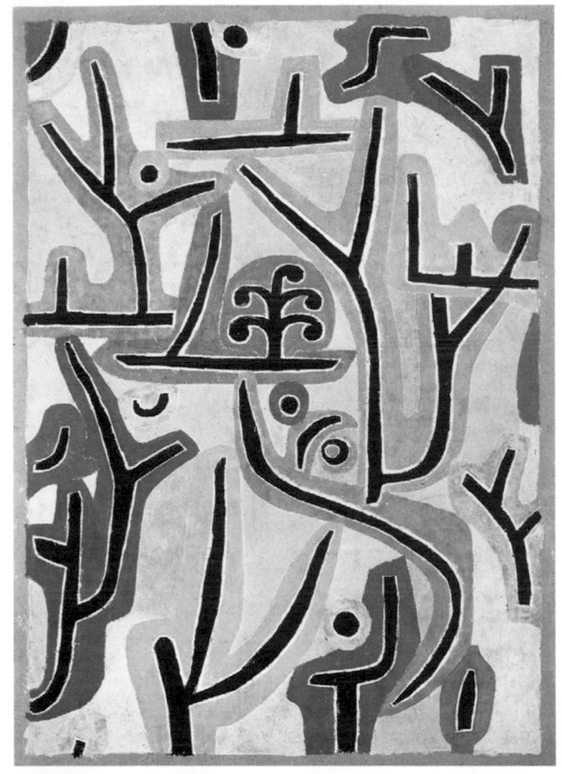

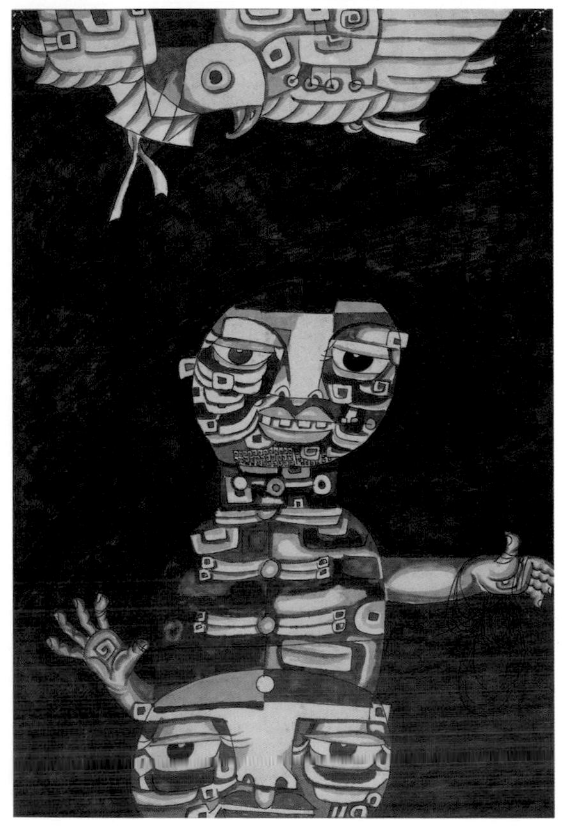

[上圖]
克利　盧塞恩近郊的公園　1938　油彩、報紙、麻布　100×70cm
[下圖]
江漢東　風箏　1971　綜合媒材　87×59cm

寶塔頂上有太極圖（天使古城）〉（P.135），鑲有太極圖的三角寶塔與橋上的土地公廟都是江漢東特別關注的景物。另外，〈放風箏〉4月春雷大地，裝扮美麗的姑娘，一起出外踏青放風箏。繁複的線條密而不亂，成排的姑娘井然有序，幾何圖形的裝飾圖案填滿姑娘的彩衣與背景。舖天蓋地滿版的構圖，黃、紅的暖色調散發春暖花開，陽光溫馨的意象。西方的克利（Paul Klee）運用線條進行分析，東方的江漢東用線條統合出母子間的親密。另一幅1971年的〈風箏〉，弟弟騎在哥哥肩上放風箏，大鳥展翅的風箏描繪得如圖案一般，人物則描繪如傀儡戲，稚拙有趣。

這次大展江漢東的幾組主題，如眼睛、民俗慶典、夢幻組曲、裸女、親情等大作，確實讓人難以想像它是出自一個幾近全盲的畫家手裡，也讓人更相信作畫不一定只能靠肉眼，因為肉眼只能看見現在、眼前的視覺效果，若能打開內在的眼睛，看見的天地就更廣袤，那心眼的內在感官超越時間、空間，可能激起更不一樣的想像與創造。江漢東就是一個極佳的以心眼的想像力創作的例證。

展覽前一年適巧蕭勤回國，特地去拜訪老朋友，看完這一批畫作後，他對江漢東說：「你的畫是『一路來』。」的確江漢東一路走來，描寫的主題或有不同，但不變的是他內在心靈永遠保持一份童心的純真，面對現實生活的不堪，他也能安貧樂道，樂觀以對，投射在畫面的是他知足常樂的心境，他的回憶或夢境無形中傳播著正向

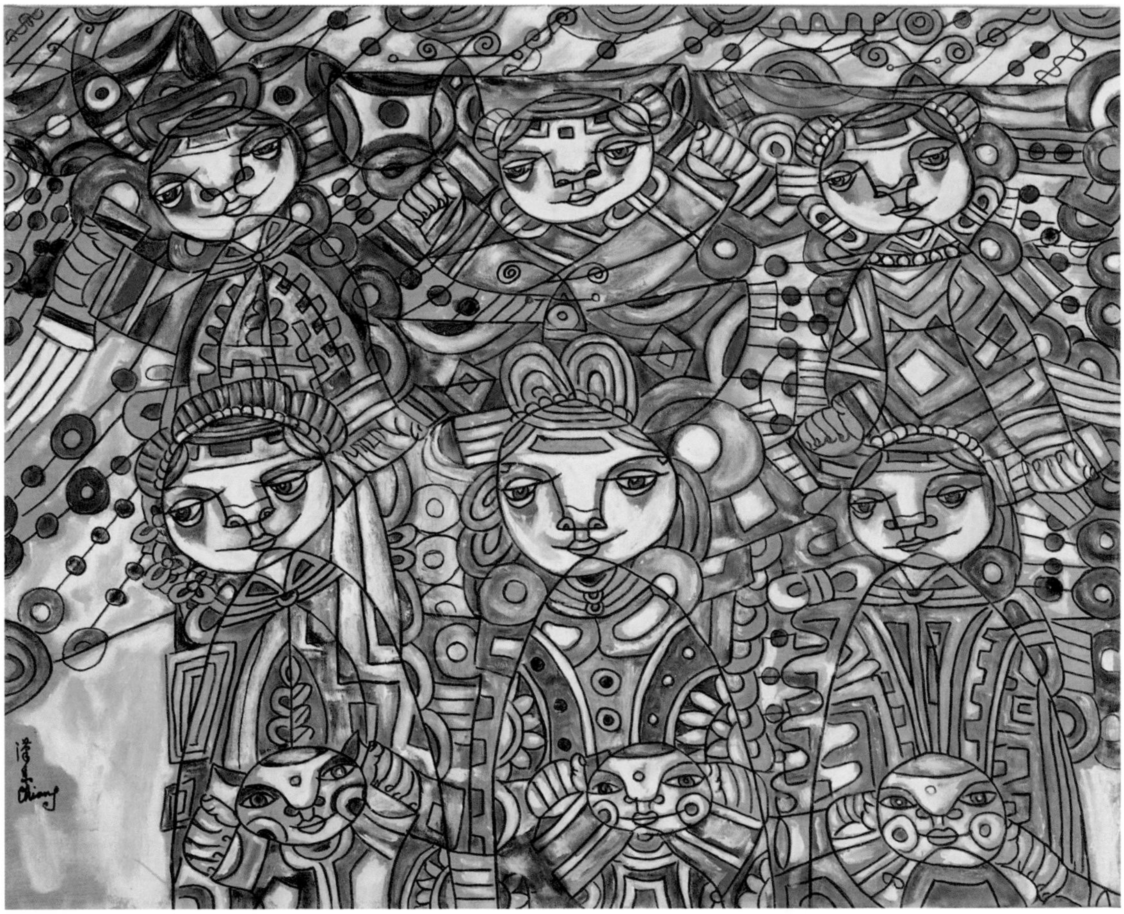

江漢東
放風箏
1975
油彩畫布
80×100cm

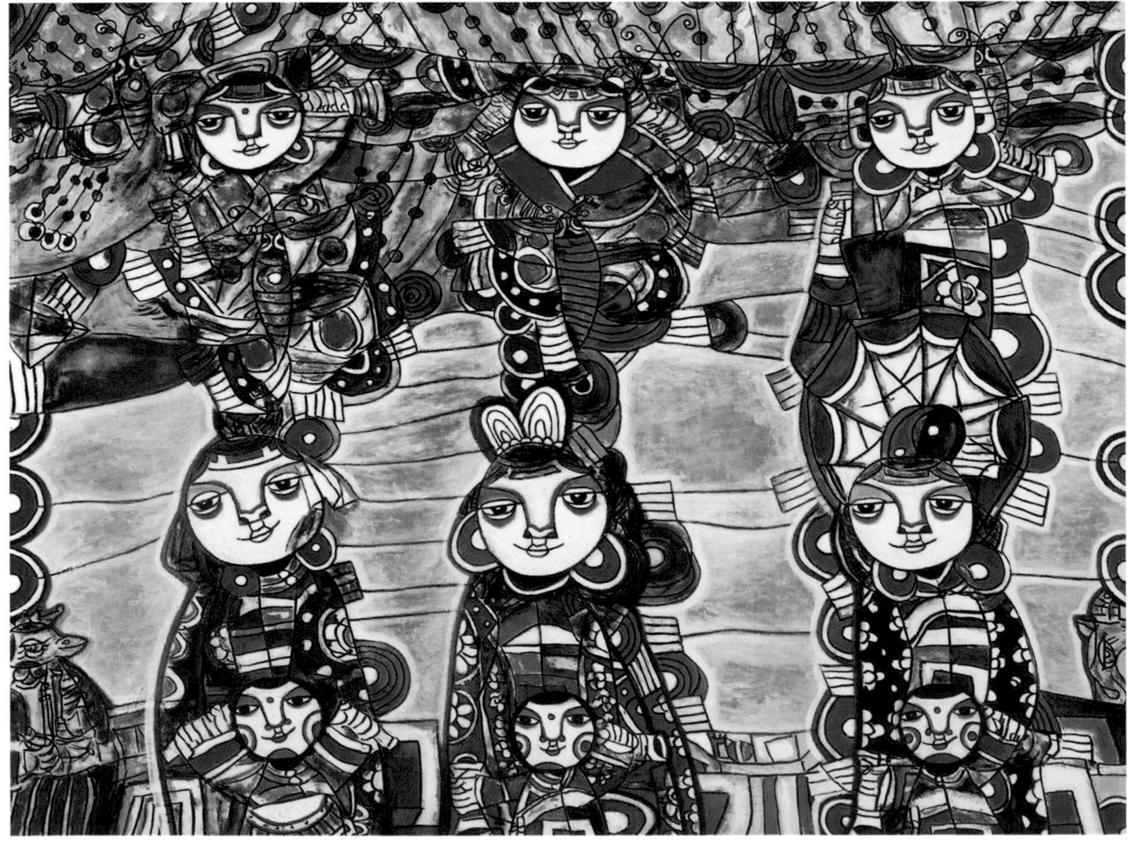

江漢東
放風箏
1999
油彩畫布
97×130cm

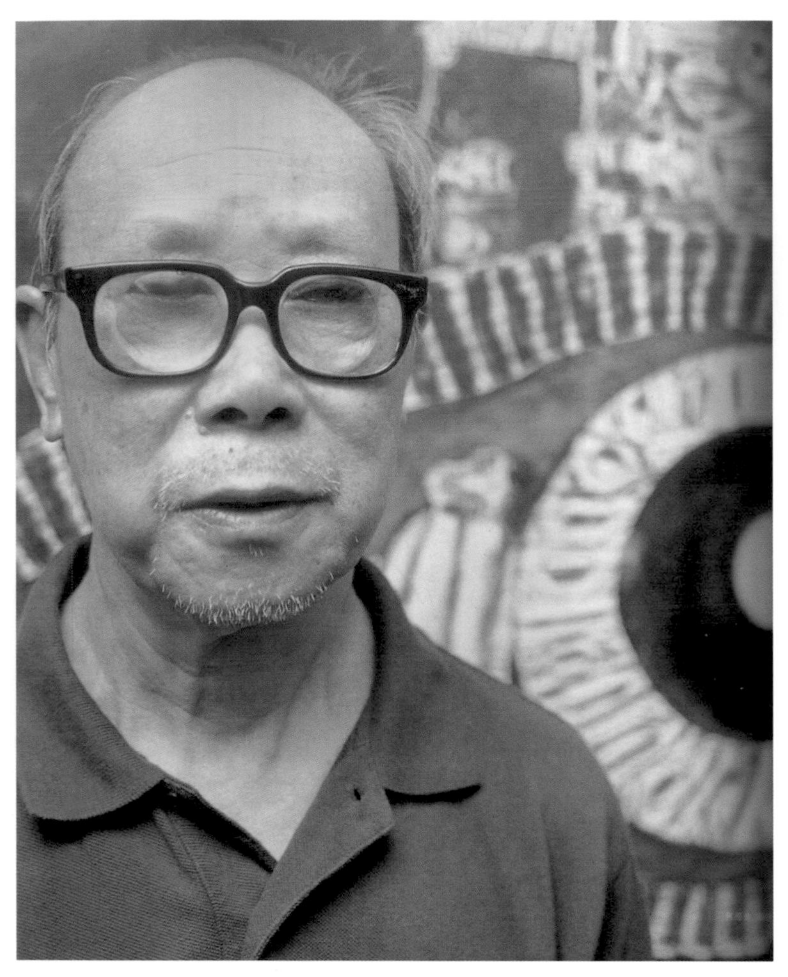
1997年江漢東獨照。

能量，而非負面情緒，不但撫慰他自己，也感染面對他作品的觀眾，他的「一路來」畫作有如他所描繪的天使，為不斷紊亂，高度消費的當代文明社會，注入清晰的能量。如果是一位沒受過苦的畫家，畫出生命的歡欣，其實不足為奇，而一位嚐過生活辛酸，飽受生命之痛的畫家，仍對生命無所退怯，畫出生命的謳歌，他的眼睛為黑暗所遮蔽，他的畫卻藏有一份追尋的力量，追尋光明的力量，也許只有痛才能表達生命的喜悅，才能在幽暗處輝閃生命內蘊的亮光。

七十歲的回顧展江漢東自己交出的首張成績單，他十分感謝當年引導他走入現代藝術的李仲生老師，尤其李仲生更耳提面命的點醒他，別人沒有，他觸具的「原始、古拙」兩大現代繪畫要素，要他好好把握。七十歲的他能有今天「一路來」的繪畫成果，他對李仲生恩師十分感激。

「慶幸，慶幸，非常慶幸的我已活到七十歲了。」更慶幸的是江漢東不知道上天尚未要召回他，更留給他往後十餘年的時間，讓他繼續「勤能補拙」補償他因眼疾所加倍花費的時間。

七十歲以後，江漢東眼睛的視力已經愈來愈黯淡，他的畫卻愈來愈「隨心所欲而不踰矩」，許是上蒼垂憐，讓他的心境更為敞開。常年與自己孤獨相處，不為世間俗務羈絆干擾，他心中恆存的愛與美，已啟動他的靈魂密碼，讓他繼續編織美夢，喚醒一更深邃的記憶之門，他永永遠遠像一名苦行僧，一寸一寸地在他的繪畫王國裡雲遊。

[右頁上圖]
1997年，江漢東於阿波羅畫廊的個展中向記者解說創作內容。

[右頁下圖]
1997年，江漢東（右）於阿波羅畫廊中向藏家說明創作內容。

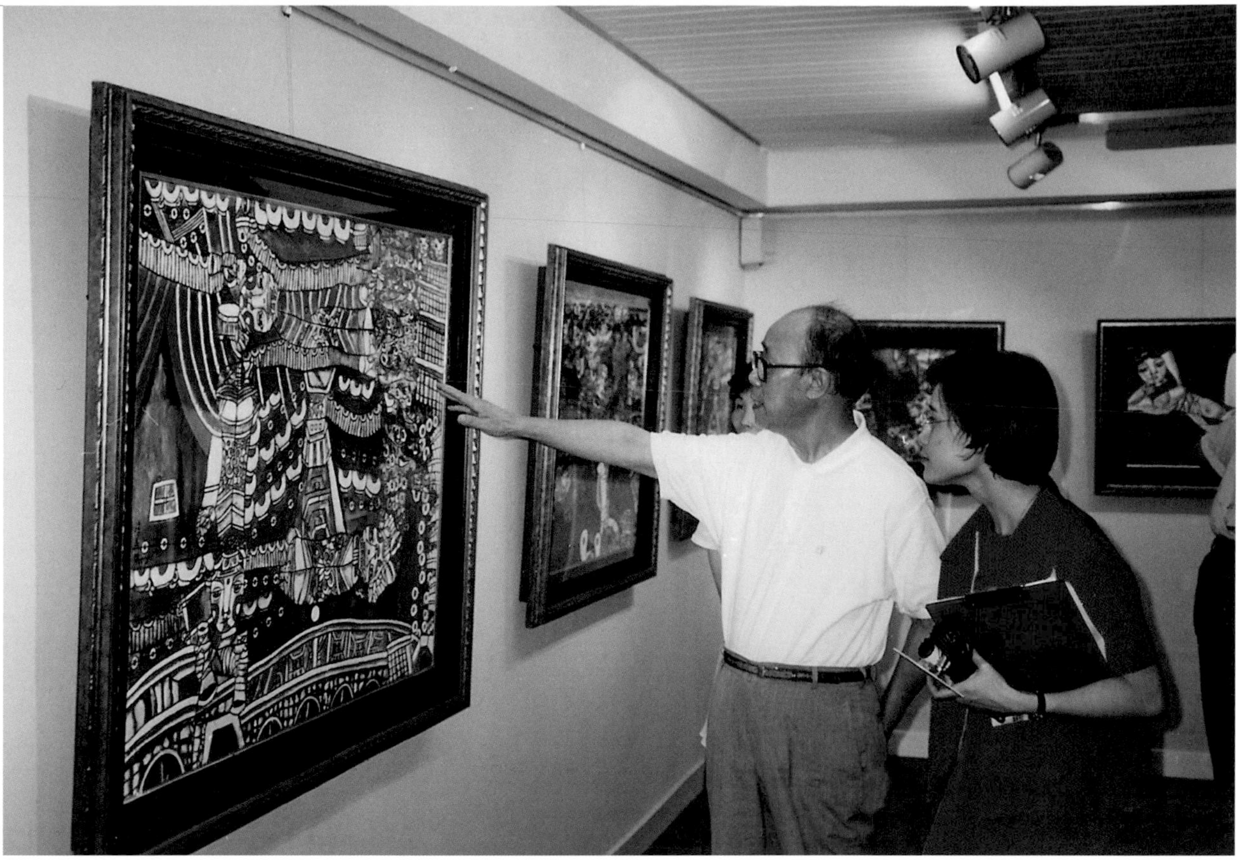

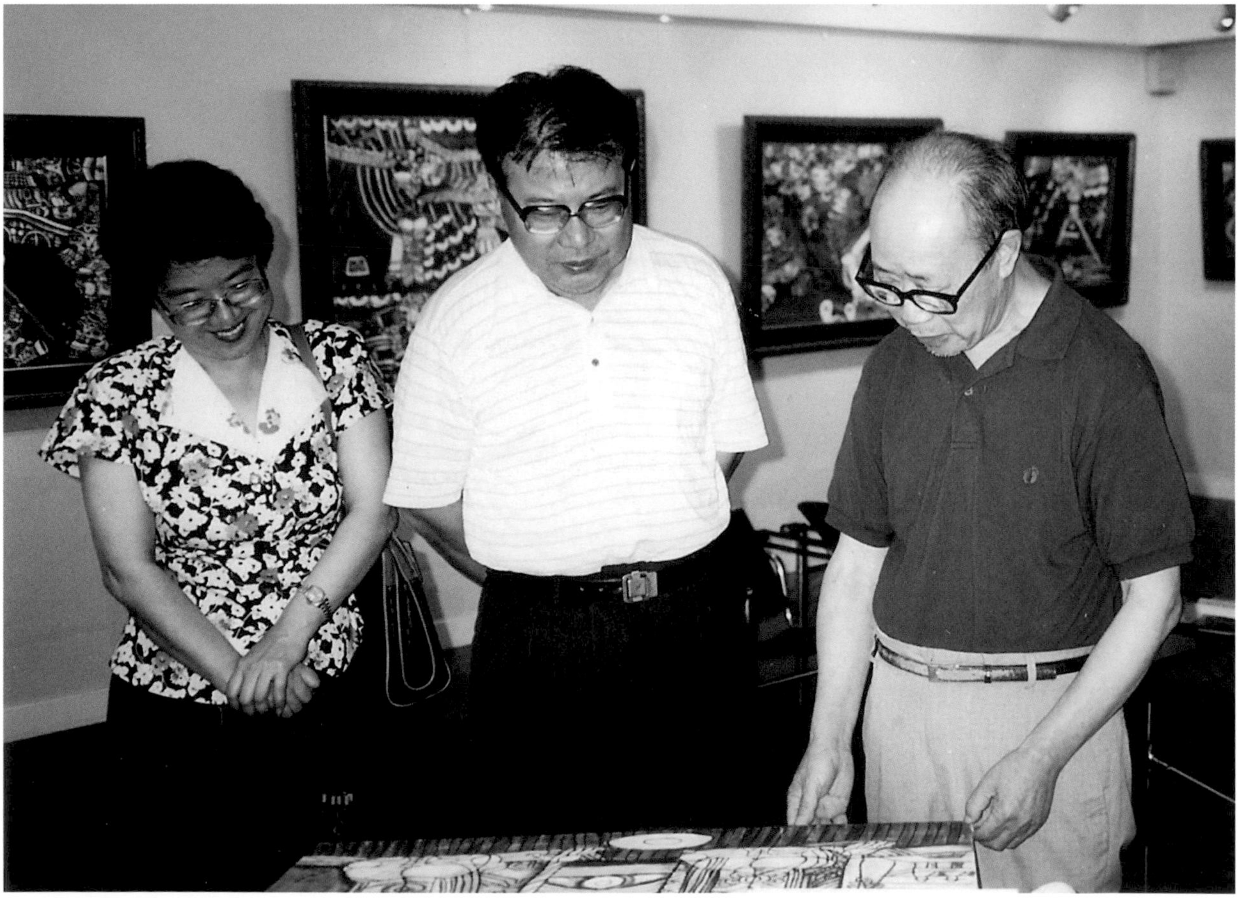

六、天恩八十，返璞歸真

「天恩八十載，艱苦奮鬥樂天倫」，「創作六十年，返璞歸真入畫史」，江漢東一生無數的異彩紛飛在他的腦海又翻飛到畫面，藝術之所以有味，就在於他的畫充滿了神祕的召引，撫慰了一個離鄉的遊子。那黃金童年成長的記憶，是他一生的鄉愁、創作的泉源，他有如鮭魚返鄉式的一再洄游，記憶中的客家民俗節慶、歌謠、傳說、戲曲、馬戲……，無一不在他的畫中源源而出，洄游在豐饒的原鄉大海。

[下圖]

2005年江漢東與孫子合照。

[右頁圖]

江漢東　迎春接福（二）　1996　油彩畫布　93×66cm

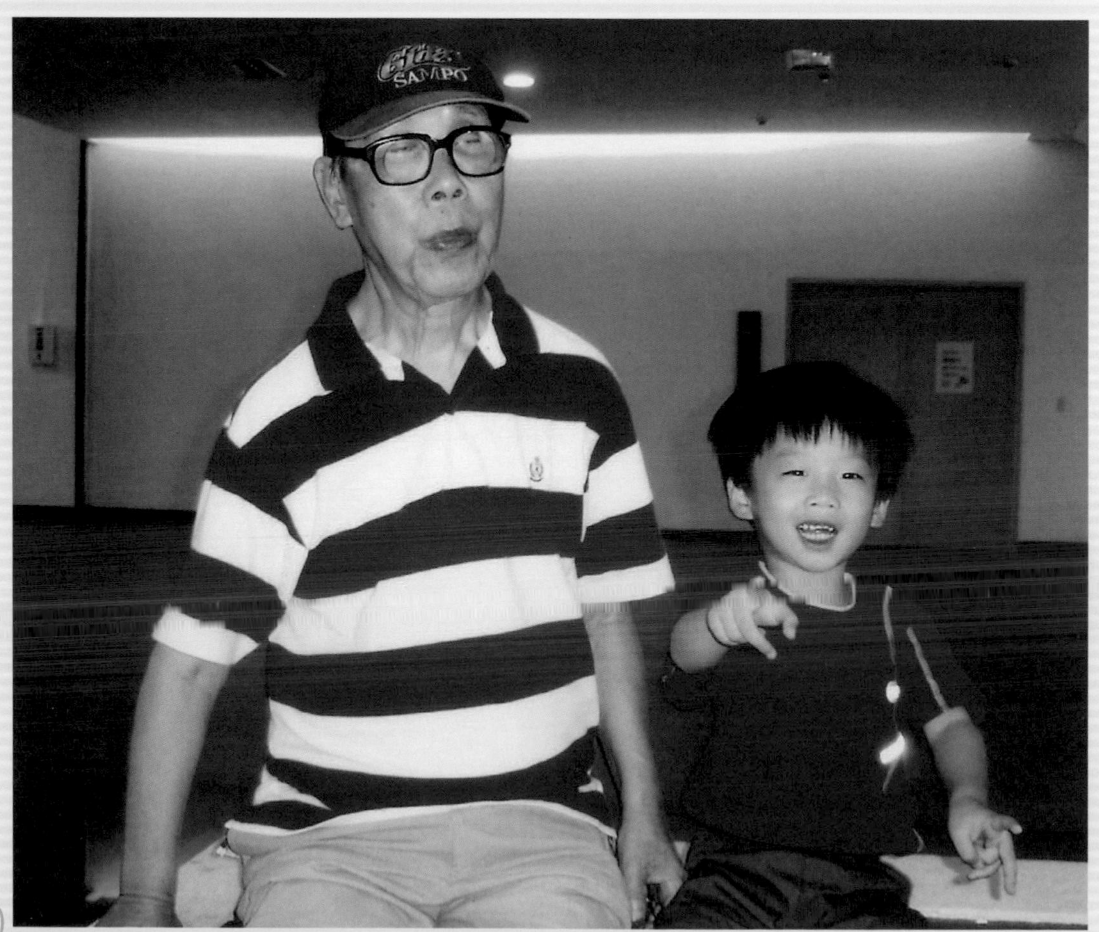

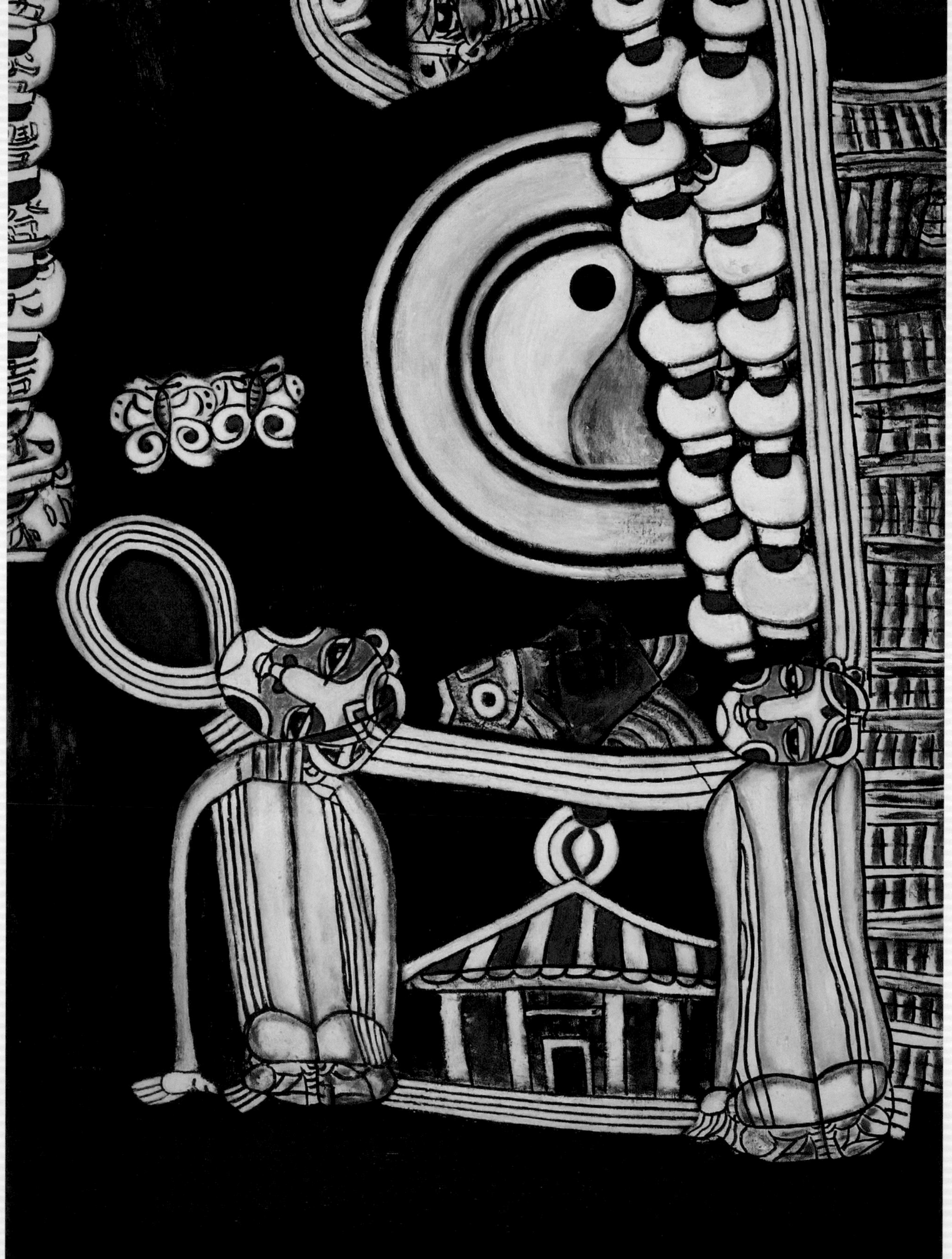

舊而不舊，數位生新

「天恩八十載，艱苦奮鬥樂天倫」，「創作六十年，返璞歸真入畫史」江漢東道出他八十歲感言。他有幸活到八十歲，臺北市立美術館為他舉辦「江漢東八十回顧展」，他自撰對聯由衷的感激叩謝天恩，在艱苦奮鬥中又能享受一家五口的天倫之樂，而在創作六十年後，他樸拙、純真的繪畫是他鮮明的風格，已走入畫史，他已畢生無憾，他覺得他已劃下此生完美的句點。

[上圖]
2007年，江漢東於「江漢東八十回顧展」致詞。

[下圖]
2007年，江漢東與藝術界友人合影於「江漢東八十回顧展」展場。

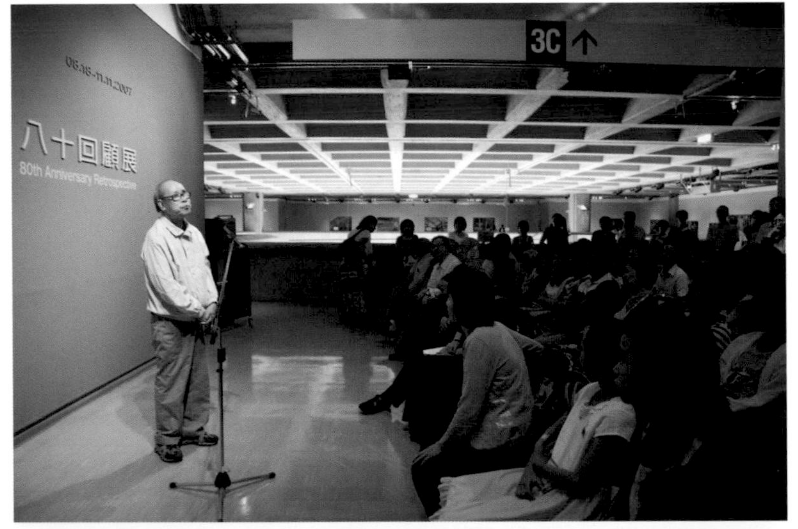

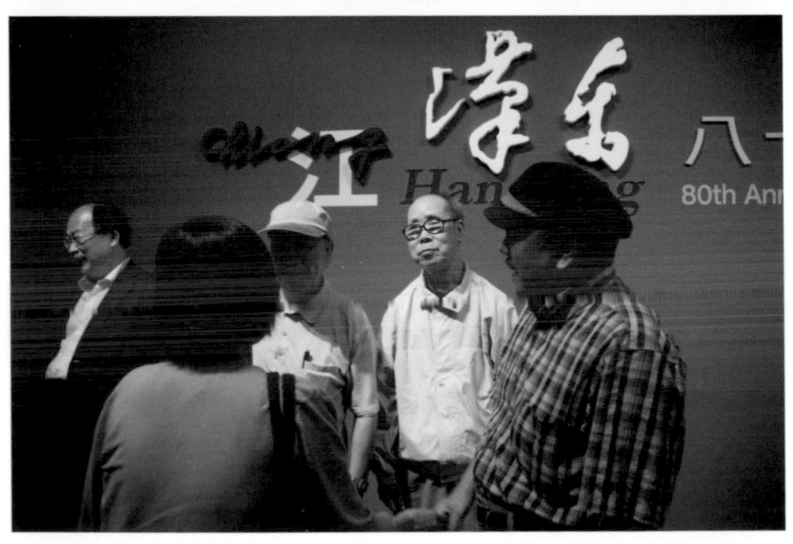

開幕典禮時，賓客雲集，包括前館長黃才郎，藝術史評論家謝里法、畫家吳昊、朱為白、李錫奇、鍾俊雄，詩人辛鬱等老朋友都蒞臨現場，參與盛會，場面溫馨感人。

與江漢東相交五十年的詩人辛鬱，深覺這幅對聯就是江漢東本人的自畫像，切切實實，毫不誇張虛飾，璞與真就是江漢東從版畫到油彩創作，數十年來一直不懈的追求目標。辛鬱指出江漢東四十多年來憑記憶所創作的畫，就是他家鄉長汀在年節時，尤其舊曆除夕或新歲初[illegible]，鄉人拜廟、燒香、謝神，張燈結綵，舞龍逗獅，一派豐年祥和的氣象。他以詩人之眼觀照江漢東，發現由於樸與真的追求，他作品

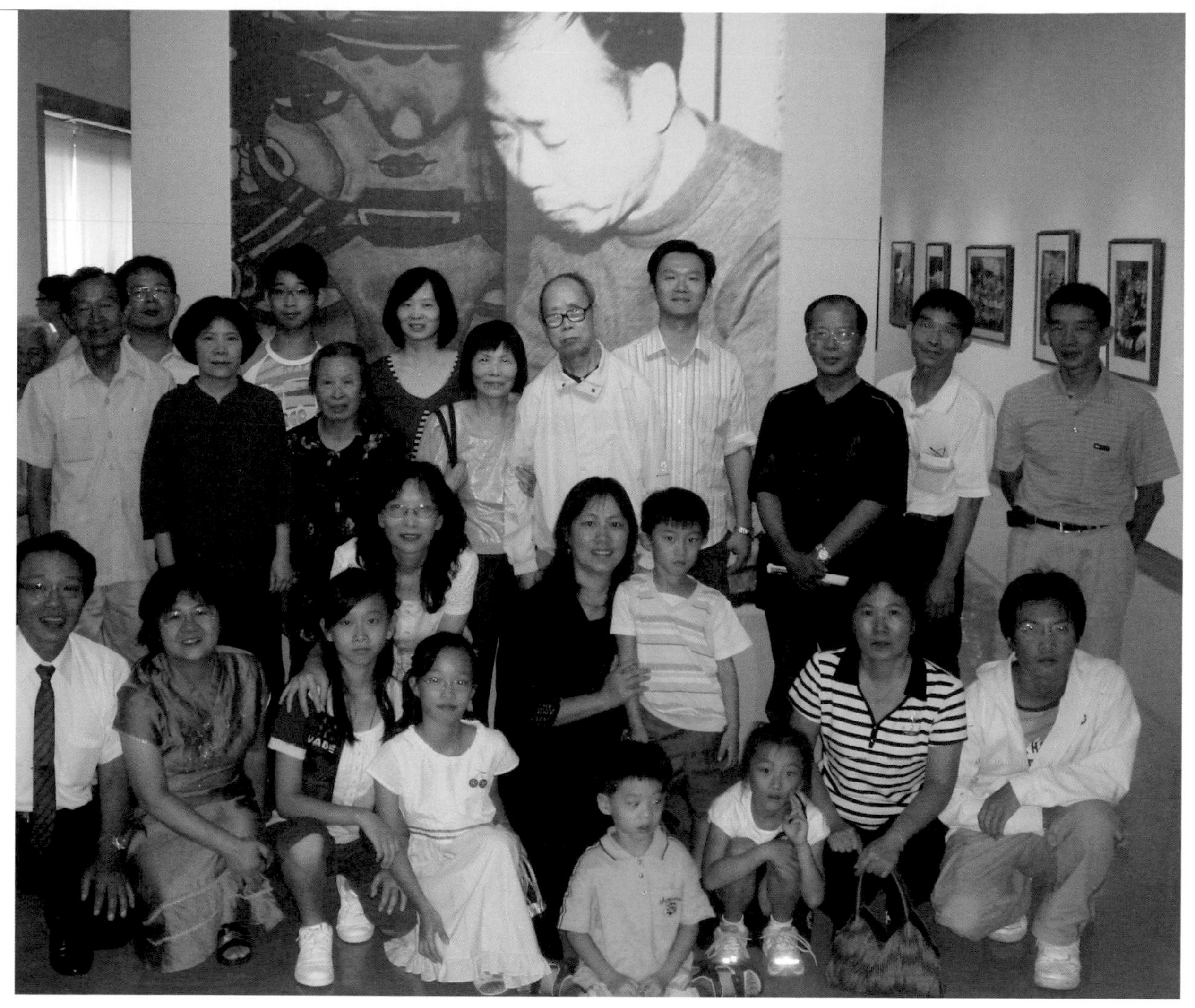

2007年，江漢東家族於臺北市立美術館「江漢東八十回顧展」合影。

的主題也就一直圍繞著童年生活的喜樂與哀愁，充滿純厚的泥土色彩與鄉間生活的溫情暖意。

已經完全全盲的江漢東，面對滿場的親朋好友與貴賓，十分感恩，也感受到那份盛情。展覽在北美館3A展覽室舉行，依媒材之不同及視覺效果，分三個單元，前展區為版畫，依次為油畫，最後展區為數位輸出版畫。江漢東在興奮的喜悅中，不免感到一絲沮喪，他告訴身旁的妻子都看不見自己的作品，妻子好言安慰，一路陪伴，江漢東終於像孩子般心滿意足的頷首笑了。

這次江漢東的八十回顧展，館方破天荒作了兩次創舉。北美館每年對外公開徵件的「申請展」是為鼓勵藝術創作者呈現當代藝術的多元性及開放性，已完全是年輕創作者競展的舞臺，而江漢東竟來參加95

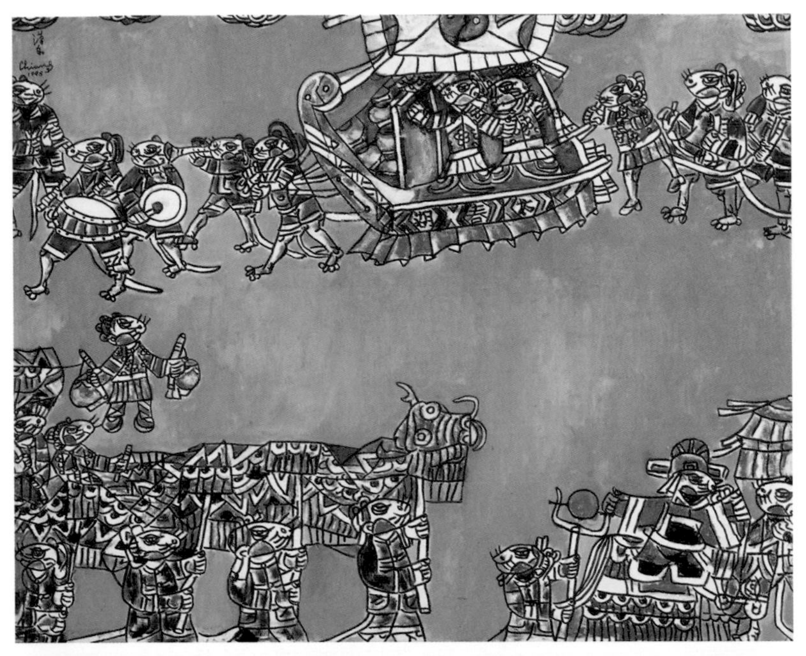

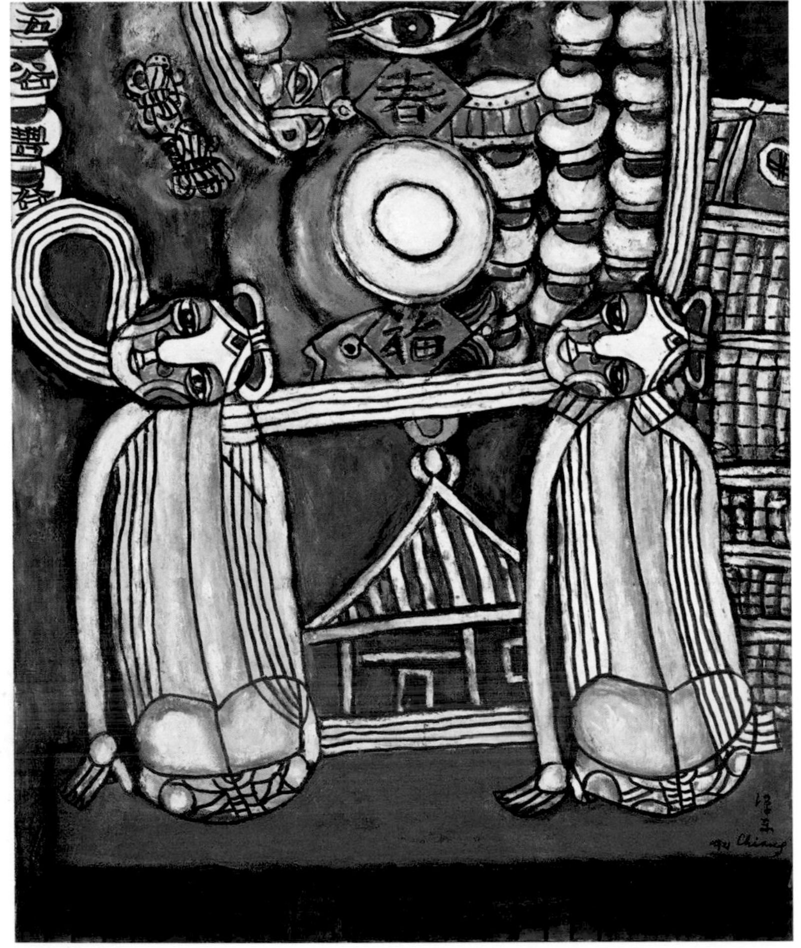

年度的申請展，評審結果共選出五位，江漢東名列其一，其餘四位皆為年輕藝術新秀，當年展覽組承辦人員，現任北美館副館長的蔣雨芳表示：「評審時就有評審委員提出以江漢東快八十歲的聲望與輩分，館方應該改為策劃展。」最後獲得全體評審委員的一致肯定，以「江漢東八十回顧展」最高票數通過，邀請他來館辦回顧展。由申請展改為高規格的邀請展在北美館的展覽中實為先例，無形中也凸顯出美術館對資深藝術家無法全然面面俱到的隱憂。

另一項為江漢東早年在罹患眼疾後，1971年畫在27公分長、40公分寬的裁縫簿上的手稿，有許多是幾近完整的精彩作品，由於前後頁相連無法展出，家屬希望能以電腦輸出的方式展出，因為國外的美術展覽也有案例可循，後經館方研議同意，以版畫複數性的概念作電腦輸出，再請江漢東本人簽名。這也是一向展真跡、原作的北美館展覽機制的一大

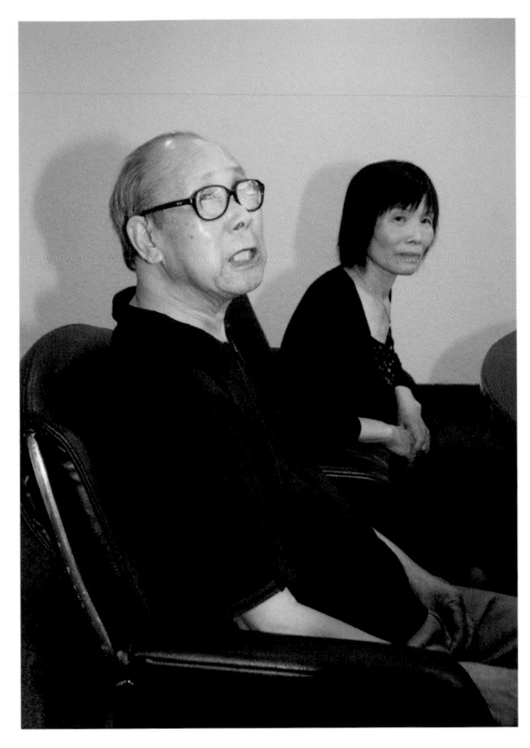

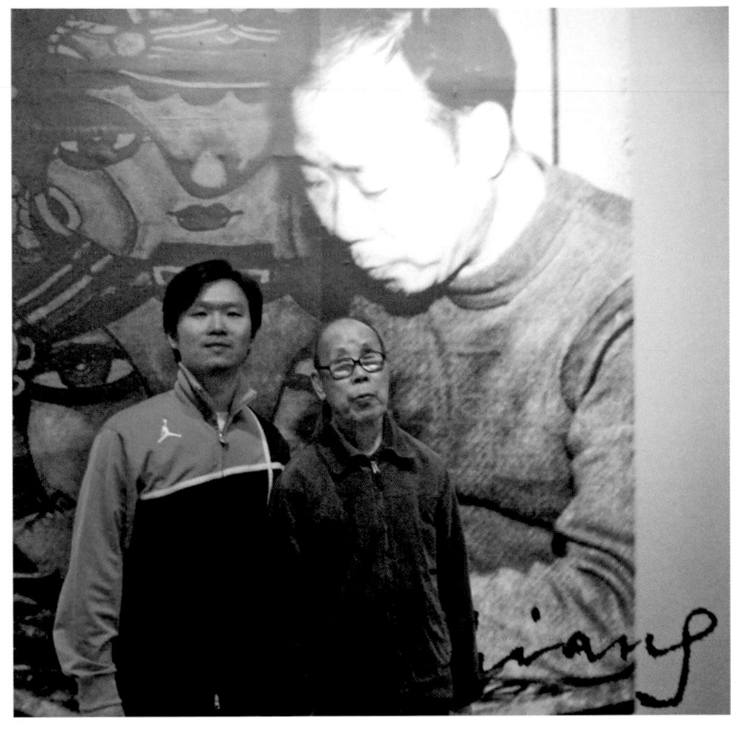

[左圖]

2007年，江漢東於「江漢東八十回顧展」記者會上與妻子合影。

[右圖]

2007年，江漢東與兒子江樹麟於「江漢東八十回顧展」展場。

突破。由於江漢東每張以奇異筆所畫的原稿橫跨左右兩頁，中間有一接縫，透過電腦修正後再輸出於油畫布上，這類版畫是如一個複製的油畫或水彩，經過照相或掃描，電腦數位輸出複製成版畫，與純為作版畫透過數位軟體創作，以噴墨原理列印輸出的數位原作版畫，性質上仍不同。早年以木刻版畫在藝壇占一席之地的江漢東，晚年以數位複製版畫呈現展覽，雖然無法表現傳統版畫製作的手感特性與情感表達，但拜數位科技之賜，也不失為與觀眾分享藝術家早年創作結晶的展出方式。

翌年在第十三屆國際版畫雙年展已有許多數位版畫參展，主辦單位國立台灣美術館館長薛保瑕表示：「新世代藝術創作者喜用錄影、影像和數位科技，擴大版畫藝術表現的內容和形式，給當代版畫藝術更大的開放定義空間，也激發版畫藝術新面向。」而在第十四屆的國際版畫雙年展中，為鼓勵創作者突破媒材限制，正視時代趨勢，並另設評審團，特別獎由斯洛伐克的納特以數位版畫〈未來〉獲獎，並舉行國際版畫學術論壇，討論「數位版畫的定位與發展」，版畫版種的多元性與開創性

[左頁上圖]

江漢東　節慶　1995
油彩畫布　80×100cm

[左頁下圖]

江漢東　迎春接福　1994
油彩畫布　73×61cm

[右頁上圖]
江漢東 馬戲春秋 2001
油彩畫布 73×91cm

[右頁下圖]
江漢東 船家樂 1998
油彩畫布 130×162cm

在後現代裡，已逐漸帶動版畫藝術發展的各種可能性。

畫裡乾坤，光新生燦

這次江漢東八十回顧展與七十回顧展相較，除了數位複製版畫外，作品大致相同，但仍有幾幅在1997至2001年的油畫精品新作，值得欣賞。例如2001年的〈馬戲春秋〉構圖以斜勢取勝，底色是平塗無景深的紅色。兩位女演員在上方一邊打鼓一邊爬綱索，中間兩位也在半空中表演特技，右邊的小丑與左邊跑旱船的博士呼應，輪廓線筆法十分細緻，且以黑框線雜揉紅色統整、斜勢而下的表演陣仗，似乎是空中表演者投下的身影，在布局上更為凝練，造型也較以往突出，有趣的是，左邊那位老博士，江漢東說他是「坐旱船去留洋」，似乎透顯出他當下未了的心願，要去巴黎圓美夢。〈放風箏〉(P.137)比先前的同質性作品構圖上較為寬舒，不再有滿版的壓迫感。江漢東許多主題與創作方式雖然會有所重覆，不過仍是依當下的創作心境而有所變化。

2007年，江漢東與作品〈船家樂〉。

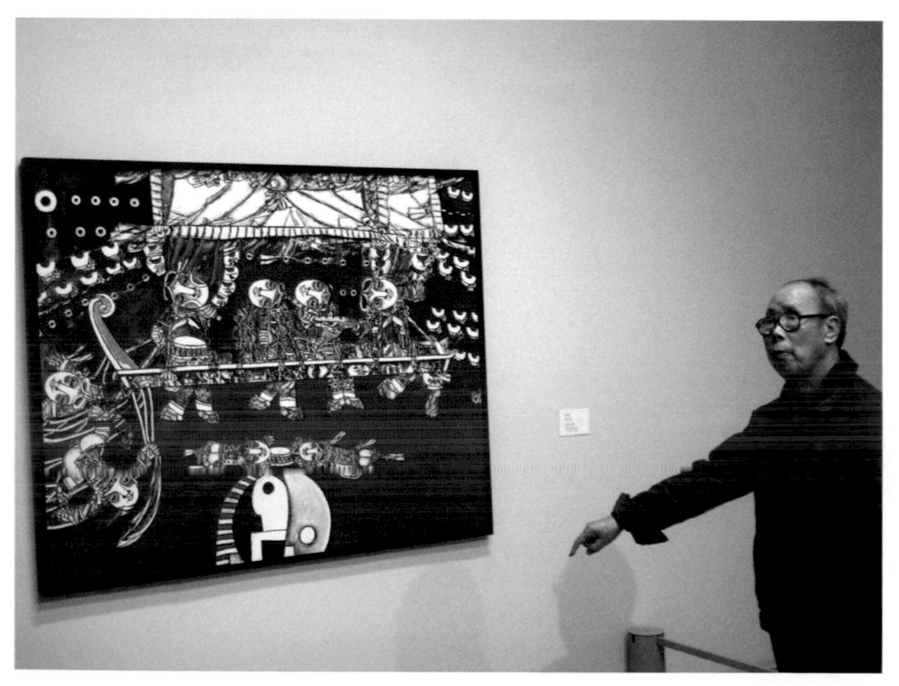

〈船家樂〉一直是江漢東最喜愛的題材，這張1998年的畫，尤為精緻細膩。船上四位表演的姑娘有的打花鼓，有的拉胡琴，有的吹笛，赤足演奏，前有兩位美人魚趴在地上打鼓助陣，左邊有持槳搖船的姑娘，上方有美麗的花坊，下方有個類似陰陽太極的圖騰，這是他一再重覆的母題，卻也張

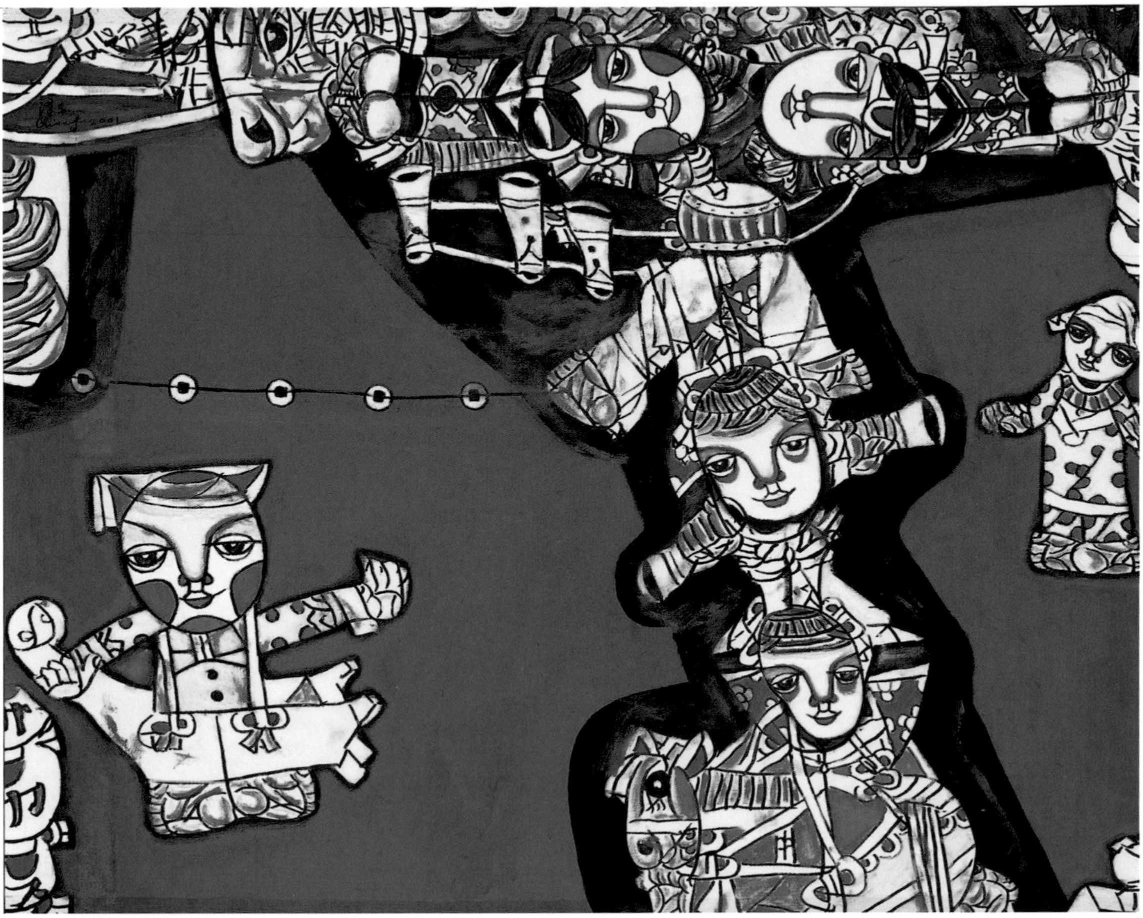

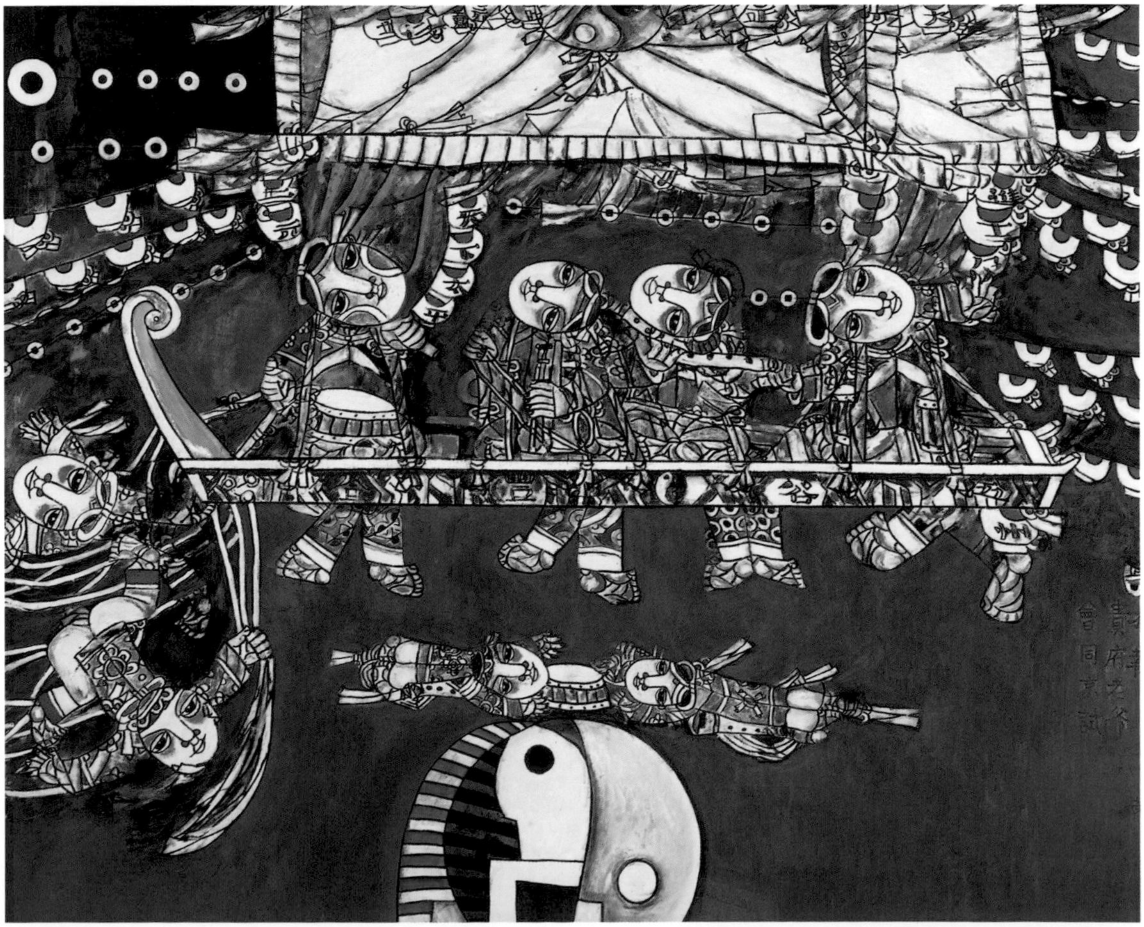

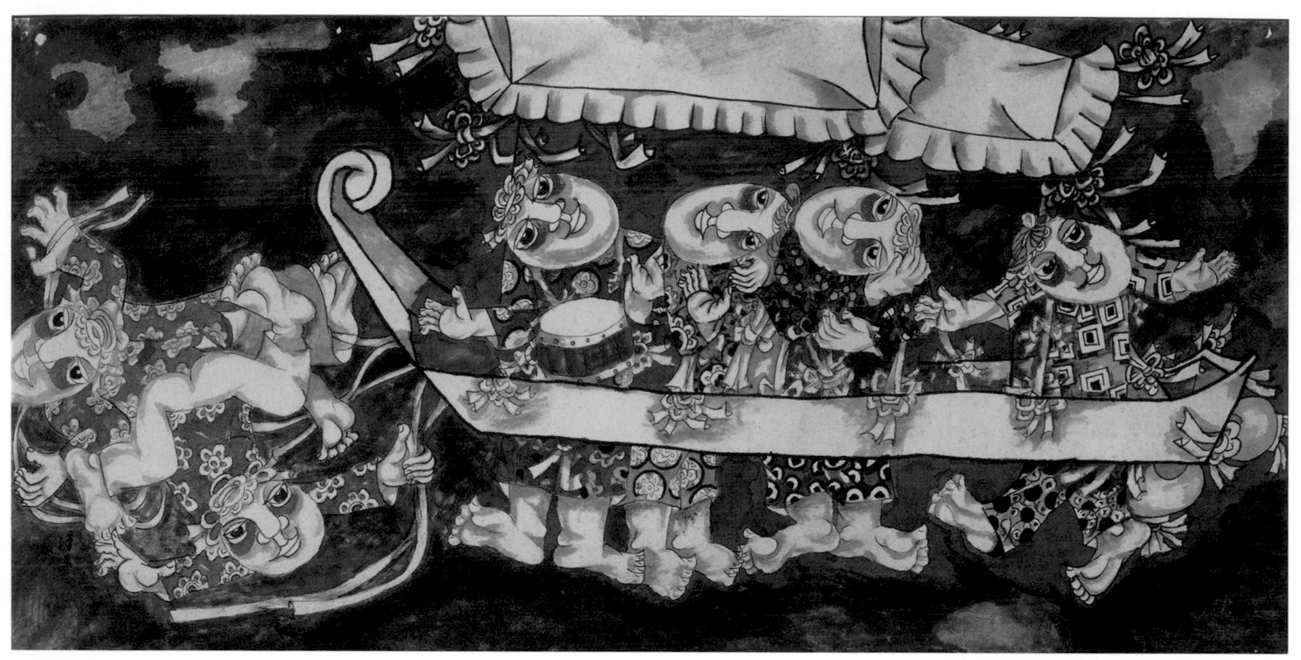

江漢東　船家樂　1969
綜合媒材　60×120cm

張不同，別有新意。

較為特殊的一幅是〈天倫樂〉江漢東把一家五口全畫進去，分布在中央如轉法輪的圓形四周，五圈圓形又飾以似文字又似圖案的彩繪線條，中間又有太極圖。一家五口個個化為拿樂器的天使，似乎是隨著法輪常轉，右下角及左下角畫有石榴樹及小兒，象徵子孫綿延，傳宗永接代，又有福字，暗喻全家福，江漢東畫出為人父者心滿意足，享受天倫之樂，含飴弄孫的心境。

又有一張〈節慶〉(P.144)是源自傳統民間故事「老鼠娶親」，也有許多民間版畫流傳，江漢東把長汀跑旱船及舞龍的民俗表演融入，使娶親的陣仗活潑有趣，有如民俗藝陣。相較於七十回顧展展出的〈老鼠嫁女兒〉(P.150)在構圖上更緊密，遊行隊伍更拉長，由先前的抬轎嫁女兒改為拉跑旱船，江漢東畫到晚年想像力愈形豐富，敍述性愈強，民族色彩也益發濃厚。

此外〈藝人〉(P.151)，女藝人斜躺在她的馬匹旁，她的臀部誇張地翻轉，雙乳豐碩，左右搖擺，似乎仍在表演中，是江漢東一貫描寫裸女

[右頁上圖]
江漢東　天倫樂　1997
油彩畫布　91×117cm
[右頁下圖]
江漢東　老鼠娶親　1995
油彩畫布　81×102cm

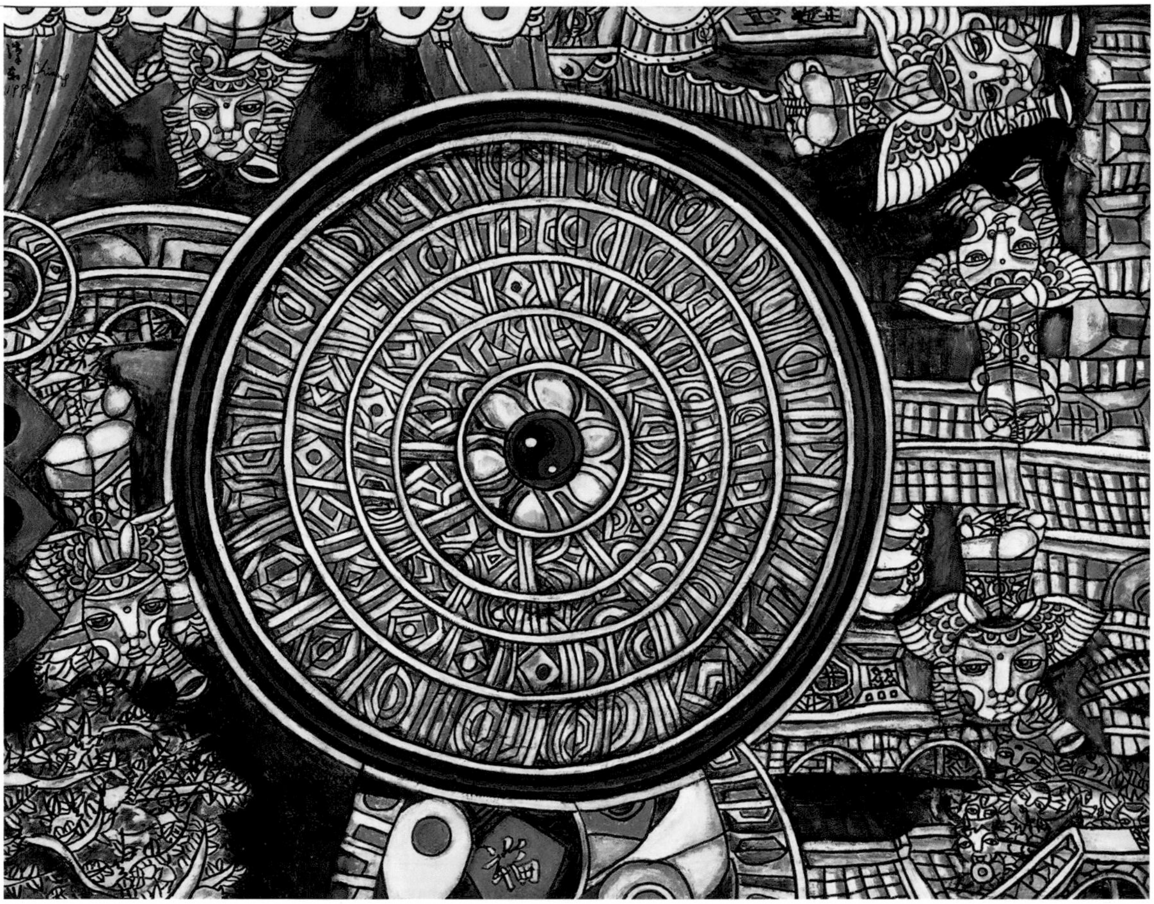

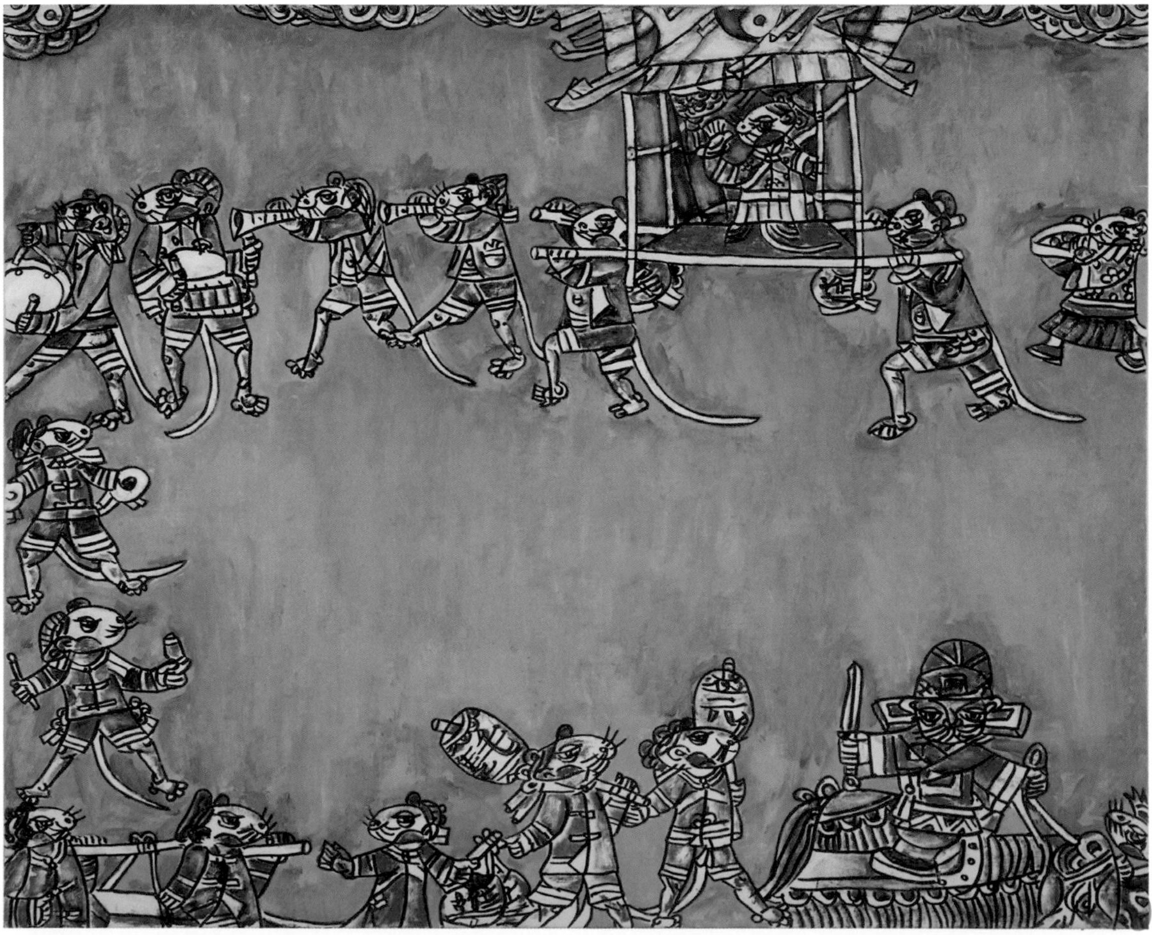

的特色，但比起他以前的裸女畫如〈少女之夢〉版畫，以形式取勝。而這幅畫又多了一份社會關懷，不只是形式美又兼具內容美。他形容女藝人：「陪同她親愛的馬以及鑼鼓喇叭踏遍天下到處流浪，過著飄泊不定浪跡天涯的生活。」他的悲憫心早在青少年時就已露出端倪，他在一篇早年刊登在《國語日報》的〈故鄉名勝〉(P.11) 中，介紹長汀故鄉有許多名勝，初中時他出城去玩，不是上朝斗巖就是爬北極樓，但是他卻獨獨鍾愛羅漢山的「娘娘墓」，他描述陳娘娘是明末唐王的妃子，遭清兵殺害埋身於此。他寫道：「清明時節，野外家家的祖墳上，都飄著白紙，只有這『娘娘墓』冷冷靜靜，仍是荒草叢生，無人過問……。這時候我來憑弔，真是無限感慨極目悲哀，為陳娘娘落下幾滴淚，現在赤焰籠罩

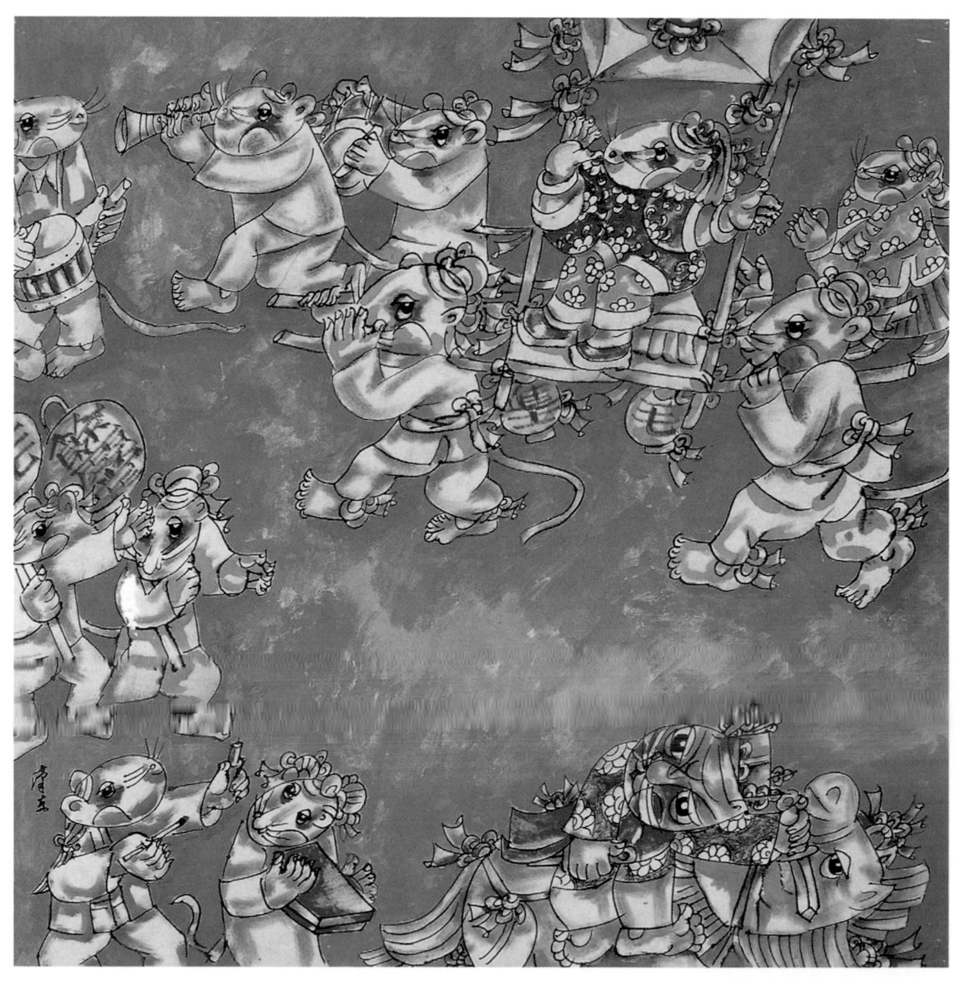

江漢東　老鼠嫁女兒　1972
綜合媒材　60×60cm

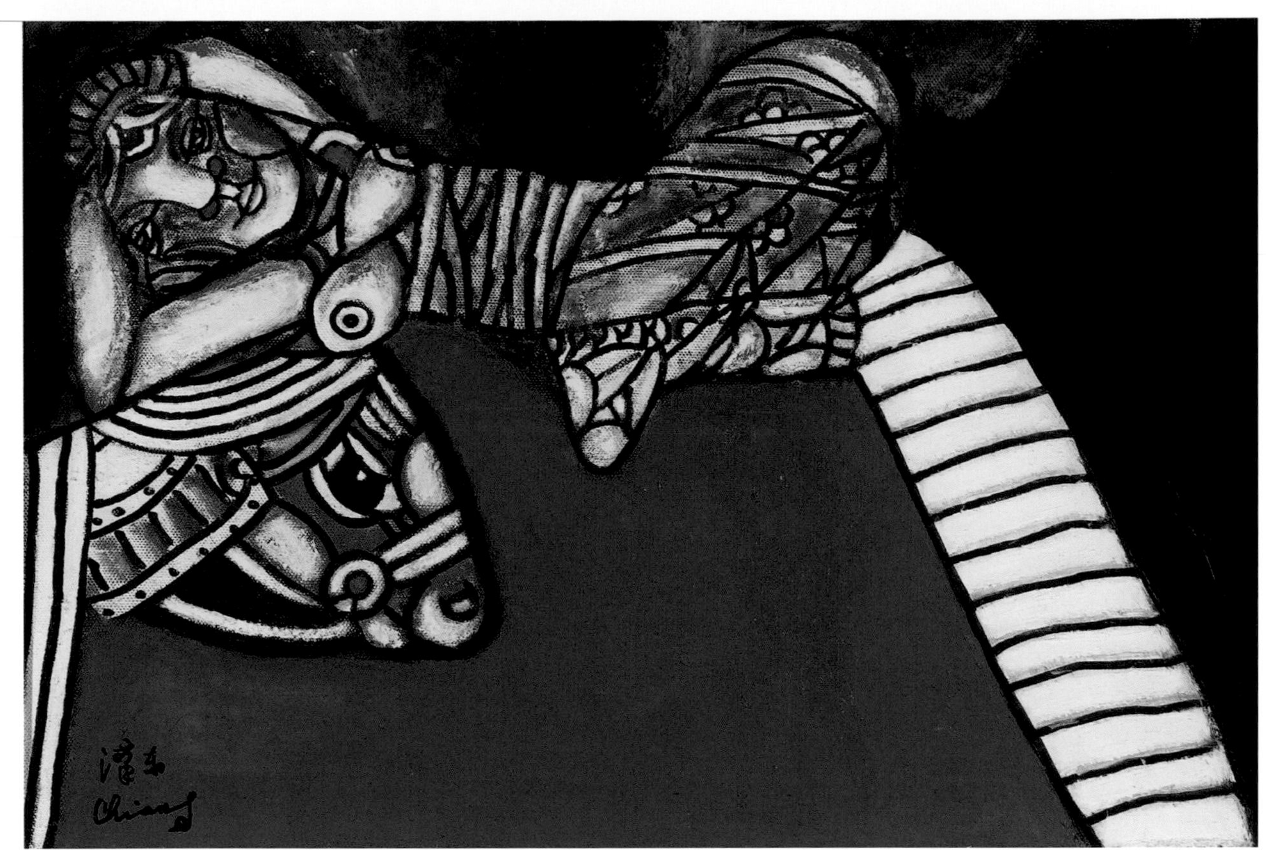

江漢東　藝人　2001
油彩畫布　29×42cm

了整個的中國大陸，故鄉已是二度被共匪蹂躪，這些退化的古蹟，怕再也保不住了，誰無祖宗，誰無祖墳，荒涼的『娘娘墓』恐怕更要荒涼啊！」清明節江漢東去憑弔娘娘墓，為她掬下一把清淚，至情流露，十分感人。

江漢東以同理心的角度關懷女藝人一生飄泊的艱辛，也一如他曾經遭遇的淒苦生活，他正看著自己生命史上來來往往的痛楚，並將滿腔的悲苦抒發在畫作上，但女藝人的臉仍蕩漾著微笑，她猶舉頭面對蒼天一笑，那浪漫的唯美是誕生在滄桑的國度。

悲愴生命，天使相隨

整個展覽場親友聚集，賀喜之聲不絕於耳，江漢東由妻子陪同在現場走走看看，兩人走到中間的展覽場一幅〈眼睛的造型〉時稍微停了下來，這幅80號的油畫，畫中一隻大眼睛忽然把兩人含儸進去。畫家已全盲看不見畫面，可是他腦海裡仍清清楚楚的浮現這張畫，他正以他的「內在視野」觀畫，巨大的瞳孔裡包含著一個純白的圓，似乎映現出他瞳孔裡的光澤，妻子陳美麗牽著他，那個畫面比現場的畫更令人動容，任誰看了都會湧生不忍。

「正當創作力旺興的時候，哪裡曉得，上帝竟會奪走我一雙明亮的眼睛，使我再也看不清世間的東西，從此步入模糊的世界裡，與美麗的世界隔絕。我是多麼想在中國的美術史上寫下一頁光榮的歷史，沒想到，晴天霹靂，頃刻間粉碎了我藝術王國的美夢。」剛剛畫家的開幕致詞，餘音猶飄蕩在空中。江漢東與美麗的世界隔絕，上天卻派了一位美麗的天使呵護他，她的美在他的記憶中永恒，她以深情且無所欲求的心看著他，他的眼眶終於不再藏著一無所有的寒傖。他們的婚姻有如走一段山路，一路崎嶇，千廻百轉，卻也峰迴路轉，攀爬到幸福的顛峰。一般世間夫妻常常相愛容易，執子之手白頭偕老難，他們兩人攜手走過永

2007年，江漢東與妻子合影。

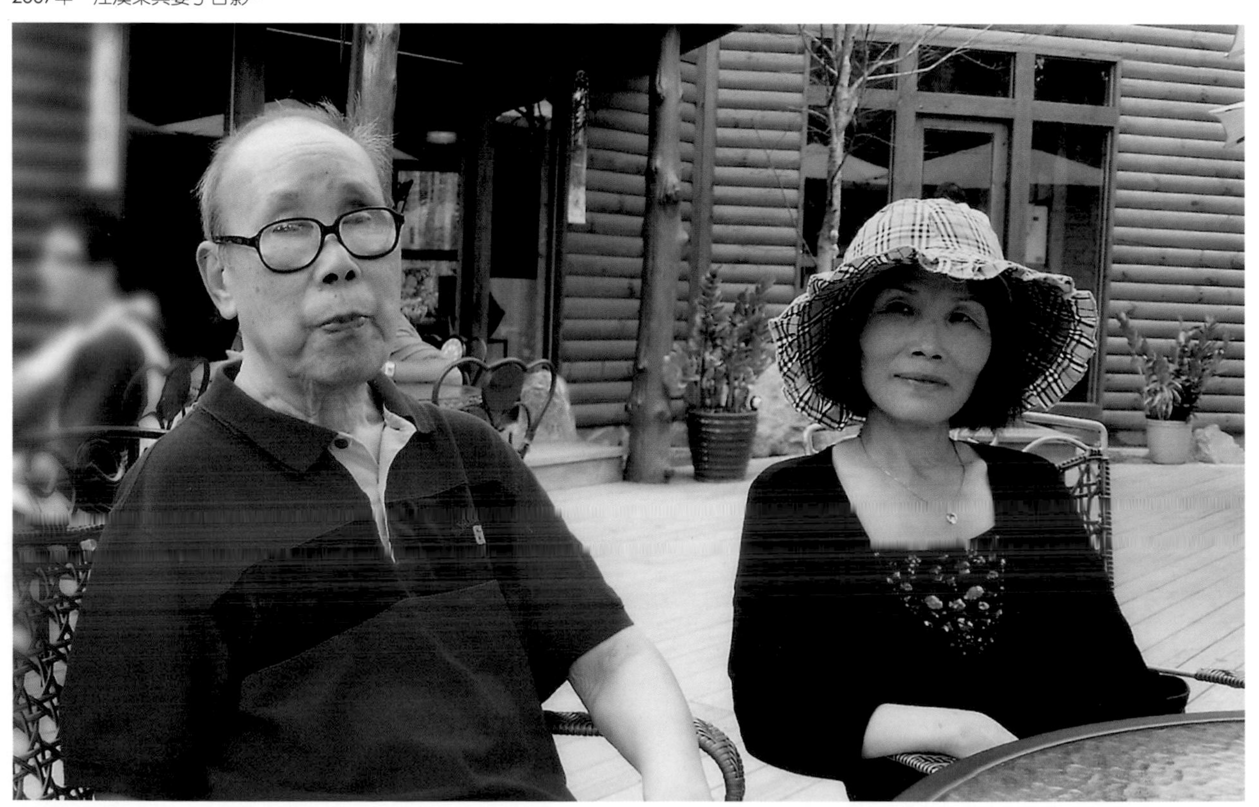

誌難忘的共苦時光，她還要陪著他走最後一段的旅程。

江漢東形容妻子是個「很純潔的女孩」，並「永遠愛著她」，他愛她的方式就是在畫中織起一張張華麗的密網，把她層層網住，讓她被他的藝術生命緊緊擁住，而成就一樁永不褪色的情緣。

江漢東步履健朗的走著把百幅作品盡收眼底，尤其走到最後一區數位的複製版畫，是他三十多年前罹患眼疾，視力只剩0.6，猶如從門縫裡看世界，在痛苦煎熬中重新提筆創作，他的內心忽而又澎湃起來，他慶幸自己沒有喪失追求美的意志，終能挨過那「日子難過得像嚼蠟燭一般」的生命低潮。而那句「我要走了，除非奇蹟出現」，江漢東近四十年前在國立藝術館為眼疾封筆向畫壇朋友沈重告別的一句肺腑之言，彷彿又在耳邊響起。而今四十年前同樣的一群畫友，又紛紛現身在他八十歲的回顧展裡，這不是奇蹟，是什麼？上天待他並不薄，他想到此不禁泫然欲淚，心中盈滿了感恩。他隨口哼唱了二句歌：「江漢東，年八十，艱苦奮鬥樂天倫；江漢東，年八十，返璞歸真入畫史！」

滿場江漢東的畫作，騷動著現場的氣氛，似乎是在向世人訴說著一個與生命頑抗到底的畫家，他的生命比作品更悲愴！他畫面上一再出現的那群如童子般的樂手正生龍活虎的演出一場生命的華麗慶典。

迴游原鄉，素樸原真

是那離開原鄉的鄉愁記憶，滋潤著江漢東乾枯的心靈，回憶如旅行，讓一位幾近失明的畫家在憶舊中重拾畫筆，讓他的想像繁殖成更豐饒意象，盈滿他的心房，一幕幕都超過現實世間他所看見的一切。

無數的異彩紛飛在江漢東的腦海又翻飛到畫面，藝術之所以有味，就在於他的畫充滿了神祕的召引，撫慰了一個離鄉的遊子。那黃金童年成長的記憶，他無法撲殺，反而如鮭魚回鄉式的一再洄游，記憶中的客家民俗節慶、歌謠、傳說、戲曲、馬戲……，無一不在他的畫中源源而出，洄游在豐饒的原鄉大海。

江漢東的心愈洄游，愈回歸根深柢固的原鄉，心愈純淨得如孩童，那是一個浪子離鄉後對故鄉土地的真情回眸，他的畫重塑了生命的溫馨意象，也召喚了故鄉的集體記憶，有時他畫中的圖像好像如圖案般充滿了程式化的裝飾美，卻無損於他獨特的藝術性。他終究以畫自我療癒，追尋他內心蟄伏許久的「根」，那是他故鄉長汀原汁原味的客家鄉情，有如一道光洗滌了他從小飽受的磨難與家國歷史的傷痛。

近乎失明使江漢東的創作思維以圖形彩繪為主體，由一個小圖形的連結幻化為大圖形的連結，不必合乎邏輯，沒有明暗，不重立體，他以早年做版畫的刻木板經驗描繪圖形，他渴望表達一個藝術家的想像力，而非自然的再現。江漢東說：「當我全心全意作畫時，只有畫面世界，沒有自然世界；我不考慮任何素描、觀念，只忠於自我，任筆隨意奔馳遨遊。」

[左圖]
江漢東　童趣（三）　2000
油彩畫布　42×28cm

[右圖]
江漢東 百合　2001
油彩畫布　54×46cm

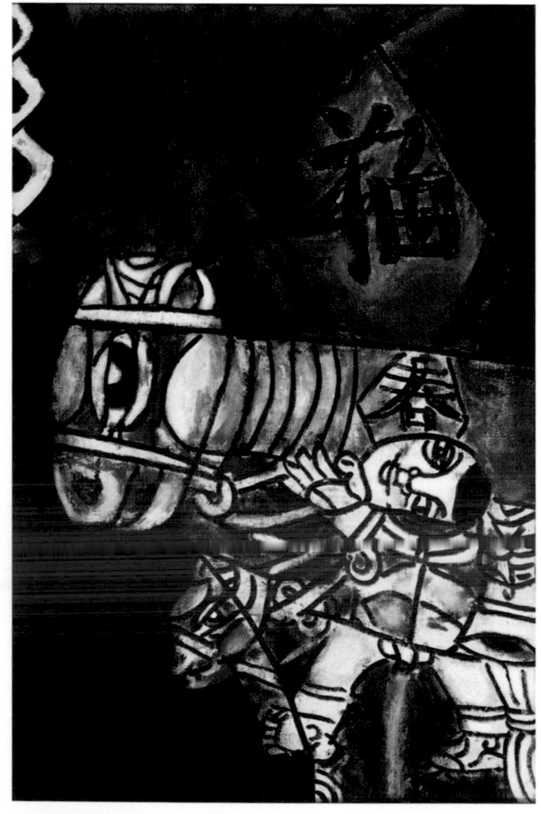

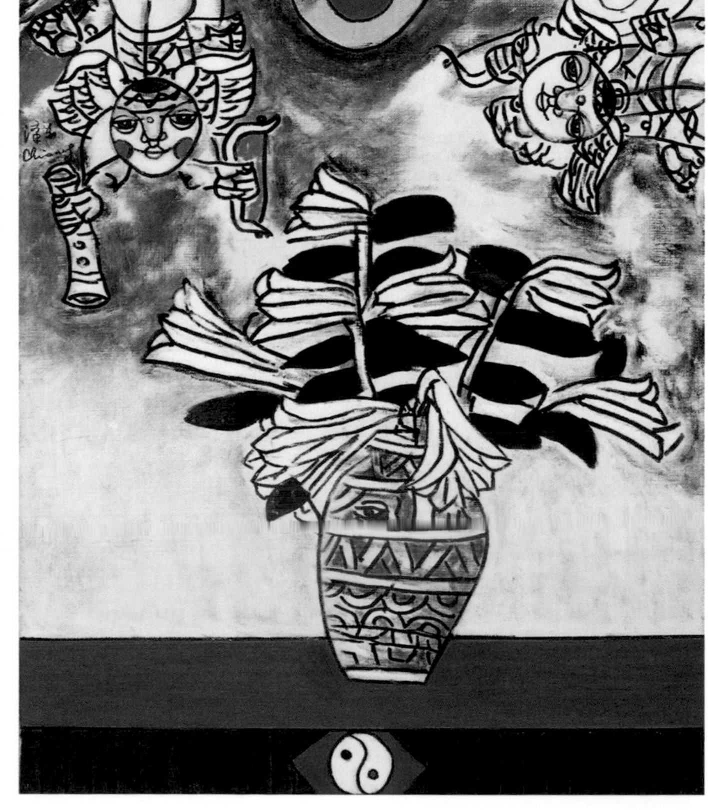

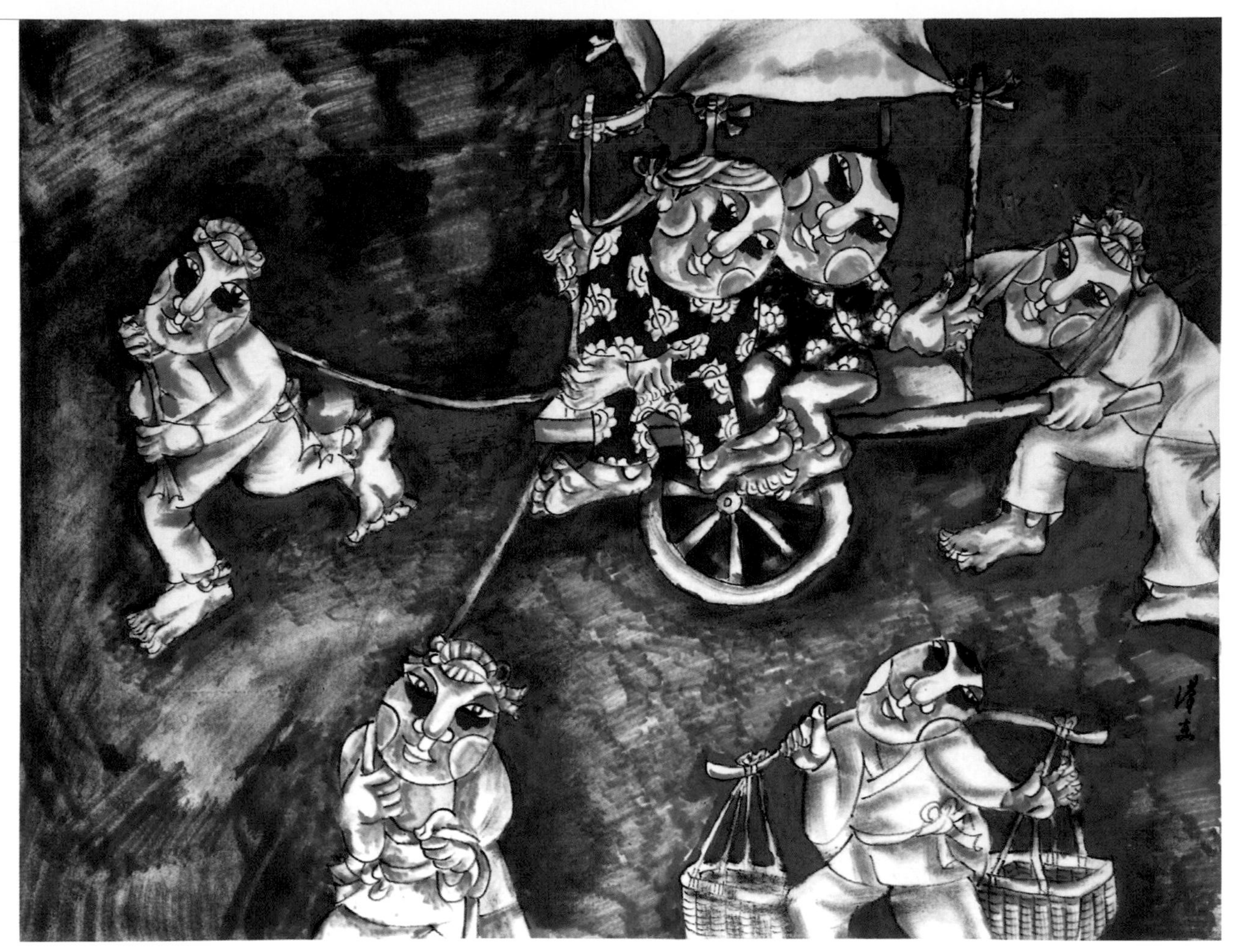

江漢東　獨輪車　1971
綜合媒材　48×61cm

江漢東那全然平面性的圖形式的線條描繪，在裝飾性中又富音樂性，充滿詩意的想像。形上美學家史作檉以為圖形是一種充滿想像力的整體結構性的表達，而文字常常是建立在圖形基礎上的形式分析性的符號延伸系統。史作檉建構的形上美學可以是兒童的、想像的及原始的形上美學，是充滿藝術想像的世界。

江漢東的繪畫，從早期由立體派形的分析、解構、組合再入手，融入畢卡索寫實的新古典畫風，又在野獸派馬諦斯的平面性，裝飾性受到薰陶，再融合超現實主義的夢幻情境，他泯除了形式的分析性，反而以感性回歸他的大想像世界，尤其他未失明前就指導兒童畫，喜愛兒童畫的純真，也喜歡原始藝術的質樸、拙趣。眼睛失明後反而激發他重返原真的感覺世界，在那兒他用手的觸覺去塗抹色彩，用聽覺聽戲曲，畫出他的感受。他孤獨一人靜靜的與畫布廝守，彷彿回到黃金童年，神遊原鄉的夢幻世界，無論是早期黑白的版畫或失明後鮮麗的油畫，他的畫都透顯著一份素人般樸拙、率真的韻味，這就是別人無可取代的江漢東，走入畫史的江漢東獨一無二的風格。

這位在1958年與秦松推展「中美現代版畫展」，率先開啟中華民國的現代版畫進入國際聯展，1959年並創立「現代版畫會」，將版畫帶入

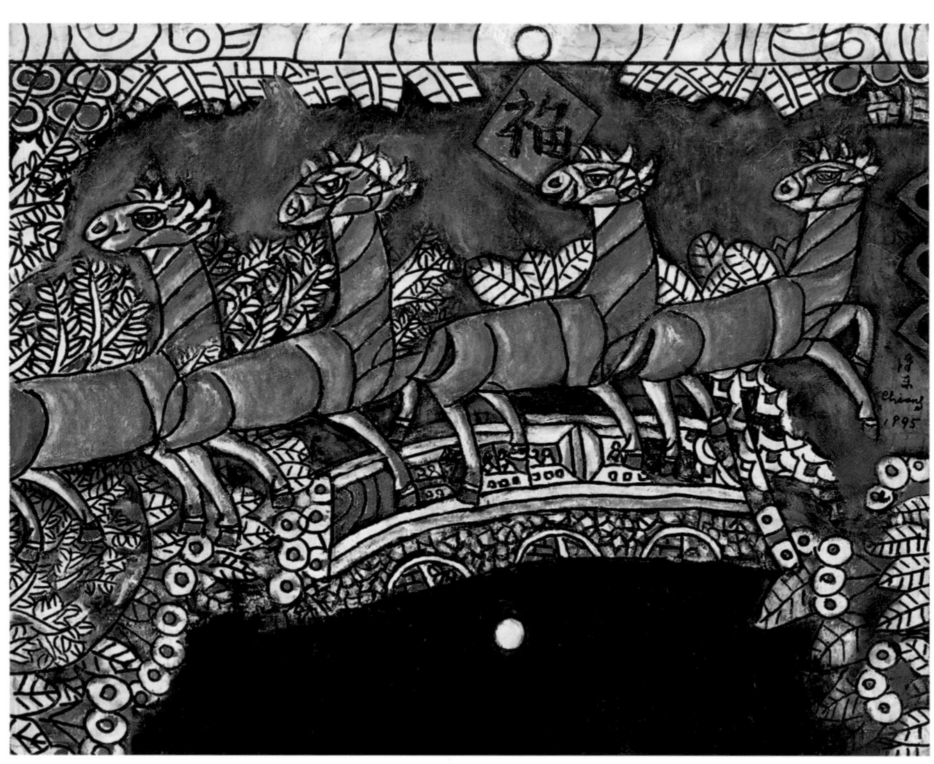

江漢東　秋聲　1995
油彩畫布　75×93cm

參考資料

．左漢中，《中國民間美術造型》，湖南美術，1992.4。
．陳奕凱、陳奕伶，《臺灣當代美術大系／媒材篇：版畫藝術》，藝術家，2003.12。
．陳樹升，《臺灣現代美術大系／版畫類：鄉土意識版畫》，藝術家，2004.12。
．鄭惠美，《神遊 物外 陳庭詩》，雄獅美術，2004.11。
．鄭惠美，《獻祭美神——席德進傳》，聯合文學，2005.7。
．葉維廉，《與當代藝術家的對話》，東大圖書，1987.12。
．林秀美，《重啟靈魂之窗——陳振武醫療奉獻之路》，遠景，2014.7.8。
．史作檉，《史作檉的六十堂哲學課——中國哲學精神溯源》，典藏，2014.6。
．史作檉，《藝術的終極關懷》，典藏，2014.9。
．謝里法，〈八十年歲月為的是一條永不中斷的線——為江漢東回顧展而寫〉，《江漢東八十回顧展》，北美館，2007.8。
．李仲生，〈江漢東創作懷念展〉，《藝術家》335期，2003.4，頁516。
．江漢東，〈江漢東——我的繪畫歷程〉，《藝術家》271期，1997.12。

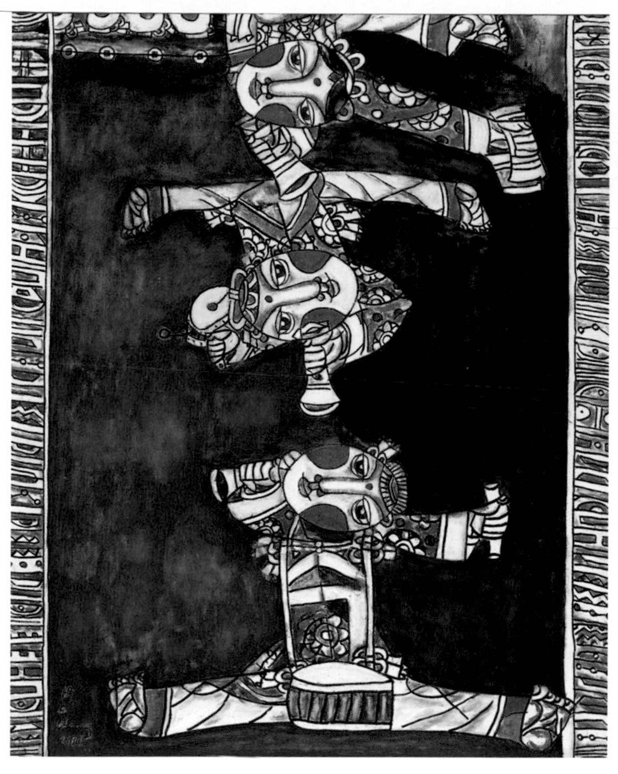

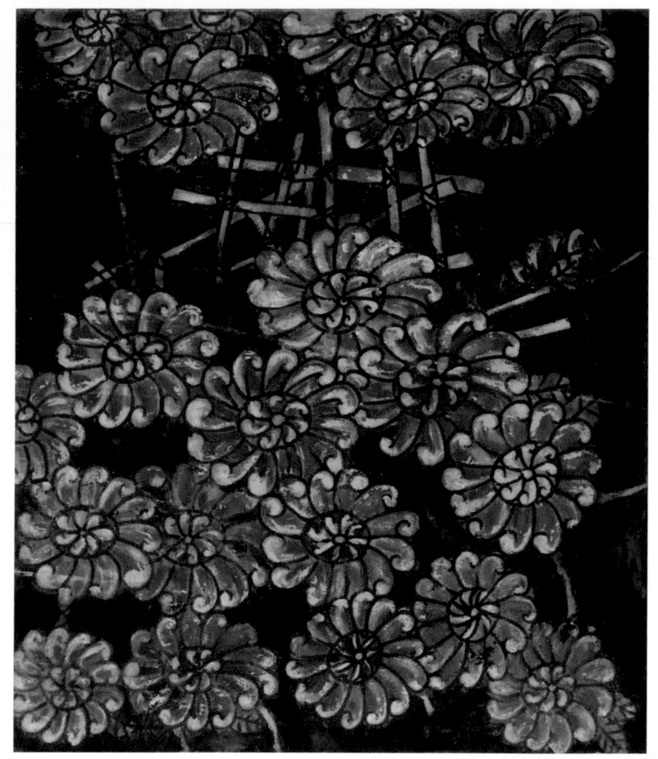

[左圖]
江漢東　同樂圖　1997
油彩畫布　100×80cm
[右圖]
江漢東　向日葵　1970
油彩畫布　54×46cm

一個具有時代性意義的指標的江漢東，50、60年代兩次參加巴西聖保羅雙年展，中日美術交換展、菲律賓亞洲版畫展、祕魯國際版畫展等國際大展，是臺灣現代版畫的開路先鋒，被藝評家謝里法在《廿世紀臺灣畫壇名家作品集》中將江漢東與席德進同時並列為「現代派繪畫運動的主導畫家」。

2009年4月1日，八十四歲的江漢東褪去一身的皮囊，臨終前見眼前一群天使飛翔，相信天使已帶著他迎風而飛，遨遊於甘美的居所，到他終生夢寐的原鄉。

· 施淑宜，〈現代藝術的開拓與冒險——訪秦松談現代版畫會與現代藝術〉，《現代美術》109期，頁72。
· 黃翰荻，〈石頭縫裡長出來的靈芝草——談江漢東藝術〉，《典藏》，1993.7，頁144-147。
· 陳美麗，〈岩石上的靈芝草——我和江漢東〉，《雄獅美術》145期，1983.3，頁138-139。
·〈我選古物國畫文獻運往巴西參加美展〉，《聯合報》，1959.3-9。
·〈中美版畫展〉，《中華畫報週刊》115期，1958.6.21。
· 古蒙，〈現代版畫展評介〉，《自由青年》，22卷10期，1959.11.16，頁10-11。
· 何纖雄，〈金爵獎得獎人各有千秋〉，《中央日報》1974.3.10。
· Angelo de Fiore等，《馬蒂斯》，錦繡出版，1993.3。
· Angelo de Fiore等，《夏卡爾》，錦繡出版，1992.10。
· Angelo de Fiore等，《克利》，錦繡出版，1992.12。
· Taipei Review，2002。

感謝：本書承蒙江漢東夫人陳美麗、江樹麟授權圖片，以及李錫奇、朱為白、霍剛、何肇衢、張金星、財團法人楊英風藝術教育基金會、藝術家出版社等提供圖片及資料，特此感謝。

江漢東生平年表

1926 · 一歲。11月28日出生於福建省長汀縣新橋鄉江坊村。滿一週歲時嫡母去世。

1928 · 三歲。體弱多病，由祖母撫養。

1930 · 五歲。祖父去世，時局動盪不安。

1931 · 六歲。家產被沒收，全家被趕到廟裡居住，以乞討維生。

1932 · 七歲。父親因故避難他鄉，隨祖母及叔嬸艱困度日。

1934 · 九歲。匪亂始平。父親從遠方歸來，父子重聚。

1935 · 十歲。進入秀峰初級小學就讀。

1939 · 十四歲。自秀峰初級小學畢業，考入縣立新橋小學高小班。寄住大姑母家，染上瘧疾，成績欠佳。

1941 · 十六歲。新橋小學畢業，考入長汀縣立初級中學。

1943 · 十八歲。初中二年級，日軍轟炸長汀，轉學至省立甯化中學。

1944 · 十九歲。父親去世，休學半年。

1945 · 二十歲。轉回長汀縣立初級中學繼續學業。

1946 · 二十一歲。自長汀縣立初級中學春季班畢業。

1947 · 二十二歲。任職新橋小學擔任美術教員工作。

1948 · 二十三歲。任職鐵庵小學教師。7月來臺。參加臺灣省國民學校教員試驗檢定合格。

1949 · 二十四歲。大陸失守，無法返鄉。10月派任臺北縣大坪國民學校教師。

1950 · 二十五歲。辭去教職，考入臺灣省立臺北師範學校（今國立臺北教育大學）藝術科。

1952 · 二十七歲。參加「全國動員美展」，素描作品入選。

1953 · 二十八歲。從臺灣省立臺北師範學校藝術科畢業，被派為臺北市東園國校教師。10月入伍接受預備士官訓練。

1954 · 二十九歲。任職東園國校教師，學習日文。

1955 · 三十歲。跟隨畫壇前輩李仲生習藝，投入現代繪畫研究。

1957 · 三十二歲。任職私立復興小學教師。

1958 · 三十三歲。研究版畫製作。參加「中美現代版畫展。」。

1959 · 三十四歲。任職臺南師範附小教師。參加第5屆「巴西聖保羅國際雙年展」。與秦松、楊英風、陳庭詩、李錫奇、施驊等創立「現代版畫會」，由江漢東任會長。為尊重「中美現代版畫展」的催生意義，會員們將1959年的「現代版畫展」定為第2屆。

1960 · 三十五歲。任職板橋實驗國校教師。參加「祕魯國際版畫展」；舉行第3屆「現代版畫展」。獲選美國新聞處中國青年畫家榮譽獎。又因胃疾及失戀，曾入臺灣療養院動手術。

1961 · 三十六歲。任職臺北老松國校教師，學習法文。受國立歷史博物館之邀，擔任第6屆「巴西聖保羅國際雙年展」評審委員。

1962-64 · 三十七至三十九歲。舉行第5至7屆「現代版畫展」。

1965 · 四十歲。參加第8屆「巴西聖保羅國際雙年展」、「中日美術交換展」。

1966 · 四十一歲。舉行第8屆「現代版畫展」。於美國真本畫廊舉行個展，作品被國際人士收藏。

1967 · 四十二歲。與陳美麗女士結婚。發現罹患青光眼疾，入臺大醫院治療。

1968 · 四十三歲。參加菲律賓第1屆「亞洲版畫展」。眼疾加劇。7月於國立藝術館舉行個人畫展，並宣告退出畫壇，繪畫生涯暫告段落。

1969 · 四十四歲。長子樹麒出生。5月遷居三重、7月辦理教師退休。作品參加「祕魯國際版畫展」、「中日美術交換展」。

1970 · 四十五歲。長女樹玉出生。

1972 · 四十七歲。繼續治療眼疾，準備再出發。

1973 · 四十八歲。次男樹麟出生。於美國海軍醫院院長夫人華登夫人所辦「藝術家畫廊」舉行油畫個展。

1974 · 四十九歲。榮獲中華民國畫會版畫金爵獎。於臺北藝術家畫廊、鴻霖畫廊舉行個展。